河南省中原发展研究基金会资助
“百县千村”人口流动信息采集与数据库建设项目

·百县千村万户调查系列

整村调查报告（2018）

ZHENGCUN DIAOCHA BAOGAO

耿明斋◎主编

中国经济出版社
CHINA ECONOMIC PUBLISHING HOUSE
北京

图书在版编目（CIP）数据

整村调查报告．2018／耿明斋主编．--北京：中国经济出版社，2019.6

ISBN 978-7-5136-5810-2

Ⅰ．①整… Ⅱ．①耿… Ⅲ．①乡村-调查报告-河南-2018 Ⅳ．①K296.15

中国版本图书馆 CIP 数据核字（2019）第 165942 号

责任编辑　贺　静
责任印制　巢新强
封面设计　华子设计

出版发行　中国经济出版社
印 刷 者　北京九州迅驰传媒文化有限公司
经 销 者　各地新华书店
开　　本　700mm×1000mm　1/16
印　　张　18.5
字　　数　265 千字
版　　次　2019 年 6 月第 1 版
印　　次　2019 年 6 月第 1 次
定　　价　69.00 元
广告经营许可证　京西工商广字第 8179 号

中国经济出版社　**网址** www.economyph.com　**社址** 北京市西城区百万庄北街 3 号　**邮编** 100037

本版图书如存在印装质量问题，请与本社发行中心联系调换（联系电话：010-68330607）

前　言

现代化是由技术进步、效率提升推动经济社会结构演化的过程，是制造业和服务业比重持续上升、乡村人口持续减少和城镇人口持续增加，即工业化和城镇化的过程，这一点没有异议。有异议的是，在空间上，非农制造业和服务业在哪里以及如何生长？是就地分散生长还是在特定空间聚集生长？由农业和乡村转化而来的非农人口在哪里就业和居住？是在原地还是聚集到某些特定空间？这些特定空间以什么样的形态分布？是高度集中还是相对分散？简单说，就是伴随着工业化和非农化，是否存在着要素向异地城镇空间聚集的趋势，以及是否存在着大城市持续增大的趋势？

自20世纪80年代中期著名社会学家费孝通先生提出“小城镇论”观点以来，围绕上述两个问题的争论至今都没有停止过。有人主张就地城镇化和主要通过发展小城镇实现城镇化，有人主张异地城镇化和主要通过发展大城市实现城镇化。虽然随着实践的演进异地城镇化和大城市强势发展的趋势日益明显，越来越多的人认可后一种主张，但至今仍能时常看到坚持就地城镇化和重点发展中小城市及小城镇的观点。政策导向上虽然在不断摇摆的过程中对发展大城市的包容性越来越强，但至今也仍可窥到引导和支持就地城镇化和发展中小城市及小城镇的明显痕迹。

就效率和成本收益分析的角度来说，经济学理论是支持发展大城市观点的。国际上已经完成工业化、城镇化国家的都市化发展案例和我国近年来大都市快速发展的实践也为上述观点提供了重要支撑。但是，不管是从成本收益还是从经验案例的角度，人们总是能够找到中小城市及小城镇合理发展的依据。更重要的是，中小城市和小城镇与大城市不可能是绝对相互替代的关系，而是互补和相互支撑的关系。换句话说，两者之间不是非此即彼的问题，而是相互比例和空间结构问题。

理论是灰色的，实践之树常青。正像其他许多问题一样，如果只停留在理论层面，总是会纠缠于很多无谓的争论。我们觉得，有必要回到实践中，回到当事人那里，从微观主体和市场选择的角度看看，到底那些被工业化和城镇化的农民他们就业和生活居住的空间流向是怎么样的，这就是我们启动农村调查项目的初衷。我们想通过实地调查弄清楚，到底那些被非农就业和城市吸引的农民他们就业和居住的去向如何，从而从一个侧面证明城镇化的基本趋势和城镇结构的空间形态。

为此，我们在充分讨论的基础上，邀请经济理论素养较高并粗通经济统计方法的青年教师设计了调查问卷，并于2014年开始启动了相关调查，我们将该调查项目命名为"'百县千村'人口流动信息采集与数据库建设项目"。我们将该调查项目分为"抽样"和"整村"两个序列，并同时启动。不管是抽样还是整村，都以农户为对象。

抽样调查依据统计学的方法，在河南省农村范围内进行随机抽样，确定具体调查对象，组织调查人员亲自去现场找到农户户主或家庭主要成员，按照调查表格涉及内容逐项询问，分别填写，现场收回。所有问卷归拢后统一整理梳理，形成相关数据，并撰写相关报告。抽样调查自2014年以来已连续进行五年，每年组织动员130余名调查人员（以河南大学经济学院本科生为主，同时吸纳部分研究生和青年教师参加），投入50多万元资金，覆盖河南省内所有县域农村，形成了若干初级调查报告，数据库建设也正在进行中，有望不久与从事"三农"及城镇化问题研究的人员及广大关注农村发展的人士见面。今年也就是第六年的抽样调查也即将展开。

整村调查问卷设计基本采用抽样调查样本，只是在此基础上略作修改，以使其更加适用于人口流动数据采集的目的，同时加上了村庄整体情况的内容。为了操作方便，整村调查村落对象的选择基本上与调查人员故乡重合。2014年第一轮覆盖了几十个县域内的近50个村落，由于内容庞杂、工作量大，相关数据资料纳入抽样调查数据体系中一并整理了，未能单独整理出版调查报告。同时，由于财力和人力限制，2015 年和 2016 年整村调查暂停了两年。2017 年重新启动，且与抽样调查分开单独组织。为了取得更好的实效，2018 年在全省范围内按照纯农业区和制造业发达区及靠近县城或中心城市区和远离县城或中心城市区等不同类型，按照 800 人（200 户，如果超过 200 户也按 200 户调查）左右为基准，选定了 15 个调查对象，分成 5 个小组，每组负责 3 个村落，由一位教师为组长带队，仍按故乡原则选派调查人员。调查结束后，除了每组以如实全信息记录的方式形成各自的调查报告之外，还要在全部资料共享原则基础上，梳理出若干专题，由各小组分别形成专题调查报告。本书就是上述这些报告的汇集本。

如项目名称所指，本项调查的初衷是想要用实际经验资料农村人口流动的方向和趋势，从而为研究和判断中国城市发育的规模结构和空间结构提供依据。所以，农民非农就业流向和进城迁徙定居空间是重点，但问卷内容设计同时也兼顾了由工业化城镇化引出的一系列经济社会结构变化问题，如土地流转和农业经营规模结构变化情况，宅基地占有、空置和流转情况，农村居民家庭收入来源结构及不同教育程度劳动力对其收入的影响，等等。从这些调查报告中，不仅可以窥测现阶段中国典型农区劳动力就业流动和人口迁徙的规律，也可以为农业经营组织演化、农民家庭收入状况、劳动力就业状况、宅基地占用状况、农村人口老龄化趋势等一系列经济社会问题的研究提供有价值的素材。

我们也将继续使用这些宝贵资料，全方位、多角度透视农村发展演化中变现出来的各种问题，为政府提供相应的建议，为学术界提供可讨论的思想观点。

2019 年的整村调研活动即将启动，我们也将按照 2018 年调研的模式及时整理出版相关的调查报告，敬请关注，并提出批评改进意见。

耿明斋

2018 年 10 月 6 日

于中原发展研究院

目录

contents

第五章 河南农村生活现代化程度调查分析

——基于河南省15个乡村的微观调研数据

第六章 整村分析报告一

——基于白庄村、巴沟村和靳屋村的整村调查

第一章　河南省农村外出务工人员就业与居住的空间特征及启示

——基于河南省 15 个乡村的微观调研数据

一、引　言

仅仅基于宏观数据无法对河南省城镇化及相关问题给出令人满意的解答，而对这些问题的研究无论是其理论还是实践，特别是对于相关政策的制定又有着特别重大的现实意义。① 正因如此，2017 年河南省中原发展研究基金会委托中原发展研究院对河南省 13 个城市下辖的 19 个县（县级市）的 22 个村庄共计 4000 多户农户作了入户调查。基于上一年的调研数据，我们对河南省城镇化研究中一些之前尚未涉及或深入研究的问题作了初步分析，如河南省不同层级城镇体系在其城镇化进程中扮演了何种角色、发挥了怎样的作用；2004 年以来为何河南省城镇化速度突然加速；村庄区位和资源禀赋对乡村人口外出就业地点有何影响等问题。我们得到了河南城镇化过程中的一些认识，如本县县城在城镇化进程中扮演了重要角

① 河南省及各地市统计年鉴等公开出版物仅仅报告了全省及各地市户籍与常住人口的相关数据（二者差额可以在一定程度上反映该地市人口流出或流入的情况，但存在一定的偏差），以及全省和各地市户籍或常住人口的年龄、婚姻、子女抚养等相关数据。但各类公开出版物并未连续系统地公布全省及各地市流动人口的规模和去向（本省、外省，本市，外市，本县，外县，县城、本乡镇）、流动人口的结构（年龄、性别、教育、婚姻、子女等）、流动人口在就业地的工作情况（行业、收入、获取就业机会的难易程度、工作时间等）等数据。这使得仅基于统计年鉴等公开出版物的数据对城镇化进行研究，难以对河南省人口空间变化的状况进行清晰的观测，同时也难以对所观察到的人口空间变化受何种因素的影响等问题进行分析。然而当前多数研究河南省城镇化的文献往往是基于年鉴、政府工作报告等发布的数据进行研究，这使得有关河南省城镇化的一些基本问题难以在现有文献中得到很好的解答。

色，改善村庄与县城的交通条件，降低因距离而产生的交易成本将提高县城对乡村人口的吸引力；郑州市对全省乡村人口的吸纳力逐渐增强，其他城市仅对市域范围内的乡村人口有较明显的吸引力；跨省流动人员就业地点高度集中于长三角、珠三角、京津冀和地级及以上城市，特别是长三角地区；除了有一定产业基础的乡镇，一般建制镇（乡、村）都将面临人口不断流失的情况等。但是一次调研数据涉及的县市毕竟有限，亦可能存在抽样偏差等问题，毕竟我们作调查不仅是为了研究抽样乡村的人口流动情况，而是希望借此研究河南省乡村人口流动的普遍情况。为了避免一次调研数据可能出现的偏差问题，2018 年 11 月中原发展研究基金会再次委托中原发展研究院对河南省另外一些地市的乡村作整村调研。在一定程度上本章是上一年研究报告的一个延续，即我们会利用新的调研数据对上一年得到的结论进行对比，检验其结论是否可以反映河南省乡村人口流动的普遍情况。同时，在上一年研究关注问题的基础上着重讨论一般乡村未来的人口规模和发展趋势问题，即本章将基于外出务工人口的就业地点和常住地点以及其个体诸如收入、从事行业等情况的分析，对乡村未来的人口规模演化趋势进行分析。本章结构安排如下：第二节将对本次调研的村庄及相关数据的处理方法作简要说明；第三节将对本次调研村庄的外出务工人员的就业空间进行分析，并与上一年相应的结论进行对比；第四节分就业地点对乡村外出务工人员的诸如年龄、受教育情况、从事行业及收入等个体特征进行分析；第五节分析外出务工人员的就业地点和常住地点，结合第四节的相关结论对外出务工人员未来居住点作出判断；第六节总结本章的主要结论并讨论相应的政策启示。

二、调研村庄及相关数据的简要说明

中原发展研究研究组织的本次田野调查并不是仅仅关注当前河南省乡村人员流动情况，而是希望借本次调研首先记录河南省传统村庄随着经济社会发展、制度的变革，传统村落人们的生产生活方式发生了或正在发生怎样的变化，然后在此基础上对相关问题进行研究。因此，调研对相关问题的追溯并不局限于当前或近几年。譬如，对每户承包地、宅基地的调研需要记录历次调整的变化；对村庄人员相关信息的采集也并不局限于当前居住在或户籍在本村的村民，同时在尽可能的情况下，调研要求涵盖出生于本村而后由于上学、就业、参军或婚嫁等原因离开村庄的人员。①

本次调查涉及河南省 13 个市（地级市），15 个县（县级市）、区，共计调查 2812 户农户，11576 名农民。② 调研内容正如前文所言，涉及范围非常广泛，而且对相关数据要尽可能地进行历史追溯，限于篇幅和本章关注的重点，不再一一详细介绍各类数据，而仅就本章研究的问题，特别是对相关概念界定与以往研究不同的地方作出说明。③

第一，本章关注的核心问题是，随着经济社会的发展、制度变迁，传统农村的人在哪里获取非农就业机会，特别是离开村落从事非农经济活动人员的就业空间分布问题。同时，2018 年是我们连续第二年开展整村调研工作并编撰报告，因此在本章中我们一方面会对 2018 年收集的信息进行梳理分析，另一方面会和上年的相关结论进行对比验证，以期尽可能准确地反映河南省农村各方面的真实情况。

第二，基于调研的要求和相关数据的使用，本章所界定的乡村人口既包括当前居住于乡村也包括曾经居住（出生）于乡村的人口，研究的乡村人口外出就业空间问题与其他文献所讨论的农村剩余劳动力流转在研究对象的界定和时间维度上并不一致。此外，本章把离开村庄在村庄以外空间

---

① 正如课题组负责人耿明斋教授所强调的那样，我们的调研首先要尽最大可能地记录调研村庄重要的经济史料，对村庄人口空间变化的调查不能仅仅局限于当前生活或户籍在村庄的人员。即如果调研发现某一户只有两位老人，不能在调查问卷中仅填写两位老人的信息，例如，他们可能有 2 个儿子、一个女儿，2 个儿子可能 10 年前乃至更早的时间因为上大学或参军离开了本村庄，现在已经定居于某市，女儿可能因为婚嫁等原因现居住于县城，这些子女的相关就业、教育、居住点等信息都要尽可能地获取。因此，本次调研中涉及的 11576 人并非完全意义上的农村人口。

② 调研区域分别为：鹤壁市浚县新镇和庄村、濮阳市台前县市侯庙镇市徐沙沃村、三门峡市义马市东区程村市、安阳市内黄县楚旺镇王庄村、焦作市中站区小尚村、开封市通许县陈留村、郑州市巩义市站街镇巴沟村、开封市祥符区西姜寨乡白庄村、新乡市原阳县蒋庄乡靳屋村、平顶山市汝州市寄料镇平王宋村、许昌市鄢陵县陈化店乡西明义社区、南阳市内乡县湍东镇龙园村、周口市沈丘县石槽集乡大李营村、商丘市宁陵县乔楼乡孙庄村、安阳市滑县八里营乡齐继村。

③ 本章只是系列报告的一部分，若读者关注其他问题可参见其他研究专题报告。

从事非农产业的人员统称为外出务工（就业）人口，包括在附近打工每天回村庄居住的人员，这与城镇化界定的离开村庄在城镇居住半年以上才被统计为城镇人口的处理办法有所区别。

第三，本章把就业空间划分为：本乡镇、本县县城、本市其他乡镇、本市其他县城、本市市区、郑州市区、郑州县区、省内其他地级市下辖乡镇、省内其他地级市下辖县区、本省其他地级市区、外省乡镇、外省县城、外省一般地级市、外省省会城市、京津冀、长三角、珠三角、国外18种类型，相对于上一年有所区别。① 直观来看，部分区域划分存在一定程度的空间重合，实际上，本章所说的外省一般城市、省会城市、外省县城是指非京津冀、长三角、珠三角的城市或县城，省内其他地级市下辖乡镇、省内其他地级市下辖县区、本省其他地级市区是指除省内调研村所属市和郑州市之外地级市下辖的乡镇、县区和市区，本地县城、本地乡镇则分别指调研村庄所在县的县城和乡镇。

第四，由于在调研过程中我们发现村庄与区域中心的相对距离会对村民外出务工就业地点产生显著的影响，因此把村庄分为两种类型：远区域中心村庄和近区域中心村庄，结合所调研村庄距离最近县城与市区的交通距离与最便捷交通的到达时间划定其类型归属。

三、河南省农村外出务工人员就业空间分布总体情况及主要特征

（一）河南省农村外出务工人员就业空间分布总体情况

本次调研共收集个体样本数量11576个，但由于课题组关心的是外出务工人员这一群体，在总样本中，剔除掉正在上学、在家务农、没有外出工作（即就业地为本村）以及无效数据等4种情况，纯粹农村外出务工人员样本数共计2627个，根据统计，本次调研中外出务工人员在18个就业

① 2018年在空间划分上相较上一年增添了本市其他乡镇、本市其他县城、省内其他地级市下辖乡镇、外省乡镇4个区域，在空间划分上更为全面、科学。

地点的分布如图 1－1 所示。

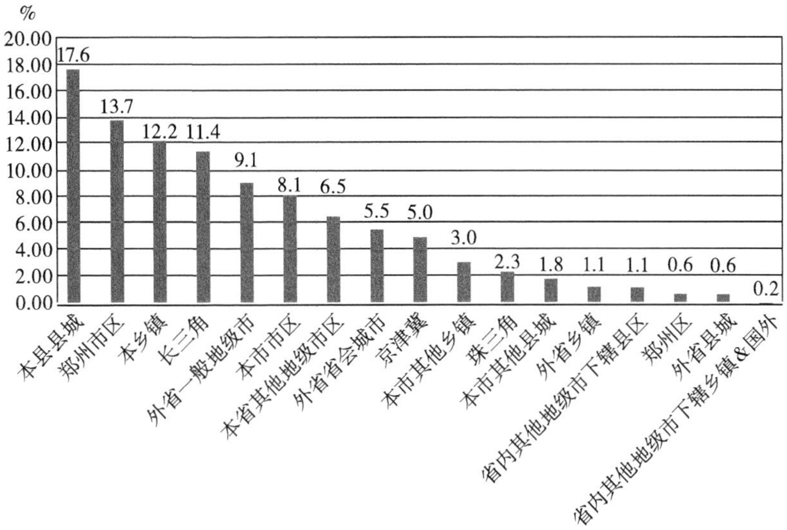

图 1－1　河南省农村外出务工人员当前就业地点分布

由图 1－1 可知，河南省农村外出务工人员在各就业地点的人数及占比由高到低依次为本县县城（463，17.6%）→郑州市区（361，13.7%）→本乡镇（321，12.2%）→长三角（300，11.4%）→外省一般地级市（238，9.1%）→本市市区（212，8.1%）→本省其他地级市区（170，6.5%）→外省省会城市（145，5.5%）→京津冀（130，5%）→本市其他乡镇（79，3%）→珠三角（60，2.3%）→本市其他县城（46，1.8%）→外省乡镇（30，1.1%）→省内其他地级市下辖县区（29，1.1%）→郑州县区（16，0.6%）→外省县城（15，0.6%）→省内其他地级市下辖乡镇 & 国外（6，0.2%）。

上述顺序是按照问卷设计的 18 个就业地点来排序的，较为详尽但不够直观，由于课题组关心的是河南省农村外出务工人员的就业地点分布及其特征并在此基础上寻找与居住空间的关联，需要对 18 个就业地点进行简化处理。经过简化[①]，本课题组最后选定本乡镇、本县县城、本市市区、郑州市区、省外其他、京津冀、长三角以及珠三角8个就业地点，调整后的数据如表1－1所示。

表1－1　河南省农村外出务工人员主要工作地点分布　　单位：人

序号	工作地点	人数	比重（%）	序号	工作地点	人数	比重（%）
1	本县县城	463	17.62	5	长三角	300	11.42
2	省外其他	428	16.29	6	本市市区	212	8.07
3	郑州市区	361	13.74	7	京津冀	130	4.95
4	本乡镇	321	12.22	8	珠三角	60	2.28

注：由于舍弃掉了部分就业地点，各项加总之和不等于100%。

（二）河南省农村外出务工人员就业空间分布主要特征

我们在河南省农村外出务工人员就业空间分布总体情况的基础上进行了进一步的梳理分析，总结出了如下部分主要特征。同时2018年是我们第二年开展调研活动与报告编写，课题组十分关注之前的调研结论是否依然在2018年的调研数据中成立，因此，在本节剩余部分中我们一是汇报本次调研得到的结论，二是与上一年的相关结论进行对比。通过对比可以看出2018年所得到的外出务工人员就业空间分布主要特征与上一年基本一致，整村调研保持了良好的整体一致性。

1. 村庄区位对农村外出务工选择存在明显影响

本次调研将所调研的村庄分为远区域中心村庄和近区域中心村庄两

---

① 简化处理过程如下：首先，在总样本中，就业地点为本市其他乡镇、本市其他县城、郑州县区、省内其他地级市下辖乡镇、省内其他地级市下辖县区的河南省农村外出务工人员占比分别只有3.01%、1.75%、0.61%、0.23%、1.10%，5种情况占比之和只有6.70%，也就是说，河南省农村外出务工人员流向这5个地区的比重太低，这5个务工地点对河南省整体的外出务工人员的影响并不大，为了简化处理这5种情况，并没有在接下来的分析中体现；其次，对于就业地点为省外的7种情况来说，京津冀、长三角、珠三角三大经济圈对河南省农村外出务工人员的影响和受到的关注度肯定要超过其他地区，因此，课题组在下文分析中保留了京津冀、长三角、珠三角3个独立区域，并把剩余的外省乡镇、外省县城、外省一般地级市、外省省会城市4种情况作合并处理，统一用“省外其他”来表示；最后，由于国外就业人员数量较少，在2627个总样本中只有6个，占0.23%，即国外对河南省农村外出务工人员的影响可以忽略不计，此种情况也没有在下文中体现。

类，以考察村庄距离区域中心地区对农民外出就业所产生的相对影响。

（1）不同村庄类型对农村外出务工人员外出务工率[①]的影响

首先从外出务工率来看，如图1－2所示。

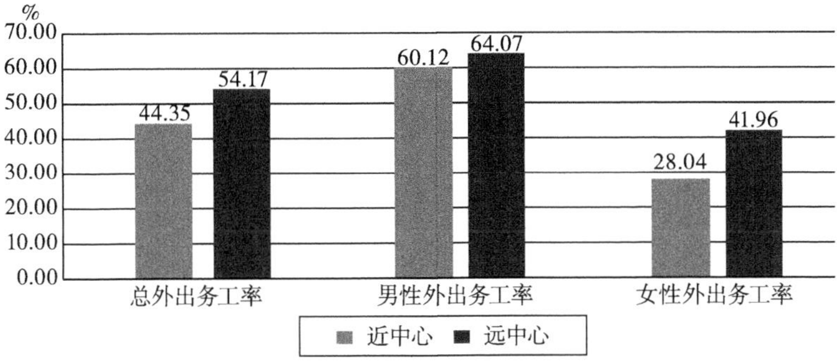

图1－2　整村调研分村庄类型外出务工率分布情况

可以明显地观察到，远中心村庄外出务工率（54.17%）明显高于近中心村庄外出务工率（44.35%），这与我们先前的认识相一致，并且远中心村庄无论男女的外出务工率均高于近中心村庄，其中一个值得注意的现象是，女性在两种村庄之间外出务工率的差异（13.92%）显著高于男性之间的差异（3.96%）。

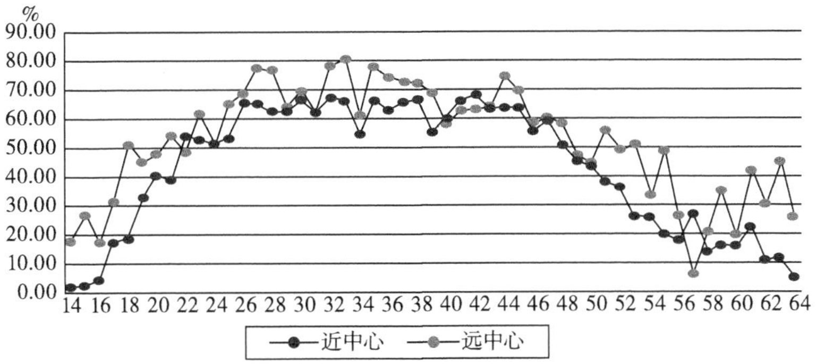

图1－3　整村调研分村庄类型不同年龄外出务工率分布情况

① 本章中外出务工率是指符合一定条件的外出就业人员数量占总样本中符合该条件的总人数的比重。

进一步对两种类型村庄不同年龄外出务工率分布情况进行梳理，具体结果如图 1 –3 所示。可以看出，两种类型村庄在不同年龄时期外出务工率基本和整体趋势相同，远中心村庄基本均高于近中心村庄。

（2）村庄区位对农村外出务工人员就业空间分布的影响

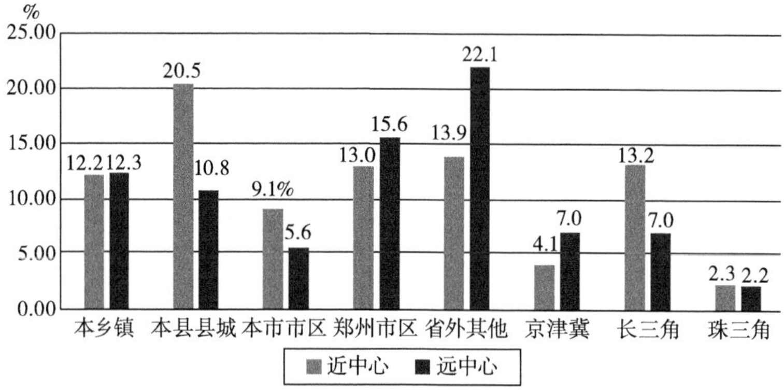

图 1 –4　不同村庄类型农村外出务工人员就业空间分布情况

如图 1 –4 所示，近中心村庄外出就业者就业空间分布占比前 3 位的为：本县县城占比 23. 18%、省外其他占比 15. 74%、长三角占比 15. 01%，之后依次为郑州市区（12. 98%）、本乡镇（12. 17）、本市市区（9. 10%）、京津冀（4. 09%）、珠三角（2. 32%）。远中心村庄外出就业者就业空间分布占比前 3 位的为：省外其他占比 26. 73%、郑州市区占比 18. 87%、本乡镇占比 14. 94%，之后依次为本县县城（10. 78%）、长三角（7. 01%）、京津冀（7.01%）、本市市区（5.58%）、珠三角（2.21%）。[①]

经过进一步分析可知：两种村庄类型在就业空间分布上存在明显差异，首先，远中心村庄在省外的就业占比（46.08%）高于近中心村庄（38.01%），其次，近中心村庄在省内一般地市县城占比明显高于远中心村庄（占比差距为10.13%），而远中心村庄在省外其他和郑州市区的就业占比则明显高于近中心村庄（占比差距分别为10.98%、4.16%）。这反映了本县县城对于近中心村庄的外出就业者来说具有更为明显的吸引力，而由于本县县城对远中心村庄的外出就业者吸引力降低，以省外其他为代表的省外区域和郑州市区对远中心村庄的就业吸引力则明显上升。

2. 本县县城是河南省农村外出务工人员就业首选地点

通过对数据的观察可以直观地发现，对于河南省农村外出务工人员尤其是近中心村庄的外出务工人员就业地点选择中，本县县城都发挥出了最为重要的作用。在2018年所划分的18种就业空间中，在总样本中选择在本县县城就业的就业者占总体外出就业人数的17.2%，而在近中心村庄的样本中这一比重则进一步上升至20.46%，与此同时，远中心村庄在本县

① 上一年的调研结果显示：毗邻县城村庄外出就业人员的就业首选地仍然是本县县城；其省内流动与跨省流动的比例也与不分类型村庄的统计结果基本一致；跨省人员就业主要集中于长三角、珠三角、京津冀以及外省省会城市和一般地级城市市辖区，跨县域省内就业主要集中在本省地级及以上城市市辖区，也与不划分类型村庄外出人员就业空间分布的结构基本一致。相同点在于：第一，毗邻县城村庄外出就业人员的就业首选地仍然是本县县城，但在本县县城就业的比重有了较大幅度的提升，由20.68%上升为27.32%；第二，本市市辖区对村庄外出就业人员的吸引力明显增强，占比由12.88%升至15.68%；第三，郑州对毗邻县城村庄外出务工人员的吸引力有较为明显的下降，其占比由第2位下降至第4位。远离县城村庄外出人员就业空间分布，无论是跨省还是跨县流动人员，均以经济发达区域和地级及以上城市为主要就业地。相同点在于：第一，外出就业的首选地点由本县县城变为郑州市区；第二，本县县城对外出务工人员的吸引力有了明显的下降，占比由不划分类型村庄的20.68%降至12.77%，与毗邻县城村庄在本县县城就业的比重27.32%相比降幅则更为显著；第三，本市市区对远离县城村庄外出务工人员的吸引力有较为明显的下降，特别是与毗邻本县县城的村庄相比；第四，远离县城的村庄外出务工人员跨省流动以及跨县域流动的比重明显提升，其跨省流动比重和流出本县人口比重分别由毗邻县城村庄的34.84%和65.97%上升至41.80%和78.78%。第五，与毗邻县城的村庄相比，远离县城村庄外出务工人员在本地乡镇的就业比重有较明显的提升。

县城的就业比重则明显有所下降。①

此外，还有一个明显的现象就是，在河南省县城就业的农村外出务工者主要以本县居民为主，总样本中在本县县城就业的比重为17.62%，而本市其他县城占比为1.75%，省内其他地级市下辖县区为1.10%，同样反映出县城的就业吸纳能力受与外出务工者所在村庄距离影响显著。

3. 郑州市相对于其他地级市在吸纳外出务工人员方面存在明显差异

通过对郑州市和河南省其他17个地级市进行梳理可以发现，郑州市对河南省农村外出务工人员的就业吸纳能力（河南省农村外出务工人员在郑州市就业占比为13.74%）约等于河南省其他17个地级市的总和（占比为14.54%），尤其是郑州市对于远中心村庄外出务工者的吸纳能力进一步增强，而一般地级市则明显下降，反映出河南省依然处于以郑州市为中心的极化过程之中。与此同时，河南省除郑州市以外的一般地级市的就业吸纳能力受与外出务工者所在村庄距离影响明显，较县城弱化许多，河南省农村外出务工人员选择在本市市区就业的比重为8.07%，选择本省其他地级市区的比重则为6.47%。②

4. 跨省流动就业依然属于河南省农村外出务工人员的重要选择

据2018年整村调研统计的结果显示，河南省农村外出务工人员选择在省外就业的比重虽然较上年（37.69%）有轻微下降，但依然高达34.94%，说明总体上相对于省外区域，河南省的就业吸纳能力还存在明显的缺口。同时，根据省外的就业空间分布情况，长三角地区是河南省农村

① 上一年的调研结果显示：县城特别对本县乡村外出务工者，特别是村庄毗邻县城的外出务工者有相当大的吸附力。从我们划分的14种流向空间看，在本县县城就业的外出务工人员比例高达20.68%，村庄毗邻县城村庄的外出务工者流向本县县城的比重更是高达27.32%。但与此同时也不难发现，距离县城越远或与县城的通勤时间越长，村庄的外出务工人员选择在县城就业的比例会大幅度地减少。

② 上一年的调研结果显示：郑州市和村庄所在市市区是河南省乡村外出务工人员跨县域省内务工的主要空间。其承载了全部乡村外出务工人口的25.82%，占省内乡村外出务工人口的近45%，占跨县域省内外出务工人口的75.66%。也就是说，河南省乡村外出务工人口省内流动空间要么在本县县城，要么在郑州市或本市市辖区。此外需要强调的一点是，对于村庄远离本地县城的乡镇，郑州市对其外出务工人口有更强的吸引力。

外出务工人员省外就业的首选区域（河南省外出务工人员在长三角地区的就业比重为 11.42%），同时，在省外就业的外出务工者绝大多数选择在地级市及以上层面就业，选择在省外乡镇和县城一级就业的比重合计仅为 1.71%。①

此外，如果我们去除由于在家居住在周边兼业的情况，如以离开本市范围内作为分析对象的话，就可以看到选择在省外就业的比重则达到了 58.42%，同时，在省内的就业空间选择比例则变化为郑州辖区 20.94%、本省其他地级市区 10.63%、省内其他地级市下辖县区 1.81%、省内其他地级市下辖乡镇 0.38%，这再一次印证了上一节郑州市相对于其他地级市在吸纳外出务工人员方面存在明显差异的观点。

四、分就业地点的河南省农村外出务工人员的特征

（一）分就业地点的河南省农村外出务工人员的性别结构

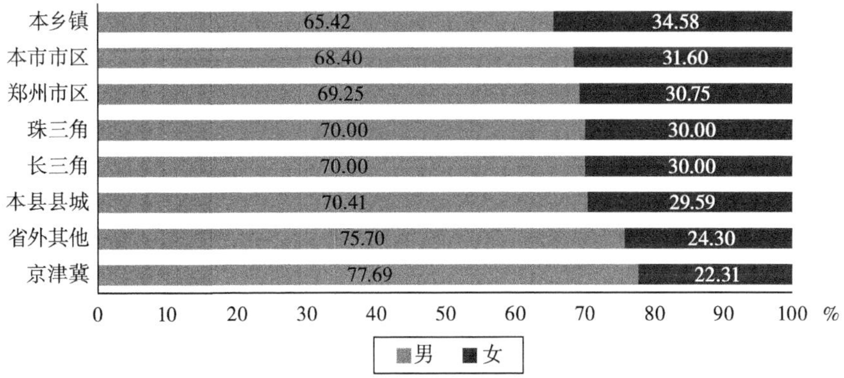

图 1-5　分就业地点的河南省农村外出务工人员的性别结构

① 上一年的调研结果显示：从是否出省的角度看，外出务工人员 62.31% 在本省就业，37.69% 的务工人员就业地在省外。跨省就业人口中，57.11% 流向了长三角、京津冀和珠三角地区，特别是长三角地区，40.25% 流向了外省一般地级市和省会城市，而流向外省县及县以下区域的比重仅为 2.27%。可以看出，河南跨省就业人口主要流向了经济发达区域或外省地级及以上城市，这说明跨省流动仍然是河南乡村外出务工人口寻求非农就业机会的重要途径。当前河南省乡村外出务工跨省流动人口占比仍高达 37.69%。从流向区域看，长三角、珠三角、京津冀特别是长三角地区仍然是河南省跨省流动人口的首选地。而跨省流动若非上述三大经济区，则主要流向外省的地级及以上城市市辖区。

由图 1 –5 可知，总体来看，所有就业地点中男性都要远远大于女性，这也符合男性是农村家庭主要劳动力的事实。但分就业地来看，性别结构有 3 个明显的层次：第一层次是本乡镇，就业地为本乡镇的河南省农村外出务工人员的性别结构为 65.42∶34.58，在所列地区中是最平衡的，这主要源于本乡镇在空间距离、文化、亲情等方面是村庄的自然延续，农村妇女在照顾家庭之余更有可能在本乡镇短暂工作；第二层次是本市市区、郑州市区、珠三角、长三角和本县县城，河南省农村外出务工人员性别结构比例围绕 70.00∶30.00 浮动，介于第一、第三两个层次中间；第三层次是省外其他和京津冀，河南省农村外出务工人员的性别结构分别为 75.70∶24.30和 77.69∶22.31，在所列地区中是最不平衡的，这也许是工作行业并不适合女性所致。①

（二）分就业地点的河南省农村外出务工人员的年龄结构

表 1 –2　分就业地点的河南省农村外出务工人员的年龄结构②　（%）

就业地点	18 ~39 岁	40 ~59 岁	60 岁以上
本乡镇	35.42	51.72	12.85
本县县城	52.84	45.20	1.97
本市市区	64.42	34.13	1.44
郑州市市区	72.47	25.84	1.69
省外其他	69.18	28.94	1.88
京津冀	65.87	32.54	1.59
长三角	73.99	23.99	2.03
珠三角	74.14	25.86	—

注：此样本数量并没有包含 18 岁以下农村外出务工人员，样本总量为 2596 个。

由表 1 –2 可知，总体来看，就业地点的城市级别越高，在其就业的农村外出务工人员中“18 ~39 岁”年龄段的比重就会越高。具体来看：第一，本乡镇的年龄结构中，18 ~39 岁年龄段的占比最少（35.42%），而相

① 正如表 1 –4 所显示的那样，外出务工人员在京津冀从事建筑装修的比重高达 40%，而建筑装修明显更适合男性。

② 以生理年龄为划分标准，把年龄段划分为“0 ~17 岁”“20 ~39 岁”“40 ~59 岁”“60 岁以上”。

应60岁以上的老年人占比最多（12.85%），尤其是本乡镇60岁以上外来务工人员占比也是在所列务工地点中唯一一个异常高的地区（其他地区60岁以上老年人占比相差不大，都处在1.44%～2.03%区间内）。60岁以上老年人占比较高的事实说明老年人更偏好于在本乡镇就业，本乡镇对年轻人的吸引力相对较低。第二，“18～39岁”年龄段人数占比最多的是郑州市区、长三角和珠三角三地，占比分别为72.47%、73.99%、74.14%，这在一定程度上说明郑州市区在吸引年轻人上基本与长三角和珠三角处在同一位置，随着郑州国家中心城市建设的深入推进，郑州市区对年轻人将会更加具有吸引力。第三，在剩余4个就业地点中，在本县县城就业的“18～39岁”的农村外来务工人员占比为52.84%，而本市市区（64.42%）和京津冀（65.87%）大体相同，省外其他所占比重最高（69.18%）。

（三）分就业地点的河南省农村外出务工人员的受教育程度结构

表1-3　分就业地点的河南省农村外出务工人员的受教育程度结构　（%）

就业地点	小学及以下	初中	中专及高中	大专及以上
本乡镇	37.69	44.86	11.53	5.61
本县县城	18.57	57.88	14.25	8.42
本市市区	10.85	53.77	19.81	15.57
郑州市区	12.19	54.57	17.17	16.07
省外其他	24.07	54.91	12.62	7.24
京津冀	20.00	54.62	13.85	10.77
长三角	22.33	57.00	13.33	6.00
珠三角	15.00	61.67	—	23.33

注：由于部分样本存在对教育程度无法确定的NH项，所以不同就业地点的外出务工人员的教育程度结构相加并不都等于100%。

由表1-3可知，分就业地点的河南省农村外出务工人员的教育结构至少呈现出以下特征：第一，不管哪一个层次的就业地点，教育结构中初中文化占比都是最高的，说明河南省农村外出务工人员的文化水平绝大多数都是初中文化水平；第二，本乡镇外来务工人员的教育程度中，小学及以下所占比重较高，达到了37.69%，即本乡镇更容易吸引低学历的人员就业；第三，在本市市区和郑州市市区两个就业地点中，受教育程度为中专及高中和大专及以上人员占外来务工人员比重相对较高（珠三角大专及以上占比为23.33%，可能是由于样本数太少所导致），说明本市市区和郑州市区在提供的工作行业中能够吸纳的高学历劳动力相对较多。

（四）分就业地点的河南省农村外出务工人员的工作行业结构

表1－4　分就业地点的河南省农村外出务工人员排名前5位的工作行业

本乡镇	工作行业	零工	建筑装修	NH	制造业	生活服务
	比重（%）	36.76	15.26	11.84	10.28	9.35
本县县城	工作行业	建筑装修	零工	生活服务	运输	制造业
	比重（%）	23.54	23.11	17.06	6.91	6.05
本市市区	工作行业	生活服务	制造业	零工	建筑装修	运输
	比重（%）	20.28	17.45	13.68	11.79	9.43
郑州市区	工作行业	建筑装修	制造业	生活服务	零工	商业和商务中介
	比重（%）	26.04	18.84	15.79	7.76	6.65
省外其他	工作行业	建筑装修	制造业	生活服务	零工	NH
	比重（%）	26.64	19.39	11.68	10.98	5.37
京津冀	工作行业	建筑装修	生活服务	制造业	运输	企业白领
	比重（%）	40.00	14.62	9.23	8.46	6.92
长三角	工作行业	制造业	建筑装修	生活服务	零工	运输
	比重（%）	36.67	25.33	13.33	7.33	6.00
珠三角	工作行业	制造业	生活服务	运输	企业白领	零工
	比重（%）	38.33	16.67	11.67	8.33	8.33

注：NH为被调查对象对于家庭成员的工作行业无法确定。

由表1－4可知，总体来看，工作行业结构的优劣与就业地点的层级有着密切关系，就业地点的城市级别越高，务工人员的工作行业越优。具体来看：第一，河南省农村外出务工人员在本乡镇的工作行业主要集中在打零工（36.76%）上，建筑装修（15.26%）、制造业（10.28%）和生活服务业（9.35%）也占有一定的比重。可见，低端的打零工占有绝对比重表明本乡镇提供的工作行业层次较低，主要围绕基本的生产和生活服务展开，制造业并没有成为吸纳劳动力的重要载体。第二，河南省农村外出务工人员在本县县城的工作行业结构是本乡镇的高级化版本，前五大行业分别为建筑装修（23.54%）、零工（23.11%）、生活服务（17.06%）、运输（6.91%）和制造业（6.05%），打零工的比重降到了23.11%，相应地为生产和生活提供服务的行业如生活服务和运输等开始出现或占比有所提高。需要特别指出的是，本县县城的就业结构虽然优于本乡镇，但自身的缺陷也是显而易见的，如河南省农村外出务工人员在本县县城从事制造业的比重仅为6.05%，远远低于本乡镇的10.28%。第三，本市市区的工作行业更加优化，生活服务（20.28%）和制造业（17.45%）是占比最高的前两大行业，尤其是从事制造业的比重大幅度提升。第四，郑州市区、省外其他和京津冀的工作行业结构大体相似，建筑装修、制造业和生活服务均为前三大行业。在这三大行业中，由于是省会的原因，在郑州从事生活服务行业的务工人员的比重要高于省外其他和京津冀地区。另外，京津冀从事建筑装修的比重明显较高而制造业明显偏低，同时，企业白领（6.92%）也占有一定比重。第五，长三角、珠三角的工作行业结构普遍较好，河南省农村外出务工人员在两地从事最多的都是制造业，比重分别为36.67%和38.33%，远高于其他就业地区。但从其他工作行业来看，珠三角的就业结构要优于长三角，长三角还有大量从事建筑装修（25.33%）的行业，珠三角从事建筑装修的比例不仅较低（只占5%，占比较低，表中无显示），而且出现了企业白领（8.33%）等就业高级化的行业。

（五）分就业地点的河南省农村外出务工人员的收入水平结构

表1-5　分就业地点的河南省农村外出务工人员的收入水平结构　（%）

就业地点	≤10000元	>10001～≤20000元	>20001～≤30000元	>30001～≤40000	>40001～≤50000元	>50000
本乡镇	27.41	30.84	19.63	9.97	3.12	3.74
本县县城	12.10	25.70	25.05	17.71	6.05	8.64
本市市区	6.60	21.23	33.02	13.68	10.85	6.60
郑州市区	4.43	13.02	24.38	26.59	12.74	9.42
省外其他	4.91	9.58	18.69	22.90	21.50	10.98
京津冀	3.08	11.54	26.15	24.62	13.85	15.38

续表

就业地点	≤10000 元	>10001 ~ ≤20000 元	>20001 ~ ≤30000 元	>30001 ~ ≤40000	>40001 ~ ≤50000 元	>50000
长三角	5.33	10.67	24.67	19.33	18.00	16.00
珠三角	0.00	1.67	28.33	18.33	15.00	23.33

注：由于部分样本存在对收入水平无法说明的 NH 项，故不同就业地的外出务工人员的收入水平结构之和并不等于100%。

由表1－5可知，总体来看，收入水平的高低与就业地有密切关系，就业地的城市级别越高，务工人员的收入水平相对也会越高。具体来看：第一，作为城镇体系中最基础的一环，在本乡镇就业的河南省农村外出务工人员的工资水平主要集中在≤10000元、>10001~≤20000元两个较低收入区间，占比分别为27.41%、30.84%。而>40001~≤50000元、>50000元两个较高收入区间人数较少，占比分别只有3.12%、3.74%。第二，在本县县城和本市市区就业的河南省农村外出务工人员的工资水平稍高，都集中在>10001~≤20000元、>20001~≤30000元两个区间，且高收入比重更高、低收入比重更低。在两个区间的分布中，本县县城相对平均，而本市市区落在>20001~≤30000元区间的概率更高。第三，在郑州市区就业的河南省农村外出务工人员的工资水平进一步提高，主要集中在>20001~≤30000元、>30001~≤40000元两个区间，比重分别达到24.38%和26.59%，且也呈现出高收入比重更高、低收入比重更低的特征。第四，与郑州市区一样，在省外其他、京津冀、长三角、珠三角就业的河南省农村外出务工人员的主要收入区间也是>20001~≤30000元和>30001~≤40000元，但>40001~≤50000元、>50000元两个更高收入区间所占比重明显上升。

五、分就业地点的河南省农村外出务工人员的居住空间特征

从人口流动与城镇化的效果来看，河南省农村外出务工人员理想的状态是就业地点与居住地点在空间上重合，但受多方面因素的影响，在现实中只可能部分重合，本部分将继续探讨就业地点与居住地点的空间特征，

以期为河南省城镇体系的优化提供参考。

（一）分就业地点的河南省农村外出务工人员的常住地点结构

由于中国独特的二元制度，农村外出务工人员的就业地点和常住地点有可能不一致，一般来说，常住地点和就业地点重合的可能性越大，建立在人口流动基础之上的人的城镇化效果就越显著，不管是对人口流入地还是人口流出地都具有非常重要的意义。因此，就业地点与常住地点的关系就值得特别关注，表1-6列举了分就业地点的河南省农村外出务工人员的主要常住地点情况，从中至少可以发现两个有趣的现象：

第一，无论是哪一层级的就业地点，河南省农村外出务工人员的常住地点都比较集中，占比前两位的或者是本村或者是外出务工地，且两者之和占比也比较高，均落在区间95.09%~97.82%，其他可能的常住地点占比可以忽略不计。

第二，总体来看，就业地点的城市层级越高，河南省农村外出务工人员的常住地点越倾向于就业地点，相应的常住地点为本村的比重就会越小。在本乡镇就业的河南省农村外出务工人员的常住地点选择本村的比重高达91.28%，而选择本乡镇的比重只有6.54%。且本村仍然是在本县县城、本市市区就业的河南省农村外出务工人员最主要的常住地点，但比重越来越低，分别为71.92%和63.21%，相应地选择本县县城、本市市区居住的比重逐步上升，比重分别为24.41%和32.08%。而在包含郑州市区在内的其他5个就业地点中，河南省农村外出务工人员最主要的常住地点从本村变为就业地点，郑州市区、长三角、珠三角3个就业地点中选择各自就业地点作为常住地点的比重分别高达53.46%、82.67%和78.33%，而相应地选择本村的比重分别降低到了43.49%、12.00%和13.33%。

表1-6 分就业地点的河南省农村外出务工人员的主要常住地点情况 （%）

就业地点	本乡镇		本县县城		本市市区		郑州市区	
常住地点	常住地点	比重	常住地点	比重	常住地点	比重	常住地点	比重
	本村	91.28	本村	71.92	本村	63.21	郑州市区	53.46
	本乡镇	6.54	本县县城	24.41	本市市区	32.08	本村	43.49

续表

就业地点	省外其他		京津冀		长三角		珠三角	
常住地点	常住地点	比重	常住地点	比重	常住地点	比重	常住地点	比重
	省外其他	51.64	京津冀	62.31	长三角	82.67	珠三角	78.33
	本村	43.46	本村	33.85	本村	12.00	本村	13.33

（二）分就业地点的河南省农村外出务工人员的未来可能定居地点结构

进一步分析，就业地点和常住地点的关系衡量的是现在的工作与生活在空间上的特征，那么从农村人口变迁和城镇体系构建角度来看，现在的常住地点可能并不是未来的可能定居地点，而未来的可能定居地点对未来城镇体系的构建而言无疑具有重要的参考价值，相应地，弄明白就业地点和未来可能定居地点的不一致对于城镇体系未来空间形态的演变趋向具有非常重要的参考价值。表1－7列举了分就业地点的河南省农村外出务工人员前5位的未来（调研问卷中具体指2030年）可能定居地点，从中至少可以得到以下3点结论：

第一，河南省农村外出务工人员的就业地点不管在哪里，本村都是最主要的未来可能定居地点，其所占比重远远高于其他可能的定居地点，但随着就业地点的城市层级越高，未来可能定居地选择本村的概率会越低。其中，就业地点为本乡镇的是第一层次，未来可能定居地选择本村的比重高达89.10%；就业地点为本县县城、本市市区、省外其他、京津冀是第二层次，未来可能定居地选择本村的比重分别降低到67.17%、69.81%、68.69%、69.23%；就业地点为郑州市区、长三角、珠三角是第三层次，未来可能定居地点选择本村的比重分别下降到62.33%、63.00%、60.00%。

第二，在本县县城、本市市区、郑州市区就业的河南省农村外出务工人员未来可能定居地点为相应就业地点的比重均排第2位，比重分别为24.41%、24.06%、20.78%，这意味着在本县县城、本市市区、郑州市区的农村务工人员能在相当程度上在本县县城、本市市区、郑州市区定居。

而在省外其他、京津冀、长三角、珠三角等地就业的人群选择就业地为未来可能定居地的比重大幅降低，占比分别只有7.24%、10.77%、2.33%、6.67%，相应地增加了无法确定的NH项。

第三，由于涉及对长达10年以上可能定居地点的判断，带有很大的不确定性，样本结果显示就业地点越高级，这种判断的不确定性越大。具体来看，就业地点在郑州和省外的河南省农村外出务工人员未来可能定居地选择NH的比重都高于10%，且长三角超过了20%，这一数值明显要高于省内的本乡镇（1.56%）、本县县城（3.89%）、本市市区（1.89%）。也就是说，在郑州和省外就业的河南省农村外出务工人员中至少有10%以上比重的人群对未来可能定居地没有明确的指向，可能是为了追求更好的生活环境并没有选择本村，也可能由于收入水平所限并没有选择就业地，其未来可能定居地的选择大概率事件还是选择本县县城。

表1-7　分就业地点的河南省农村外出务工人员的未来可能定居地点前5位情况

（%）

就业地点	本乡镇		本县县城		本市市区		郑州市区	
可能定居地点	本村	89.10	本村	67.17	本村	69.81	本村	62.33
	本县县城	5.92	本县县城	24.41	本市市区	24.06	郑州市区	20.78
	本乡镇	2.18	NH	3.89	本县县城	1.89	NH	11.36
	NH	1.56	本乡镇	2.59	郑州市区	1.89	本县县城	2.22
	本市市区	0.93	本市市区	0.86	NH	1.89	本乡镇	1.94
就业地点	省外其他		京津冀		长三角		珠三角	
可能定居地点	本村	68.69	本村	69.23	本村	63.00	本村	60.00
	NH	12.38	NH	11.54	NH	22.33	NH	15.00
	本县县城	7.24	京津冀	10.77	本县县城	10.67	本县县城	10.00
	省外其他	7.24	本县县城	3.85	长三角	2.33	珠三角	6.67
	本市市区	2.1	本市市区	3.08	本市市区	0.67	本省其他地级市区	5.00

注：NH为被调查对象对于家庭成员未来可能定居地点无法确定。

六、结论或启示

（一）农村这一居住空间将会在相当长的时间内继续存在且发挥重要作用

人的城镇化要求人的生产和生活空间要尽可能重合，即农村外出务工人员的生活要尽可能融入就业地点，只有这样的人口流动才能把经济与社会结构变迁的负效应降到最低。但是由于城乡二元制度的存在以及对二元城乡制度的渐进式改革，必然会在一定程度上形成农村外出务工人员完全融入就业地点障碍，进一步造成农村外出务工人员的就业地点和常住地点进而与未来可能定居地点的不一致，从而导致人口流动与城镇化的效率损失和整个社会的资源错配。正如在上部分提到的那样，河南省农村外出务工人员的居住地点与务工地点在较大概率上并不重合，尤其是未来的可能定居地更是如此。但无论是哪一个层次的就业地点，本村都将会是未来可能定居地的最主要的选择（在珠三角的务工人员未来可能定居地选择本村的比重最低，但也达到了60%），就业与居住空间的此种错配也说明河南省农村人口流动和城镇化的任务还很艰巨。

进一步来看，人口流动和城镇化是一个持续的过程，从目前来看，农村人口向城市流动还在深入推进，农村人口也将会持续流失。但也要注意到本村仍将是外出务工人员最有可能的未来定居地点，而如果把样本数量扩大到村庄居民整体，本村无疑也是最有可能作为样本中大量没有考虑的在家务农、年龄较大等人群的未来定居地。[①] 因此，农村现有的居住形态

① 本次调研数据能进一步支撑该观点。在11576个总样本中，把正在上学的样本剔除掉，剩余7544个“社会人”（即不再接受学历教育的踏入社会的群体）样本。而在7544个“社会人”样本中，现在的常住地点为本村的有5755个样本，占比为5755/7544＝76.29%，而2030年可能定居地点为本村的有5634个样本，占比为5634/7544＝74.68%。可以看出，在本次调查的“社会人”样本中，现在的常住地点和2030年可能定居地点选择本村的比重分别高达76.29%、74.68%，也就意味着本村作为河南省农村居民现在和未来最重要的居住地点的结论是可以成立的。

的消亡是一个长期的过程，农村这一传统的居住空间将会持续发挥重要作用。①

（二）对河南省各城市层级人口承载能力的再认识

首先，本乡镇这一级不能过度解读。虽然河南省农村外出务工人员在本乡镇的比重比本市市区和三大经济圈都要高，但是在本乡镇务工人员的工作行业结构以松散的零工为主，且在本乡镇就业的人员的常住地点和未来可能定居地点选择本村的比重分别高达 91.28% 和 89.10%。也就是说，可能由于距离本村太近以及居住环境没有太大改善等原因，就业地点为本乡镇的河南省农村外出务工人员的生活空间仍在较大程度上停留在本村，故产城融合在本乡镇这一层级可能并不适合。

其次，本县县城的人口承载潜力巨大但也面临严峻挑战：一方面，从表 1－1 和表 1－7 中可以看出，本县县城不仅是河南省农村外出务工人员最重要的就业地点，也是除本村以外最重要的未来可能定居地；另一方面，本县县城人口承载能力还面临不小的挑战，一般来说，就业地点城市级别越高，务工人员从事制造业的比重应该越高，但从表 1－4 中可以看出，在本县县城就业的从事制造业的比重仅为 6.05%，比本乡镇要低得多，本县县城可持续性的产业载体的困境可见一斑。

再次，本市市区对农村外出务工人员的承载能力与其所处的城市层级存在错位：一方面，从提供的就业机会来看，本市市区占河南省农村外出务工人员的比重只有 8.07%，在 2627 个总样本中只有 212 个，在所列主要就业地点中仅高于京津冀和珠三角，即本市市区为农村外出务工人员提供的就业机会非常有限；另一方面，从未来居住空间来看，正如表 1－7 所示，除就业地点为本市市区这一情况以外，其他几个就业地点中的务工人

① 从村庄结构来看，有一些偏远山区的村庄的确可能会消失，但是还有一些产业基础好（如巩义市站街镇巴沟村等）、农业资源禀赋异常丰富（如祥符区西姜寨乡白庄村等）、交通区位好的村庄（如祥符区西姜寨乡白庄村、舞阳县舞泉镇大杨庄村等）不仅不会消失，反而可能会比现在更好、更大（如果考虑吸纳外来人口）。当然还有大量的处于上述中间形态的村庄，这一类型的村庄人口的现在和未来的流向特征应该与本次调查的平均特征相符，即从短期来看应该也不会消失。

员未来可能定居地选择本县县城的比重远远高于本市市区，即本市市区对农村外出务工人员的吸引力更弱。因此，从对劳动力的吸纳和未来可能承载的人口来看，本市市区在城镇体系中的重要性可能并不突出，与其城市级别形成了强烈反差。

最后，在郑州市区就业的河南省农村外出务工人员的特征与三大经济圈还存在差距：从性别结构来看，郑州市区基本与长三角、珠三角持平；从年龄结构来看，“18～39 岁”群体超过了京津冀，比长三角、珠三角略低；从受教育程度来看，郑州市区的中专及高中和大专及以上学历占比明显要高于长三角、珠三角；收入水平平均收入区间差不多，但是高收入群体较少，而低收入群体相对较多。

（三）产业结构仍是河南省城镇化乃至郑州国家中心城市建设的短板

长期以来，河南省都是中国最重要的人口外流大省，相应的异地城镇化在推动河南省城镇化的进程中发挥了重要作用。但近年来，随着发展条件的改变，本地城镇化开始发力，而本地城镇化的推动力在于能够提供充足的非农就业机会。一般来说，制造业是城镇化的源头和动力，对于工业化和城镇化还有很长的路要走的河南省来说，制造业的重要性更是不言而喻。但是从表 1－4 中可以看出，省内分就业地点排名第一的工作行业分别为零工（本乡镇 36.76%）、建筑装修（本县县城 23.54%）、生活服务（本市市区 20.28%）、建筑装修（郑州市区 26.04%），不仅没有一个是制造业，而且制造业的比重还比较低。即使是郑州市区和本市市区提供的制造业机会也分别只有 17.45% 和 18.84%，而作为重要的未来可能定居地点的本县县城，该比重更是只有 6.05%，都远远低于长三角的 36.67%。这样的就业结构在一定程度上说明河南省各层级城市缺乏制造业这样能够吸纳劳动力的重要载体，如何尽最大可能地提供充足的制造业就业机会仍将是摆在郑州乃至整个河南省城镇化道路上的重要问题。

（四）分就业地点的河南省农村外出务工人员的年龄结构、工作行业结构、收入结构等特征与就业地点的层级正相关

从年龄结构来看，就业地点层级越高，“18～39 岁”群体所占比重就相对

越高；从工作行业来看，就业地点的层级越高，工作行业就越向制造业和高质量的生产和生活服务业集中；从收入水平来看，就业地点层级越高，高收入群体比重越高而低收入群体比重越低，结果导致平均收入水平区间在不断上升。

（五）分就业地点的河南省农村外出务工人员的高等教育结构主要与大学所在地有关

就业地点的层级越高，并不意味着高学历人群的比重就越高，就业地点高学历人员比重的高低主要取决于就业地点是否是主要的大学所在地。具体来看，在郑州市区和本市市区就业的河南省农村外出务工人员中高学历的比重是最高的，而在长三角、京津冀就业的河南省农村外出务工人员中高学历人员的比重并不高，通过进一步梳理数据发现，这可能与就业地点是否是主要的大学所在地有关。表1－8列出了河南省农村外出务工人员大学主要所在地分布情况，可以看出，比重最高的是郑州市区，占比达到39.81%；本市市区和本省其他地级市区合计占42.59%；而在省外接受高等教育的比重只有17.59%。其中，在三大经济圈接受高等教育的人数更是少之又少，长三角有4个人，占比1.85%，而珠三角和京津冀此项数据竟然为零。可见，河南省农村外出务工人员中高学历人员的大学所在地主要是在郑州市区、本市市区、本省其他地级市区，而本省毕业的大学生绝大多数就业地点仍然是在郑州市区、本市市区工作，造成了在郑州市区、本市市区就业的河南省农村外出务工人员中高学历人员比重相对较高。而河南省农村外出务工人员在三大经济圈接受高等教育的人数实在太低，造成了在三大经济圈就业的河南省农村外出务工人员中高学历人员比重相对较低。

表1－8　河南省农村外出务工人员大学主要所在地分布情况　（%）

大学所在地	人数/人	比重（%）	大学所在地	人数/人	比重（%）
本市市区	36	15.32	外省一般地级市	15	6.38
郑州市区	86	36.60	外省省会城市	19	8.09
本省其他地级市区	56	23.83	长三角	4	1.70

注：在河南省农村外出务工人员中，大学所在地有明确指向的样本共235个，本表只统计了主要的大学所在地的216个样本，故人数加总并不等于全部接受高等教育人数。

（六）高学历人员更容易实现就业与居住空间的融合

一般来说，学历高低与工作行业、收入水平有密切关系，学历越高、工作行业越好，而收入水平越高，相应地越容易脱离农村融入更高级别的城市中，而此次调研数据也显示高学历人员的工作行业与收入水平更容易实现就业与居住空间的融合。以郑州市区为例，在郑州市区就业的河南省农村外出务工人员中高学历人数共有58个，其工作行业、收入水平、常住地点、未来可能定居地点等信息如表1－9所示。从表1－9中可以清楚地看出以下3点：第一，高学历人员的工作行业较好，在郑州市区58个样本中从事企业白领的有13个，占比为22.41%，从事教育的有10个，占比17.24%，从事商业和商务中介的有8个，占比13.79%。第二，高学历人员的收入水平也较高，在郑州市区58个样本中，收入水平在20000元以下的人数只有3个，占比仅为5.17%，远远低于郑州市区总体的17.45%，而50000元以上的人数有12个，占比为20.69%，远远高于郑州市区总体的9.42%。第三，高学历人员较好的工作行业和较高的收入水平使得他们更容易实现居住与就业空间的融合，在郑州市区58个样本中，常住地点和未来可能定居地点选择郑州市区的人数分别为46人和29人，所占比重分别为79.31%和50.00%，远远高于郑州市区总体的53.46%和20.78%。

表1－9　在郑州市区就业的河南省农村务工人员中高学历人员的特征　（%）

工作行业	企业白领	教育	商业和商务中介
人数/人	13	10	8
比重（%）	22.41	17.24	13.79
收入水平/元	≤10000	>10001～≤20000	>20001～≤30000
人数/人	1	2	9
比重（%）	1.72	3.45	15.52
收入水平/元	>30001～≤40000	>40001～≤50000	>50000
人数/人	21	6	12
比重（%）	36.21	10.34	20.69
常住地点	郑州市区	本村	NH
人数/人	46	9	2

续表

工作行业	企业白领	教育	商业和商务中介
比重（%）	79.31	15.52	3.45
可能定居地点	郑州市区	本村	NH
数值/人	29	13	12
比重（%）	50.00	22.41	20.69

注：高学历为大专及以上。

课题组成员：刘涛、张建秋、张国骁、张超鹤、张娟

第二章　人口流动与老龄化背景下中国小农的分化与演进

——基于河南省 15 个乡村的微观调研数据

一、引　言

小农在中国有着悠久的发展历史，是我国传统农耕文明的重要载体，在国民经济和社会发展中发挥着“稳定器”的重要作用，也是目前我国农业发展的基本主体。对小农的认识与理解是正确理解农业现代化的前提，也是乡村振兴能否顺利实现的基础。随着工业化和城镇化的加速推进，人口流动日益频繁，农村青壮年劳动力通过上学、务工等途径涌向城市，农村人口尤其是务农人口的老龄化趋势十分明显。这对传统的小农生产方式产生了重要影响，小农的生产规模与结构开始出现分化并不断演进，在此背景下，如何认识和理解不断分化和演进的小农不仅关系着农业现代化的实现，也是乡村振兴顺利推进的基础。对此问题的研究不仅有重要的理论价值，也有鲜明的实践价值。

对小农问题的研究历来是学术界关注的重点，长期以来，学术界对小农问题的探讨可分为 3 个流派：一是“小农消亡论”，以韦伯和马克思为典型代表。虽然二者的思考路径有所不同，但他们都认为，小农是落后生产力的象征，与以理性化为特征的现代化格格不入，随着资本主义的扩张，小农将会被雇工经营的农业企业取代，与此同时，村庄也会逐渐瓦解乃至消亡。二是“理性小农论”，以舒尔茨为代表。该观点认为小农也是理性经济人，由于其作出的理性抉择会使得传统农业达到资源的最佳配置，因此，要实现农业现代化，必须引入新的要素如资本、技术等。该理论给出了与韦伯和马克思大致相同的结论，即小农家庭会被企业化的农场取代。三是“生存小农论”，以恰亚诺夫为代表。该理论认为小农既是生产者也是消费者，其经济逻辑与经营行为和企业不同，企业只是生产者，维持生存和基本生计是其基本伦理，对小农而言，在人口压力下，投入更多劳动直至边际报酬为零就是合理的，而企业绝不会如此，因为这样会致使其亏本。

国内对小农问题的研究总体上可分为两种大相径庭的观点：一是小农经营效率低下，无法实现农业现代化，只有通过劳动力转移扩大农业经营规模，方能实现农业现代化（厉以宁，2009；蔡昉，2013；马晓河，2013）。长期以来，该观点处于主流地位，对我国“三农”政策的制定产生了深远影响，我国农业发展尤其是土地流转中的规模偏好倾向即是受此观点的影响，在实践中政府政策也多遵循以农业规模经营为核心的农业现代化路径。二是受人多地少的基本国情等现实状况的约束，在未来相当长时期中国将维持以小农为主体的农业经营的基本格局，小农的存在不仅有现实合理性，而且能够发挥自身优势，在稳定国民经济和社会发展方面做出自身的贡献，以小农为主体同样能够实现农业现代化（黄宗智，2018；温铁军，2013；姚洋，2012；贺雪峰，2013、2015）。上述观点在指明中国农业发展不同路径的同时，也揭示了我国农业发展的复杂性。

工业化、城镇化引起了人口的大规模流动，青壮年劳动力大量从农村流出引致农村人口尤其是务农人口的老龄化，这种状况与全社会老龄化叠加在一起，使得我国老人农业问题迅速凸显。这对我国传统小农生产方式产生了重要影响，农户的分化日益明显，小农呈现出更多形态并加速演进。学者们对此问题进行了多方面的探讨，如从农业兼业的角度出发把农户分为纯农户、非农户、兼业户（农业兼业户与非农兼业户）（陈长华，1999）；从农业经营方式转变的角度分为传统农户、专业农户、非农户、半工半耕以及经营与服务农户（陈春生，2007）；还有学者把农户分为进城户、半工半耕户、中坚户、贫弱户等（贺雪峰，2015）；从动态性农户结构性分化角度把农户划分为退出型小农、自给型小农、兼业型小农、发展型小农（郭晓鸣，2018）。

新型城镇化的推进会引起人口流动不断加速，而人口老龄化问题则不断加深，在此背景下，中国农业农村已处于历史性转折时期，传统小农的进一步分化以及不断演进是必然趋势。而这种分化和演进是认识中国农业发展的基础，对此问题有一个基本认识及给出总体性判断是当前迫切需要回答的问题，据此制定促进农业发展转型的政策是一个具有重大理论和实践价值的大课题。因此，本章首先阐明家庭经营是农业经营的基本组织形式，我国小农长期存在的根本原因是人多地少的资源禀赋的制约，而不是家庭经营造成。然后利用 2018 年 11 月河南省中原发展研究基金会资助、河南大学中原发展研究院组织的“百县千村人口流动与数据库建设之整村调研”项目采集的河南省 15 个村庄①的调查数据，对在人口流动和老龄化背景下农户出现的分化和演进进行总体性描述，在此基础上进行分析解释，作出基本判断并给出相应的政策建议。

二、家庭经营是农业生产的基本组织形式，中国的小农经济是人多地少资源禀赋条件下的结果

人们通常把小农经济归因于家庭经营，认为是家庭经营导致了小农经济，试图通过雇工经营的企业改造小农，并认为这是实现农业现代化的最佳途径。殊不知农业普遍采用家庭经营是由其自身特点决定的。首先，农

① 为了更好地认识乡村发展状况，记录河南省乡村经济社会发展历史变迁，掌握一手资料，2014 年以来，由河南省中原发展研究基金会资助、河南大学中原发展研究院组织实施了“百县千村人口流动与数据库建设项目”，项目分为抽样调查和整村调查，其中整村调查分别在 2014 年、2017 年、2018 年进行了 3 次，每次选择不同类型的村庄进行全方位调查、采集数据。2017 年共调研了 22 个村庄，形成了 7 篇调研报告和 7 篇专题报告，且已经汇集成册，由河南人民出版社于 2018 年出版了《整村调查报告（2017）》。2018 年共调研了 15 个村庄，本报告所用数据为 2018 年调研的 15 个村庄的数据，15 个村庄分别为：鹤壁市浚县新镇和庄村、濮阳市台前县市侯庙镇市徐沙沃村、三门峡市义马市东区程村、安阳市内黄县楚旺镇王庄村、焦作市中站区小尚村、开封市通许县陈留村、郑州市巩义市站街镇巴沟村、开封市祥符区西姜寨乡白庄村、新乡市原阳县蒋庄乡靳屋村、平顶山市汝州市寄料镇平王宋村、许昌市鄢陵县陈化店乡西明义社区、南阳市内乡县湍东镇龙园村、周口市沈丘县石槽集乡大李营村、商丘市宁陵县乔楼乡孙庄村、安阳市滑县八里营镇前齐继村。

业的生产对象是活的动植物，其生产过程需要人们精心的呵护与照顾；其次，农业生产周期长，生产过程受自然因素的影响较大，人们付出的劳动并不必然反映在最终产品上，劳动成果的计量与分配较为复杂，一般的激励机制容易失效；最后，农业生产经营具有空间的分散性，与工业生产相比，农业的分工与专业化程度要低得多，而且农业生产空间分散性也使得监督更加困难。农业生产的上述性质使得对其经营组织形式提出了较高的要求，企业这种组织形式的效率高低依赖于激励与监督机制的设计，其存在局限于经济利益，并不适合农业生产领域，与企业相比，家庭经营的优势在于其内部的互惠性质和利他主义。不需要专门设计激励与监督机制，也无须精确计量劳动与最终产品的获取，家庭的存在与维系并不局限于经济利益，而是涵盖血缘、婚姻、情感等超经济的社会资本。因此，家庭这种特殊的组织形式最为契合农业生产。在实践中，无论是传统农业还是现代农业，无论是发达国家还是发展中国家，无论哪种所有制形式，几乎无一例外，农业生产的主流形式均是家庭经营。把小农经济归因于家庭经营是一种根本的逻辑错误。

我国的小农经济有数千年的传统，其所带来的问题并非是家庭经营这种组织形式造成的，根本原因在于我国人多地少的刚性的资源禀赋（李谷成、李崇光，2012）。按照人均耕地面积来看，全国人均耕地面积为1.52亩，河南省人均耕地面积为1.23亩，我们整村调研的15个村庄人均耕地面积为1.09亩（见表2-1）。根据第三次农业普查数据，我国小农户数量占到农业经营主体的98%以上，小农户从业人员占农业从业人员的90%，小农户经营耕地面积占总耕地面积的70%。只要不解决紧张的人地关系，无论采取哪种组织形式与制度安排均无法解决中国农业规模狭小问题，甚至会衍生出更多的问题。实际上，家庭经营有旺盛的生命力、极强的韧力和弹性，可以容纳不同规模的农业生产。随着我国人口流动的加速、农村人口的大量进城，我国传统的小农已悄然发生了变化，逐渐出现了中等规模的农户和家庭农场等新型农业经营主体，但总体来看，占比仍较低。我国现在的农户有2.3亿户，户均经营规模7.8亩，经营耕地10亩以下的农户有 2.1 亿户，这是个小规模甚至超小规模的经营格局。根据我们整村调研数据来看，户均实际种植面积 5 亩以下的占比达 63.67%，10 亩以上的占比不到 10%，15 亩以上的占比仅为 3.29%（见表 2－2、图 2－1）。

表 2－1　全国、河南省及调研村庄人均耕地面积情况

	全国	河南省	调研村庄
人均耕地面积/亩	1.52	1.23	1.09

数据来源：全国、河南省数据来源于第三次全国农业普查数据，调研村庄数据整理自 2018 年“百县千村”整村调研数据。

表 2－2　调研村庄户均实际种植面积情况

户均种植面积情况	占比（%）
0～5 亩	63.67
5.1～10 亩	26.69
10.1～15 亩	6.35
15.1 亩以上	3.29

注：调研村庄户均实际种植面积最大值为 200 亩。
数据来源：根据调研数据整理计算。

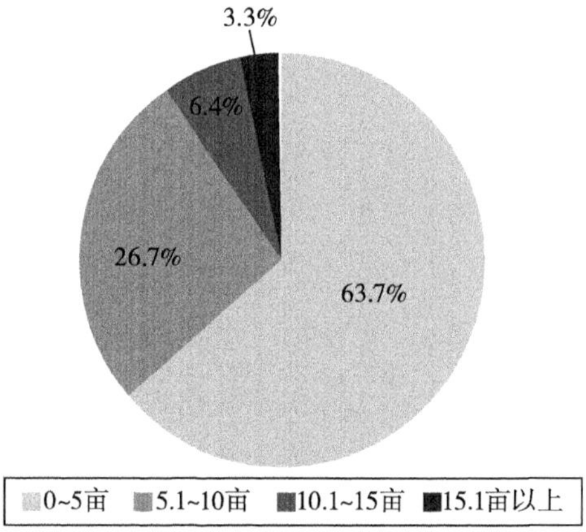

图 2－1　调研村庄户均实际种植面积情况

数据来源：根据调研数据整理计算。

三、人口流动、老龄化与小农的分化

自秦汉以来持续至今的小农经济在我国存在了数千年之久，虽然在漫长的历史变迁中小农经济不时被打断，但总体上保持了发展并长期发挥着稳定经济与社会发展的作用。改革开放以来，随着我国工业化和城镇化的发展加速了人口流动与迁移，农户之间的分化日益加剧，小农已不再是一个同质性的集合体，在新的历史条件下小农的分化趋势不可避免。

随着我国工业化、城镇化的发展，农村青壮年劳动力外出务工成为发展的必然趋势，根据整村调研数据统计，农村人口中从事非农就业的人员比例约占总人口的 29.91%，从事农业劳动人员比例约占总人口的 12.92%；若按照有效劳动力（明确工作行业的劳动力）计算，从事非农就业人员占有效劳动力的比例高达 69.82%，从事农业就业人员占有效劳动力的比例为 30.18%（见表 2－3），从事农业就业人数的减少，会直接影响农户的分化。从外出务工空间分布来看，河南省农村外出务工人口以省外、本县县城及郑州市为主，其中，省外以长三角为主，约占全部外出务工人口的 10.78%，省内以本县县城和郑州市区为主（见图 2－2）。外出务工地点也在一定程度上影响着农业经营类型的变化，如果外出务工地点较远，往返于乡村和务工地点的成本就高，返回乡村的次数会减少，从事农业劳动投入也会相应地减少，这部分群体主要是 20～40 岁的青壮年，他们中有多数也不愿意种地，而逐渐地会将土地流转出去。而 40～60 岁外出务工的群体大多数会以省内为主，农忙时会经常回家，这部分群体将会长期保持亦工亦农的兼业化状态。

表 2－3　非农就业占比情况

总样本量 11706 人，其中明确具体行业的有效劳动力样本量为 5014 人			
行业类型	人数	占有效劳动力比（%）	占总样本比（%）
农业	1513	30.18	12.92
非农行业	3501	69.82	29.91

数据来源：根据调研数据整理计。

2017 年，国务院印发的《国家人口发展规划（2016—2030 年）》中指出，未来十几年特别是 2021—2030 年，我国人口发展进入关键转折期，人口总量将在 2030 年前后达到峰值，劳动年龄人口波动下降，老龄化程度不断加深，人口流动仍然活跃，家庭将呈现出多样化趋势。我国老龄化问题越来越

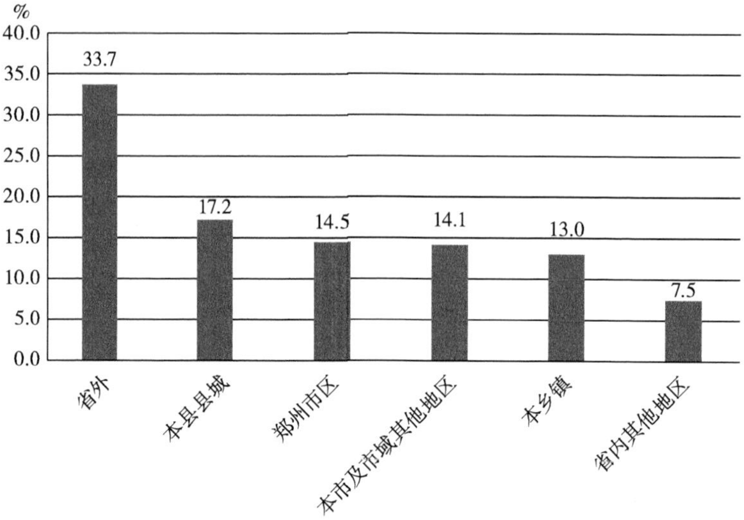

图 2 - 2　调研村庄外出务工地点情况

数据来源：根据调研数据整理计算。

严重，这也得到了大家的普遍认同，无论是从国家宏观统计数据，还是从调研的微观数据，都可以印证这一点（见表 2 - 4）。在城市化进程中，由于大量农村青壮年劳动力流入城镇，农村的老龄化问题就显得更为严峻，越来越多的农村地区，老年人成了种地的主力军，逐渐形成年轻人都不愿种粮、也不会种粮的现象，老龄化农业问题逐渐显现（见表 2 - 5）。从我们开展的整村调研数据也可以印证，从事农业劳动的人员年龄普遍偏大，50 岁以上的农业主要劳动力占比达 56.04%，60 岁以上的占比也达到了 25.96%（见表 2 - 6、图 2 - 3），年龄最大者达到了 82 岁。这对我国传统小农生产方式产生了重要影响，农户的分化日益明显，小农呈现出更多形态并加速演进。

表 2 - 4　全国、河南省及调研村庄人口年龄结构

年龄段	调研村庄人口结构		河南省人口结构占比（%）	全国人口结构占比（%）
	样本量/人	占比（%）		
14 岁及以下	2372	20.35	21.40	16.8
15 ~ 64 岁	7681	65.91	68.40	71.8
65 岁以上	1601	13.74	10.20	11.4

数据来源：百县千村整村调研数据及《河南省统计年鉴（2018）》《中国统计年鉴（2018）》。

表 2－5　我国农业经营人员结构情况　（%）

	全国	东部地区	中部地区	西部地区	东北地区
农业生产经营人员性别构成					
男性	52.5	52.4	52.6	52.1	54.3
女性	47.5	47.6	47.4	47.9	45.7
农业生产经营人员年龄构成					
年龄 35 岁及以下	19.2	17.6	18.0	21.9	17.6
年龄 36～54 岁	47.3	44.5	47.7	48.6	49.8
年龄 55 岁及以上	33.6	37.9	34.4	29.5	32.6
农业生产经营人员受教育程度构成					
未上过学	6.4	5.3	5.7	8.7	1.9
小学	37.0	32.5	32.7	44.7	36.1
初中	48.4	52.5	52.6	39.9	55.0
高中或中专	7.1	8.5	7.9	5.4	5.6
大专及以上	1.2	1.2	1.1	1.2	1.4
农业生产经营人员主要从事农业行业构成					
种植业	92.9	93.3	94.4	91.8	90.1
林业	2.2	2.0	1.8	2.8	2.0
畜牧业	3.5	2.4	2.6	4.6	6.4
渔业	0.8	1.6	0.6	0.3	0.5
农、林、牧、渔服务业	0.6	0.7	0.6	0.5	1.0

注：四大地区划分：东部地区包括北京市、天津市、河北省、上海市、江苏省、浙江省、福建省、山东省、广东省、海南省；中部地区包括山西省、安徽省、江西省、河南省、湖北省、湖南省；西部地区包括内蒙古自治区、广西壮族自治区、重庆市、四川省、贵州省、云南省、西藏自治区、陕西省、甘肃省、青海省、宁夏回族自治区、新疆维吾尔自治区；东北地区包括辽宁省、吉林省、黑龙江省。

数据来源：中国统计年鉴（2018）。

表 2－6　调研村庄主要农业劳动力年龄情况

主要农业劳动力年龄段	占比情况（%）
30 岁以下	4.17
30～39 岁	13.87
40～49 岁	25.91

续表

主要农业劳动力年龄段	占比情况（%）
50～59 岁	30.09
60 岁及以上	25.96

注：调研的 15 个村中，主要农业劳动力最大年龄为 82 岁，最小年龄为 19 岁。
数据来源：根据调研数据整理计算。

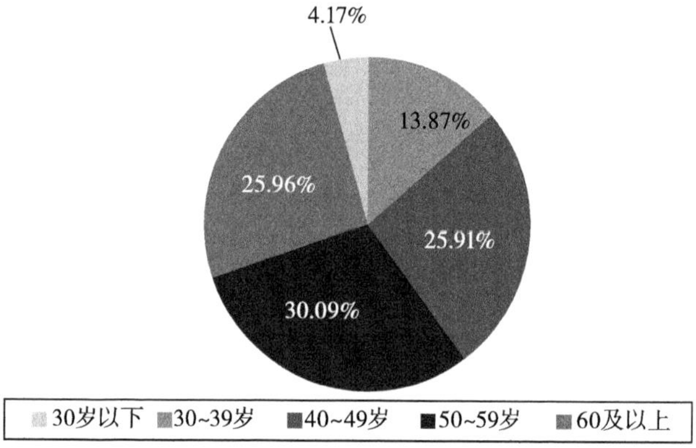

图 2－3　调研村庄主要农业劳动力年龄情况

数据来源：根据调研数据整理计算。

随着小农的分化，对小农的划分有各种不同类型，但从调研的实际情况看，目前我国的小农可大致分为如下 3 类：

一是生存型小农，也有学者将其称为自给型小农（郭晓鸣等，2018）或贫弱农户（贺雪峰，2015）。这类小农主要由已经与子女分家另过的老人构成，通常由两个或者一个老人组成，由于年事已高，这部分老人已无力外出务工，但仍然可以从事农业生产，机械化大大降低了劳动强度，使其劳动年龄进一步延长。这类农户的经营规模较小，目的以自给自足为主，较少提供商品化的农产品，从事农业生产能够降低生活成本，也是实现其自我价值的一种方式。从发展趋势看，随着年龄的增长，部分老人会逐步丧失劳动能力，部分会随子女迁入城镇，生存型农户的萎缩趋势不可避免，但完全消失将会是一个漫长的过程，因为这一代老人老去后，随之又会有下一代进入类似的状态，即使城镇化进程完成以后，这类农户也不会完全消失，发达国家的经验充分证明了这一点。与其他类型的农户相比，生存型小农对土地的依赖性很强，其家庭收入的大部分来自农业，在社会保障体系不健全的情况下，这类农户若失去土地其生活会立刻陷入困境，土地的社会保障功能十分明显。课题组的调研发现，即使给予一定的补偿，超过80%的老人也不愿放弃土地和农业经营，并表示只要政策允许会一直耕种下去直至无力耕种为止。此外，我们还应该认识到传统小农的存在有其历史的必然性，日、韩等国也存在类似的现象，而且其存在的价值也并非全是负面的，在维持自身生存和实现自我价值的同时，其在粮食安全、社会稳定、文化传承以及生态保护等方面均能做出重要贡献。因此，我们应有足够的历史耐心，至少不能在政策上强行驱逐或取消生存型农户。

二是兼业型小农。兼业型小农是指家庭内部成员根据分工既有从事非农产业也有从事农业生产的小农，即半工半耕状态。这类农户是小农中一种非常重要的形态，在数量上占比最大，根据我们整村调研数据，兼业型小农占比高达81.35%（见图2－4）。国际经验表明，在城镇化过程中，兼业小农将长期存在且表现出动态变化特征，既会发展为中农和家庭农场，也会退缩为生存型小农或退出农业。在兼业小农的家庭收入结构中非农收入占比呈持续增加趋势，农业收入占比则下降明显，根据调研数据计算，在兼业小农家庭中非农收入平均占比高达85.84%，农业收入占比仅为14.16%（见图2－5）。从农民家庭关系的角度看，兼业小农可分为以代际分工为基础的兼业小农，即家庭中青壮年劳动力外出务工，以及老年父辈在家务农和以夫妻分工为基础的小农，即家庭中丈夫外出务工，妻子在家务农（张建雷，2018）。其具有鲜明的再生产特征，体现了家庭伦理关系，家庭决策并非仅出于利益最大化的考量。

三是退出型小农。退出型小农是指逐步退出农业生产经营的农户群体，实践中主要包括两种类型：第一类是通过上学留在城市就业、进城务工等途径举家搬迁至城市和实现就业地转换的农户，其中前者因为自身发展、迁移等原因无法或者不愿继续从事农业生产经营，但他们在农村依然有耕地、宅基地以及房屋等资源；后者则是在城镇实现就业，把自家的承包地全部长期流转出去，在家庭收入构成中基本没有农业收入，但仍然居

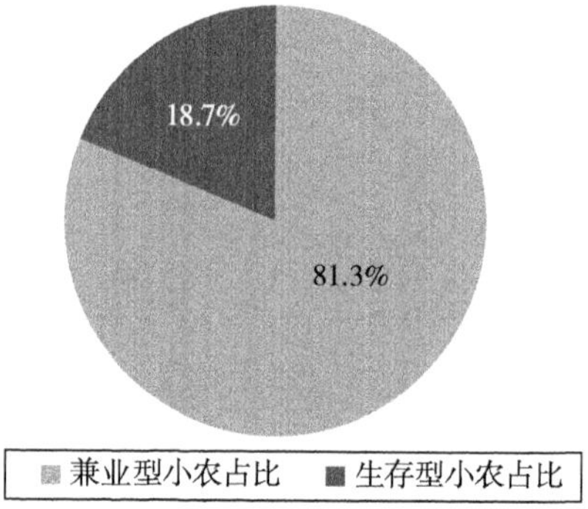

图 2-4　调研村庄农业家庭类型情况

数据来源：根据调研数据整理计算。

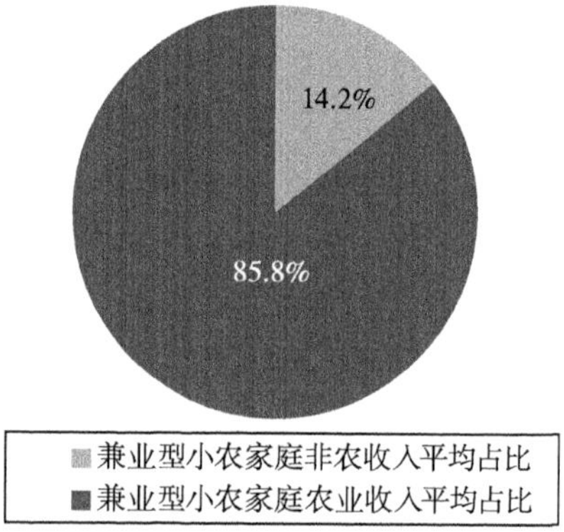

图 2-5　调研村庄兼业小农家庭收入结构情况

数据来源：根据调研数据整理计算。

住在农村自建的房屋里，这类农户在城郊的农村较为常见。第二类是随着年龄的增长，一部分老人无力耕种自家土地但又无法跟随子女进城，只能选择将土地长期流转出去，平时居住在农村自建的房屋里，以独居老人或者年龄较大的老两口为主。值得注意的是，部分退出型小农并非永久退出农业，而是呈现出动态变化特征。当他们在城市发展不顺利而农业政策和农产品市场前景较好时，退出型小农会回乡重新从事农业生产经营。

随着市场化的深入推进，目前小农在农业生产经营中面临严重的发展困境。且不说退出型小农，对于生存型小农与兼业型小农而言，资金、技术、风险并不是其关心的主要问题，随着务农人口的老龄化，农业生产产前、产中与产后等环节均对小农带来了一定的困难，如产前生产资料的购买，产中的灌溉、施肥等环节以及产后的农产品销售等都对老年人构成日益严重的挑战，急需完善农业的社会化服务体系来缓解上述问题。

四、人口流动、老龄化背景下小农的演进：中农的崛起及家庭农场的出现

当前我国城乡之间的人口流动基本是单向的，即农村人口尤其是青壮年劳动力流向城市，城市人口很少回流农村。农村人口外流可大致分为两种类型：一种是通过上学读书的途径流出农村，农村的学生考取各类大中专院校走出农村，这类人群除极少数回乡创业外，毕业后通常会留在城市，家中的耕地由父母耕种，随着这类人群结婚成家以及父母年龄的增加，出于其幼小的子女需要照顾等原因，家中的耕地自然会流转出去，宅基地也会闲置，这类人群通常不再回到农村从事农业生产经营，属于退出型小农的类型，这为留在农村的其他农户扩大农业经营规模提供了机会。另一种是通过务工的方式流出农村，这类人群在总人口流动占比较高。从不同角度又可分为多种类型，根据工作时间可分为常年性质和临时性质（张建雷，2018），根据家庭外出人口可分为全家外出型和部分外出型，全家外出型通常是夫妻二人带着子女外出，子女在父母就业地读书或务工，耕地通常由留守在家中的老人照看，形成家庭的代际分工结构，随着老人年龄的增长无力种地后，这部分人群也会将耕地流转出去。部分外出型通常是指一个家庭的主要劳动力外出务工，老人、子女留在农村，老人、妇女在照看子女的同时经营耕地，这部分人群一般不会流转自家耕地。外出务工的情况较为复杂，根据自己的务工状况及子女发展状况会选择留在城市或者随着年龄增长重新回到农村务农。

在人口流动及老龄化的共同作用下，部分家庭放弃农业生产，将土地流转给其他农户耕种是必然趋势，这也促使农业经营的组织形式发生了变化（见表2－7）。农业劳动力大量向非农就业转移，在这个过程中，新型农业经营主体大量涌现，据统计，目前我国流转承包地的农户已经超过

7000万户，有些农户是全部流转，有些农户是部分流转，流转的承包地面积占到家庭承包经营面积的37%，这个比重每年都在提高。通过转入部分离开农村农户的土地，中等规模的农户（以下简称中农）率先崛起，这里的中农是指通过流转亲朋好友或者邻居的土地而形成的经营规模在15～50亩的农户，类似于发展型小农，也可以将其归于兼业型小农，但这类农户与一般的兼业小农有着显著区别，也不同于家庭农场，从而形成中农经济（刘悦、余佳妮，2014；张建雷，2016）。

表2－7　不同类型农户特征及案例

农户类型	退出型小农	生存型小农	一般兼业型小农	中农规模家庭	家庭农场
主要特征	实际种植面积0亩，土地全部流转，没有能力再种地或者完全离开农村不再种地	经营规模较小，生产以自给自足为主，较少提供商品化的农产品，家庭成员不从事非农劳动	家庭内部成员根据分工既有从事非农产业，也有从事农业生产的小农，即半工半耕状态。经营规模一般小于15亩	通过流转亲朋好友或者邻居的土地而形成的经营规模在15～50亩之间，大多数仍是兼业型，有非农务工情况	通过流转亲朋好友或者邻居的土地而形成的经营规模在50亩以上，种植以经营营利为目的，不从事非农劳动
案例	宁陵县乔楼乡贾楼村孙某，63岁，家庭成员包括夫妇二人，由于年龄较大、身体不好，没有能力再种地，将自家承包地2.5亩流转给邻居耕种，无非农收入	滑县八里营镇前齐继村李某业，66岁，家庭成员包括夫妻二人，家庭承包地5亩，实际种植面积5亩，全部种植粮食，粮食以自己吃为主，少量销售，无非农收入	滑县八里营镇前齐继村李某雪，年龄48岁，家庭成员4人，包括夫妻二人和两个孩子，家庭承包地12亩，实际种植面积12亩，全部种植粮食，户主农闲时经常外出务工，农忙时回家，年均非农收入4万元，年均农业收入1.5万元	滑县八里营镇前齐继村李某法，年龄34岁，家庭成员4人，包括夫妻二人和两个孩子，家庭承包地15亩，流转承包邻居15亩，租金650元/亩，实际种植面积30亩，主要种植粮食，年农业纯收入3.6万元（不扣除家庭投入的劳动力成本）。除农业收入外，户主农闲时外出务工，妻子在相邻乡镇加油站上班，二人年均非农收入6万元	沈丘县石槽集乡大李营村欧某芝，女，年龄55岁，家庭成员5人，包括户主、儿子、儿媳、孙子、孙女，家庭承包地8亩，流转承包152亩，租金600元/亩，实际种植面积160亩，户主与儿子为主要农业劳动力，主要种植粮食和瓜果蔬菜，上年全年农业纯收入15万元（不扣除家庭投入的劳动力成本）

资料来源：根据调研资料整理得到。

与传统小农和家庭农场相比，中农的特征在于：第一，土地经营规模处于一般的小农和家庭农场之间，从目前各地的实际状况看，这类农户的土地经营规模多处于15～50亩之间，这个规模大于一般的小农户（户均土地经营规模在15亩甚至10亩以下），但又低于家庭农场的经营规模（虽然根据地理位置、地形、作物种类的不同，家庭农场的规模没有固定而明确的标准，但在河南的平原农区，这个规模不应低于50亩甚至更高）。第二，土地流转方式不同，土地租金不同。中农大多通过流转亲朋好友或者邻居的土地来实现经营规模的扩大，即通过本村或邻村的人际关系流转土地，而家庭农场等新型农业经营主体流转土地则大多通过市场关系即陌生人的关系获得。二者的差别在于，中农的土地租金远低于家庭农场，从课题组在不同地区调研的情况看，这种差别可达1倍甚至更高，如市场租金如果是600元/亩的话，邻居或亲友之间的土地租金多在200～300元/亩，表2－7中的案例河南省滑县的李某法流转邻居的耕地而形成经营规模为30亩的中等规模的农户，土地租金为650元/亩，而沈丘县大李营村的欧某芝通过土地流转形成经营规模在160亩的家庭农场，土地租金为600元/亩，反而低于上述中等规模农户的土地租金。产生上述差别的原因在于二者所处的地域不同，李某法所处的河南省滑县土质较好、粮食产量较高，土地租金也相应较高，根据笔者的调研，当地的流转土地租金一般都在1000元/亩以上，而欧某芝所处的河南沈丘县土质一般、粮食产量偏低，流转土地的租金多在300～400元/亩。由此带来的后果是中农亩均净收入高于家庭农场。第三，农业经营方式不同。中农的农业劳动投入基本来源于家庭内部，极少采用雇工的方式经营，而家庭农场会在某些生产环节使用雇工。在农闲时节，中农家庭的主要劳动力会外出务工，这与兼业小农并无根本差异，其家庭的收入也很相似，实际上中农可视作半工半耕小农的另一种形态，但与普通的兼业小农相比，中农的农业经营规模更大，会将更多的劳动投入农业生产，对农业生产经营更为重视，希望通过增加农业投入获得更多的农业收益，比如在农忙时节，中农家庭的主要劳动力基本都会回乡参与农业生产，而一般的兼业小农在情况许可的情况下会更多选择留在城市获取更高的务工收入。第四，中农具有更强的农业技术能力、知识储备以及资本等，会倾向于将农业作为一个重要的职业。相比之下，由于家庭农场的经营规模足够大，如当经营规模达到100亩以上时，家庭成员基本上就没有时间和精力外出务工，必须将家庭的全部精力投入农业生产经营中，家庭收入结构也主要来源于农业，基本可达到与务工收入相同的水平甚至更高一些。

随着土地流转规模的进一步扩大，家庭农场开始出现。目前，全国规模经营农户有398万户，经农业农村部门认定或备案的家庭农场接近60万家，但在技术支撑、资金投入、产品销售等方面，还远远不能满足现代农业发展的要求。从课题组调查的情况看，家庭农场大致可分为两种类型：一是从中农逐步发展而来，中农逐步扩大土地流转实现规模化经营，在这一过程中，农业经营方式和土地流转机制也在逐步发生变化，市场机制的作用越来越强；二是村干部或者外出务工回乡的农民通过大规模的土地流转形成家庭农场，一部分农民在常年的务工经商过程中积累了资金，将其投入农业生产经营形成家庭农场。与小农和中农相比，家庭农场的经营规模更大，家庭成员基本没有时间和精力外出务工，农业经营收入与外出务工收入大致相当。

与传统小农相比，近年来崛起的中农及家庭农场的经营规模更大，这无疑使得其更有能力应对大市场。但在实践中，无论中农还是家庭农场，同样面临严重的发展困境，甚至比小农更为脆弱，总结起来主要有以下方面：第一，土地流转不规范，中农和家庭农场的稳定性及可持续发展能力差。在经济发展条件的约束下，我国城市对人口的吸附力只能渐进地释放，而非在短期内的根本变化，在中国资源禀赋的约束下，农民的理性选择通常是兼业而非放弃土地。当经济形势不好而农业政策有利、农产品市场前景较好时，农民会倾向于增加农业投入甚至回乡发展农业，在相当长时期内这种状况会持续下去，这导致土地流转并非稳定和持续，而是表现出不稳定、不规范的特征，反过来这会导致中农和家庭农场的不稳定和不可持续。第二，缺乏相应的政策支持。我国目前的农业政策有明显的规模偏好特征，对中农的关注严重缺失，对家庭农场的支持也是口惠而实不至，集中体现在其资金和技术需求得不到满足上。中农和家庭农场的发展需要大量的资金和技术支持，但由于缺乏相应的抵押物以及社会化服务体系的不完善，上述需求通常难以满足。第三，面临更大的风险。农业由于同时面临自然风险和市场风险从而弱质性特征较为显著，由于中农和家庭农场的经营规模更大，家庭收入的更大比例来自农业，会面临比小农更大的风险。调查显示，自然风险、价格波动、缺乏销售渠道是其面临的主要风险。中农和家庭农场比小农更加关注风险问题，但由于金融保险以及农业市场体系的不完善，在面临这些风险时他们通常无力应对，更多地选择听天由命，这会严重挫伤他们的生产积极性。

五、小农分化与演进的几个基本判断和政策建议

当前中国正处于转型发展的关键期，人口流动日益频繁，老龄化扑面而来，这给中国农业带来了深远影响。一方面，有助于走出长期困扰我们的小农经济的“过密化”问题；另一方面，新问题不断涌现，如农户之间的分化加剧、老人农业问题突出等。在此背景下，基于前文的分析，对处于分化与演进过程中的小农形成几个基本判断，并给出相应的政策建议。

（一）几个基本判断

1. 在相当长时期内，小农将会是中国农业经营的基本主体

家庭经营是农业基本经营制度和组织形式，随着新要素持续进入农业领域，新型农业经营主体不断涌现，小农在数量上的减少是必然的，在机构上的分化也会加速。但根据本章上述分析及课题组的调研和思考，至少有 80% 以上的农户表示会继续从事农业生产经营，这充分表明在未来相当长时期内小农依然是我国农业的基本经营主体，这是在我国资源禀赋约束下的合理和必然选择。

2. 小农会不断分化和演进，小农、中农与家庭农场将在一段时期内并存

工业化与城镇化的不断推进必然会引起人口流动，加之老龄化程度的不断加深，小农的分化和演进将会持续进行，但这一过程预计需要较长时

间，而不可能一蹴而就。因此，伴随着小农的分化与演进，小农、中农、家庭农场将在很长一段时期内并存并共同发展。

3. **小农、中农与家庭农场融入现代农业需要经营模式的创新以及完善的社会化服务体系**

如上所述，无论经营规模大小，小农、中农和家庭农场在生产经营过程中，在与现代农业对接的过程中，均面临一系列需要解决的矛盾和问题。这些问题的解决需要农业经营模式的创新，如通过发展农民合作社以提供农业生产经营过程急需的缺失的社会化服务，或者通过土地入股、托管等多元化的土地管理模式创新使各类农户获得发展机会，引导其逐步融入现代农业。

（二）政策建议

1. **设计精准的农户扶持政策**

在政策层面，针对小农分化与演进的现实，应设计更为精准的扶持政策。第一，重点扶持中农。目前我国中农已经有了一定的数量，是我国农业与农村的中坚力量，对中农的扶持也有利于维护粮食安全。具体应重点关注改善农业生产条件，克服扩大经营规模过程中面临的困难，提供所需的各种社会化服务如金融保险服务等。第二，鼓励发展家庭农场。对于工商业比较发达的地区且在资源禀赋许可的情况下，通过扩大土地经营规模，发展家庭农场可有效降低农业生产成本，增强我国农业的竞争力。具体政策应聚焦于解决目前限制家庭农场发展的困难，如土地流转、风险等层面。第三，承认小农经济存在的必然性与合理性，引导其融入现代农业。中国的经济发展阶段以及农业资源禀赋状况决定了小农将会长期存在，目前小农仍是我国农村的社会主体和农业经营的基本主体，也是乡村振兴的责任主体和利益主体，因此，我们应该承认并允许小农经济的存在以及其所处的重要地位。具体政策层面应强化小农的能力建设，通过完善农业社会化服务以及经营模式和组织形式的创新引导小农融入现代农业。

2. **加快培育发展新型农业社会化服务体系**

当前，无论何种经营规模和类型的农户家庭经营均面临发展困境，其重要原因除自身能力缺失外，更重要的原因是外部的社会化服务的不完善。因此，构建新型社会化服务体系是一项紧迫而重要的工作。首先，重构公益性的农业服务体系，以政府为主体通过购买服务的方式满足农民在农业经营过程中所需的植保、农资购买配送、检验检疫等工作；其次，加强农业信息服务体系建议，为农民提供气象信息、市场行情、农业政策等方面的信息；最后，提供金融保险服务，现代农业需要大量的资金支持，面临更大的风险，必须有相应的金融与保险支持，在“乡村振兴”的大背景下，鼓励金融机构为农民提供这类服务，政府可给予相应的补贴或政策支持。

3. 保护小农利益，保障其基本的土地权利

总体上看，小农数量的减少以及离农趋势加剧都是不可逆转的，但在较长时期内大量小农的存在也是必然的。在各种政策资源的争夺中，小农容易受到排挤和伤害，弱势地位十分明显，保护小农的合法权益应是我们坚持的一个基本政策取向，最重要的是充分保障基本的土地权利，确保小农拥有完整的土地承包经营权，只要他们愿意种田，就应该充分尊重他们的权利，在土地流转中我们应改变以往的规模偏好倾向，坚决避免以推进规模经营为由强制土地流转。因此，要在培育新型农业经营主体、发展多种形式适度规模经营的同时，加强针对小农户的扶持政策，把小农户引入现代农业发展的轨道。同时，通过完善社会化服务体系、创新经营模式等加强其能力建设，保护其农业经营的主体地位，引导其融入现代农业。

4. 积极引导小农户与现代农业发展的有机衔接

一方面，健全扶持机制，要在重视培育新型经营主体、扶大扶强的同时，将新型经营主体对小农户的带动作为政府扶持政策的重要衡量标准，推动更多惠农政策和资金资源向小农倾斜；另一方面，完善经营机制，引导和组织小农户参与和发展农民专业合作社，完善土地入股、股份合作、订单带动、利润返还等“风险共担、利益共享”的利益联结机制。

课题组成员：蔡胜勋、李少楠、柴森、孙博恩、吴亚伟、孟彦林

第三章　河南省农村金融的现状分析

——基于河南省15个乡村的微观调研数据

一、调研背景

第一，乡村振兴的大背景。2018年2月4日公布的中央一号文件《中共中央国务院关于实施乡村振兴战略的意见》，对实施乡村振兴战略进行了全面部署。这是改革开放以来第20个，21世纪以来第15个指导“三农工作”的中央一号文件。文件中指出，“没有农业农村的现代化，就没有国家的现代化”。而且，我国发展不平衡不充分问题在乡村最为突出，如“国家支农体系相对薄弱，农村金融改革任务繁重，城乡之间要素合理流动机制亟待健全”。这些不充分不健全要求我们去关注农村金融的发展。

第二，现代经济的发展需要金融功能的发挥。金融最主要的功能是在时间和空间两个维度上合理配置资源，提供分散、转移和管理风险的有效工具。这两个功能同经济发展的联系非常紧密。可以说，现代经济的发展需要金融发挥重要作用。目前，中国的农村经济在向现代化迈进，而现代化的农村经济需要现代化的农村金融进行支撑。

第三，城乡金融二元结构的存在。众所周知，中国存在典型的城乡二元结构。与此相应地，我国城乡金融发展方面也呈现出巨大的差距，这种金融差距和经济差距相互影响，会有可能固化现有的二元结构，需要引起重视。

第四，中国小农经济的转变。经过改革开放40多年的发展，中国的农村经济已经有了长足的进步，和传统的小农经济相比已经发生了一些变化，但是这种变化能否带来农村金融需求的发展，从而推动相应农村金融制度的建设，需要我们进行考察。

总而言之，农村发展的不充分、现代经济发展的需要、二元结构的改变、小农经济的转变等诸多方面都要求我们关注农村金融发展的情况。在这样的背景下，我们组织进行了相应的农村调研，并且根据关注的重点，针对调研得到的农村金融的情况进行分析。

二、调研情况

本次调研选取河南省15个村进行调研。15个村共有4490户，我们调研了2811户，占比为63%。从地理位置、地形地貌、人口及外出务工情况等方面进行简要描述（见表3－1）。

第一，地理位置。调研的15个村距离县城的距离平均为13.0千米，距离市区的距离平均为41.2千米。其中，距离县城最远的是开封市祥符区西姜寨白庄，距离县城35千米，而距离市区最远的濮阳市台前县侯庙镇徐沙沃村，距离市区90千米。距离县城最近的开封市通许县陈留村，距离县城仅1千米，距离市区最近的是巩义市站街镇巴沟村，距离市区仅8千米。

表3－1　调研村编号

村编号	所在县/区	所在乡	村名
1	浚县	新镇	和庄村
2	台前	侯庙镇	徐沙沃村
3	义马	东区办事处	程村
4	内黄	楚旺镇	王庄村
5	中站区	中站区	小尚村
6	开封	通许县	陈留村
7	巩义	站街	巴沟
8	祥符区	西姜寨	白庄
9	原阳	蒋庄	靳屋村官地
10	汝州	寄料	平王宋
11	郏陵	陈化店	西明义

续表

村编号	所在县/区	所在乡	村名
12	内乡	湍东	龙园
13	宁陵	乔楼	贾楼
14	沈丘	石槽	大李营
15	滑县	八里营	齐继

第二，地形地貌。调研的15个村有11个位于平原地区，3个位于丘陵地区，1个位于山地。15个村当中1个村庄周边没有河流，有9个村庄附近存在可以灌溉的河流，有2个村庄附近存在可以通航的河流（中站区的小尚村和原阳的靳屋村官地），有3个村庄曾经有可以灌溉的河流。

第三，人口及外出务工情况。15个村共有总人口21750人，平均人数是1554人，最多的是内乡湍东龙园，有3386人，而最少的汝州寄料平王宋仅有450人。其中外出务工人员有3020人，占比13.8%。其中，最高的汝州寄料平王宋外出务工人员占比达到62.1%，而最低的原阳蒋庄靳屋村官地没有外出人口。根据整体数据分析发现，每家常住人口比例的平均值为85%，每家从事非农就业人口比例的平均值为14%。

三、外出务工及家庭收入情况

（一）外出务工主要集中在省内

根据农村金融的特点，我们首先要考察家庭的务工和收入情况，这对于农村金融的选择有重要影响。而外出务工地点的情况如表3－2所示。

表3－2　外出务工地情况

外出务工地点	数量	占比（%）
A	1872	38.03
B	401	8.15
C	527	10.71
D	106	2.15
E	55	1.12
F	272	5.53

续表

外出务工地点	数量	占比（%）
G	425	8.63
H	20	0.41
I	9	0.18
J	38	0.77
K	182	3.70
L	32	0.65
M	17	0.35
N	265	5.38
O	173	3.51
P	125	2.54
Q	324	6.58
R	60	1.22
S	19	0.39
总计	4922	100.00

备注：A 本村，B 本乡镇，C 本县县城，D 本市其他乡镇，E 本市其他县城，F 本市市区，G 郑州市区，H 郑州县区，I 省内其他地级市下辖乡镇，J 省内其他地级市下辖县区，K 本省其他地级市区，L 外省乡镇，M 外省县城，N 外省一班地级市，O 外省省会城市，P 京津冀，Q 长三角，R 珠三角，S 国外。

从外出务工地点来看，在本县的务工比例达到 56.9%，在省内务工的比例达到 74.7%，而到京津冀的占比为 2.54%，到长三角务工的比例为 6.58%。到珠三角的比例较低，仅为 1.22%。需要引起我们重视的是，到本市市区的比例为 5.53%，到郑州市区的比例均为 8.63%，这一比例都显著高于到京津冀、长三角和珠三角的比例，这说明随着产业结构的调整和经济布局的变化，许多外出务工的人员已经改变了过去到发达地方去的习惯，开始逐渐回流，而在回流过程中，除本地之外，郑州和所在市区是两个很重要的回流方向。

根据国家统计局发布的《2016 年农民工监测调查报告》，2016 年农民工总量达到 28171 万人，比上年增加 424 万人，增长 1.5%，增速比上年加快 0.2 个百分点。其中，本地农民工 11237 万人，比上年增加 374 万人，

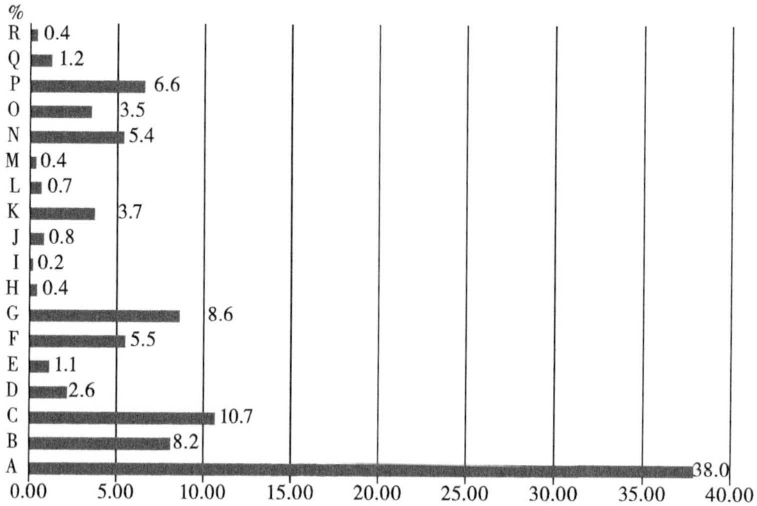

图 3－1　外出务工地占比

备注：A 本村，B 本乡镇，C 本县县城，D 本市其他乡镇，E 本市其他县城，F 本市市区，G 郑州市区，H 郑州县区，I 省内其他地级市下辖乡镇，J 省内其他地级市下辖县区，K 本省其他地级市区，L 外省乡镇，M 外省县城，N 外省一班地级市，O 外省省会城市，P 京津冀，Q 长三角，R 珠三角，S 国外。

增长 3.4%，增速比上年加快 0.7 个百分点；外出农民工 16934 万人，比上年增加 50 万人，增长 0.3%，增速较上年回落 0.1 个百分点。本地农民工增量占新增农民工的 88.2%。也就是说，在本地就业的农民工占比达到 39.9%，根据报告，“本地农民工”是指在户籍所在乡镇地域内从业的农民工。根据我们调研得到的数据，在本村就业的比例为 38.03%，在本乡镇就业的比例为 8.51%，合计 46.54%，略高于国家数据。

（二）收入存在较大差异，劳动收入是主要的收入来源

调研共得到家庭收入的有效数据 2573 个，劳动收入有效数据 2001 个，劳动收入占家庭收入比例的有效数据 1972 个。具体的统计分析如表 3－3 所示。

表 3－3　家庭收入的统计情况

变量	均值	中位数	最大值	最小值	标准差	偏度	峰度	观测数
家庭收入	53119	49000	4060000	0	98841	27.458	1062.497	2573
劳动收入	54177	50000	1130000	0	55494	6.778	95.961	2001
比例	1.111	0.98	25	0.805	0.965	13.095	237.385	1972

从表 3 - 3 中可以发现，家庭收入的平均值为 53119 元，最大值为 4060000 元，最小值仅为 0 元；而劳动收入的平均值为 54117 元，最大值为 1130000 元，最小值为 0 元。家庭收入和劳动收入的最大值为同一户家庭，位于巩义站街巴沟村，编号为 89。从劳动收入占家庭收入的比例来看，均值为 1.1113，最大为 25，最小为 0.8046。家庭收入和劳动收入的偏度都为正，而且数值较大，说明右边的尾部拉得较长，存在少数较大的变量值。而劳动收入占家庭收入比例的偏度为负，说明存在左偏现象，有一些数值较小。

根据《中国家庭金融调查报告 2014》，2014 年我国农村家庭的收入平均值为 36560 元，中位数为 20900 元，全国家庭的收入平均值为 62155 元，中位数为 36000 元。从中、东、西部来看，农村家庭收入自东向西依次递减，具体如图 3 - 2、图 3 - 3 所示。

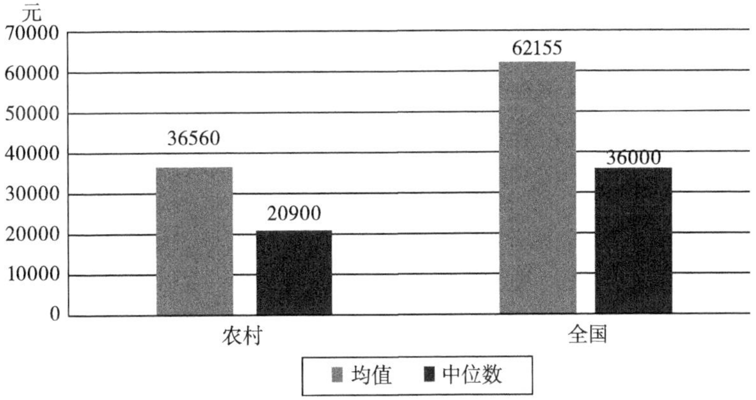

图 3 - 2　我国城乡家庭收入

数据来源：《中国家庭金融调查 2014》。

我们调查的农村家庭收入与《中国家庭金融调查报告 2014》存在很大的差距，原因可能有以下几方面。

第一，样本选取的偏差。《中国家庭金融调查报告 2014》选取了全国 262 个县（区、县级市），1048 个居委会（村委会），涵盖全国 29 个省份，共收集到有效样本约 28000 户，平均每个村选取了约 27 户，而我们则是选择

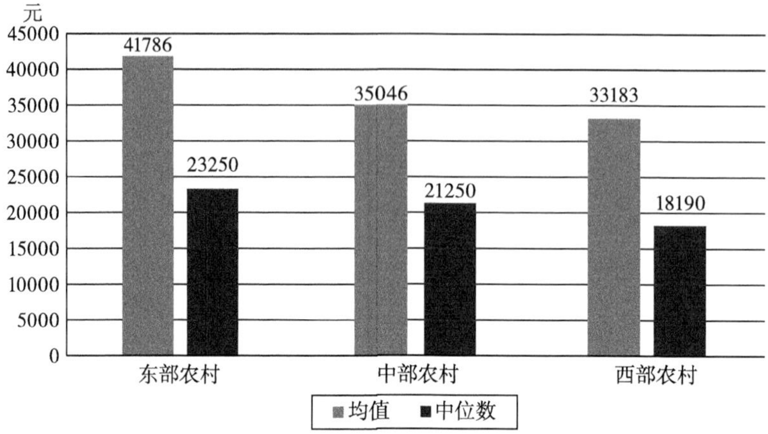

图 3－3　东、中、西部农村家庭收入

资料来源：《中国家庭金融调查报告 2014》。

了河南省 15 个村，平均每个村选取了约 200 户。

第二，时间差异。《中国家庭金融调查报告 2014》的调研时间为 2013 年，我们的调研时间为 2017 年，有一定的差异，但是从数据来看，这种差异不构成决定性因素。2011—2017 年，全国居民人均可支配收入实际增速分别为 10.3%、10.6%、8.1%、8.0%、7.4%、6.3% 和 7.3%。按照这个增长速度，2017 年中部农村的家庭收入应该在 46000 元左右，依然小于我们的调查数据。

第三，调研方式。在调研过程中，由于调研者与被调研对象之间的关系不同，可能会对得到的结果有一定的影响。

四、农户借贷需求

（一）调研对象六成没有借贷需求

根据调研的数据进行整理，总共得到有效数据 2809 份，具体分析如表 3－4、图 3－4 所示。

表 3－4　借贷需求

近两年需要借贷	数量	占比（%）
A	825	29.37

续表

近两年需要借贷	数量	占比（%）
B	1736	61.80
NH	248	8.83
总计	2809	100.00

注：A 有，B 没有，NH 没有回答。

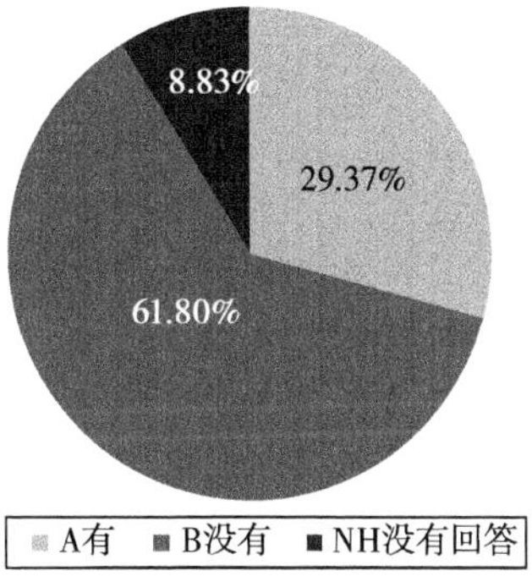

图 3－4　借贷需求

从统计中可以发现，六成的农民近两年没有借贷需求。一般来说，经济主体的金融需求有三个层次：第一，对货币的需求，主要受收入水平的影响。第二，对信用的需求，取决于经济个体当期可支配货币收入根据跨期预算约束在当期消费和储蓄间分配的结果（比如若当期消费超过当期可支配收入，则存在借入需求）。第三，在两者基础上发展起来的对金融服务的需求。我们这里强调的主要是对信用的需求和对相应金融服务的需求。

（二）从全国层面来看，农村借贷发展和需求潜力巨大

在分析调研农户借贷需求之前，我们先分析一下全国的涉农贷款相应的发展情况作为背景。根据全国的涉农贷款数据分析，主要有以下三个方面的特点。

第一，全国涉农贷款比重增加，增速略有下滑。

对于农民来说，长期存在的小农经济以及交易动机和预防性动机产生的货币需求造成了我国居民手持现金绝大部分在农村的事实，随着经济的发展和农民收入水平的提高，这一现象发生了转变。除此之外，农民的金

融需求还可以分为生产性需求和非生产性需求。农民的生产性信用需求还可以分为农业生产和非农业生产。

对于农业生产来说，农业生产对象受气候的影响较大，存在较大的自然风险和市场风险，特定的生产周期和生物属性也限制了农业劳动生产率的提高等，这种生产性资金缺口形成的生产性信用需求就会体现为季节性、长期性、风险性、零散小额等特点，这也是农村金融和普惠金融受到关注和发展的背景。随着农业生产供给侧结构性改革的推进，合作社、家庭农场等新型农业经营主体走向舞台，农业产业化和现代化水平逐渐提高，农业的科技含量和资本含量逐渐提升，生产规模和资本密集化特征明显，“小额、短期、分散”的农业生产信用需求开始向“大额、长期、集中”的规模化资金需求转变。这种转变带来了涉农贷款的迅猛发展。

涉农贷款是指根据《涉农贷款专项统计制度》（银发〔2007〕246 号）统计的贷款，主要包括农户贷款、农村企业及各类组织贷款。从 2007 年年末的 6.1 万亿元增加到 2016 年年末的 28.2 万亿元，占各项贷款的比重从 22% 提高至 26.5%。根据 Wind 数据库的数据，2010—2015 年，涉农贷款余额占各项贷款的比重在 2014 年曾经超过 28%。随着涉农贷款余额绝对值的增加，增长速度每年都有所递减，即便如此，每年依然有两位数的增长，具体如表 3－5、图 3－5、图 3－6 所示。

表 3－5　涉农贷款及其比重

年份	指标名称		
	金融机构：本外币涉农贷款余额（合计）/亿元	金融机构：本外币涉农贷款余额占各项贷款比重（%）	涉农贷款余额增长速度（%）
2010	117679.10	23.10	—
2011	146016.00	25.10	24.08
2012	176310.00	26.20	20.75
2013	208893.00	27.30	18.48
2014	236002.10	28.10	12.98
2015	263522.00	27.80	11.66

数据来源：Wind 数据库。

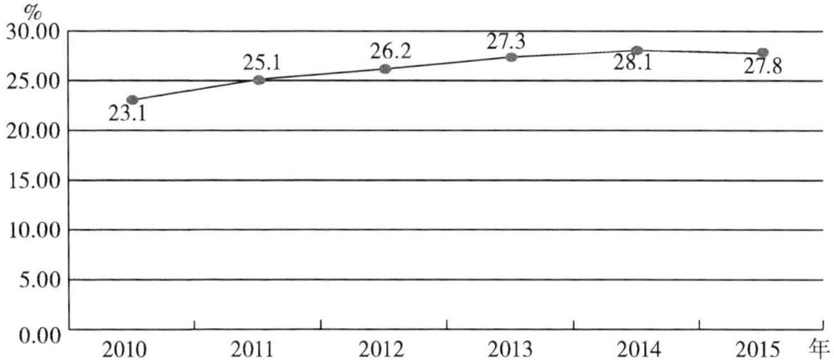

图 3－5　涉农贷款余额占各项贷款的比重

数据来源：Wind 数据库。

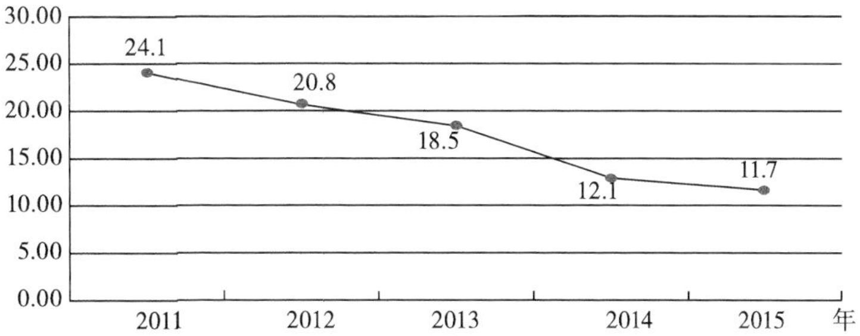

图 3－6　涉农贷款余额增长速度

数据来源：Wind 数据库。

第二，农村贷款增长迅速，企业及组织贷款仍占主流，农户贷款开始发力。具体到农村贷款方面，农村贷款主要包括农户贷款和农村及各类组织贷款，具体见表 3－6、表 3－7、图 3－7 所示。

表 3－6　农村贷款及其构成　　单位：亿元

年份	农村贷款	农户贷款	农村企业及各类组织贷款
2010	98040.00	26043.20	71996.80
2011	121469.00	31023.00	90446.00
2012	145467.00	36195.00	109272.00
2013	173025.00	45047.00	127978.00
2014	194383.40	53587.00	140796.40
2015	216055.00	61488.00	154567.00

数据来源：Wind 数据库。

表 3－7 农村贷款增长速度

（%）

年份	农村贷款增长速度	农户贷款增长速度	农村企业及各类组织贷款增长速度
2011	23. 90	19. 12	25. 63
2012	19. 76	16. 67	20. 81
2013	18. 94	24. 46	17. 12
2014	12. 34	18. 96	10. 02
2015	11. 15	14. 74	9. 78

数据来源：Wind 数据库。

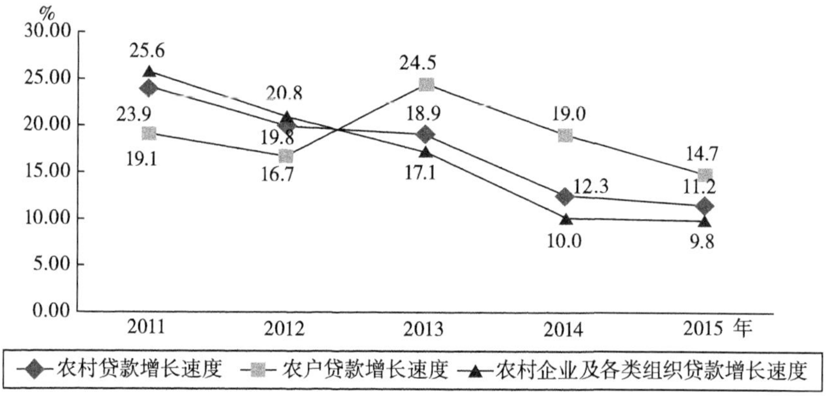

图 3－7 农村贷款增长速度

数据来源：Wind 数据库。

和涉农贷款类似，农村贷款的发展也是非常快的。到 2015 年年末，农村贷款余额达到了 21.6 万亿元，各项贷款的年增长速度都在两位数以上，但是农村贷款中农户贷款和农村企业及各类组织贷款占比相对比较稳定。

表 3－8 农村贷款构成比例

（%）

年份	农户贷款占农村贷款比例	农村企业及各类组织贷款
2010	26. 56	73. 44
2011	25. 54	74. 46
2012	24. 88	75. 12
2013	26. 03	73. 97
2014	27. 57	72. 43
2015	28. 46	71. 54

数据来源：Wind 数据库。

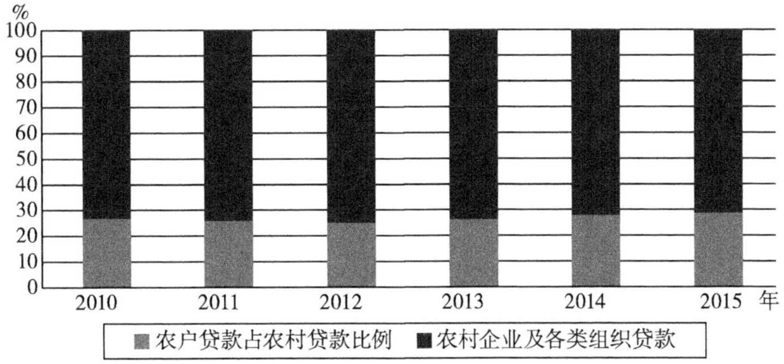

图 3－8　农村贷款构成

数据来源：Wind 数据库。

从农村贷款构成比例来看，农户贷款和农村企业及各类组织贷款占比相对较为平稳，农村企业及各类组织贷款占比在 70% 以上，最近有下降的趋势，而农户贷款的占比在 25% 以上，最近增长到将近 30%。从占比可以发现，农村贷款的绝大多数还是用到了生产性的农村企业及各类组织。这与前面提到的农业供给侧结构性改革带来的生产经营主体的转变相辅相成。虽然农户贷款占比较少，但是涉及农民自身的生产生活，其新增额的构成值得注意（见表 3－8、图 3－8）。

第三，非农信贷迅速增长，消费贷款开始发展，增长空间巨大。

农户贷款新增额的构成主要有生产经营性贷款，包括农林牧渔业贷款和其他生产经营性贷款、消费贷款、信用贷款、保证贷款等，根据前文对于农户信用需求的分析，我们主要关注生产经营性贷款和消费贷款（见表 3－9）。

表 3－9　农户贷款主要构成部分　　单位：亿元

年份	农户生产经营贷款	农户农林牧渔业贷款	农户其他生产经营贷款	农户消费贷款
2010	4563.00	2259.00	2303.90	1346.00
2011	4024.00	1840.00	2184.00	1055.00
2012	3703.00	1416.00	2287.00	1298.00
2013	5706.00	1186.00	4520.00	3188.00

数据来源：Wind 数据库。

表 3－10　农户贷款主要构成部分增速

（%）

年份	农户生产经营贷款	农户农林牧渔业贷款	农户其他生产经营贷款	农户消费贷款
2011	－11.81	－18.55	－5.20	－21.62
2012	－7.98	－23.04	4.72	23.03
2013	54.09	－16.24	97.64	145.61

数据来源：Wind 数据库。

表 3－11　生产经营性贷款构成比例

（%）

年份	农林牧渔贷款占比	其他生产经营性贷款占比
2010	49.51	50.49
2011	45.73	54.27
2012	38.24	61.76
2013	20.79	79.21

数据来源：Wind 数据库。

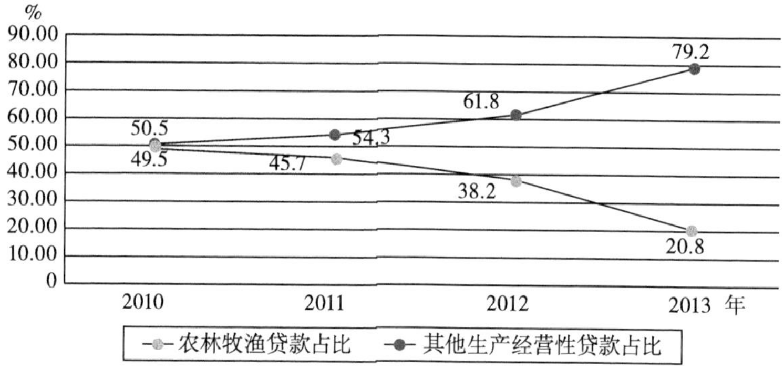

图 3－9　生产经营性贷款构成比例

数据来源：Wind 数据库。

从表 3－10、表 3－11、图 3－9 可以看出，农户生产经营性贷款仍是主要的贷款用途，绝对值要远远超过消费贷款。但是需要注意的是，农户的农林牧渔贷款比例在下降，其他生产经营性贷款在增加。这与前面我们调研得到的农户收入的情况形成对照。目前农户的非农就业和非农收入比例在显著提高，相应地，由非农就业带来的信贷需求也在逐渐形成，并发展迅速。

前文提到，农户的金融需求包括生产性需求和非生产性需求。非生产性需求主要集中在房屋、人情往来和消费等。从消费贷款来看，农户消费贷款的增长速度非常迅速。另外，值得注意的是，随着互联网金融和农民收入的增加，从人均消费支出的绝对值和增长速度来看，农村消费的增长前景非常广阔，相应的农户消费贷款的增长空间依然存在（见表 3－12、表 3－13、图 3－10、图 3－11）。

表 3－12　城乡居民人均消费支出　　单位：元

年份	城镇居民人均消费支出	农村居民人均消费支出
2008	11242.9	3660.7
2009	12264.6	3993.5
2010	13471.5	4381.8
2011	15160.9	5221.1
2012	16674.3	5908.0
2013	18487.5	7485.2
2014	19968.0	8383.0
2015	21392.0	9223.0
2016	23079.0	10130.0

数据来源：Wind 数据库。

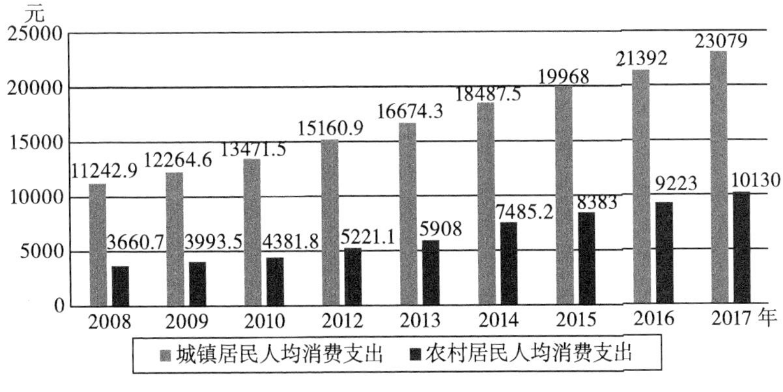

图 3－10　城乡居民人均消费支出

数据来源：Wind 数据库。

表 3-13　城乡居民人均消费支出增长速度　（%）

年份	城镇居民人均消费支出增长速度	农村居民人均消费支出增长速度
2009	9.09	9.09
2010	9.84	9.72
2011	12.54	19.15
2012	9.98	13.16
2013	10.87	26.70
2014	8.01	11.99
2015	7.13	10.02
2016	7.89	9.83

数据来源：Wind 数据库。

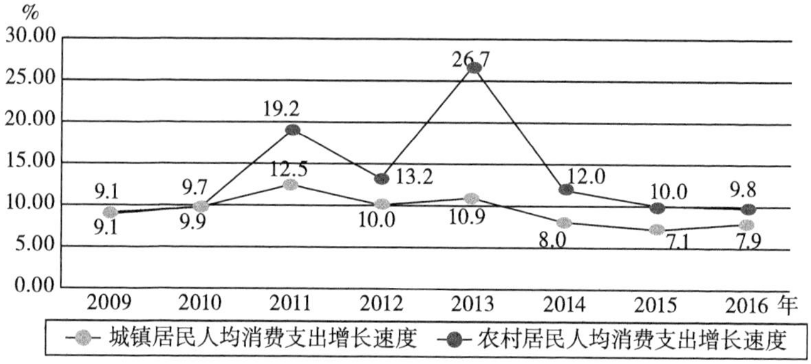

图 3-11　城乡居民人均消费支出增长速度

数据来源：Wind 数据库。

（三）家庭净积累和房屋引致的信贷需求

根据调研得到的家庭收支数据，我们计算了家庭的净积累，具体如表 3-14、图 3-12 所示。

表 3-14　家庭净积累

净积累	数量	占比（%）
0 以上	1844	76.83
0	279	11.63
0 以下	277	11.54
总计	2400	100.00

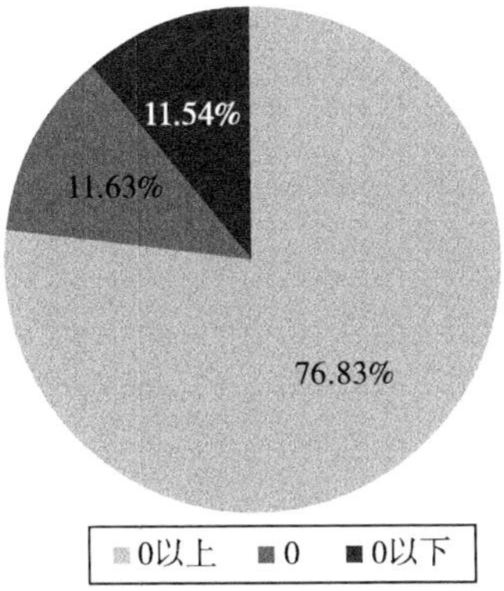

图3-12 家庭净积累

结合前文的借贷需求来看，目前农村还有很大一部分的信用需求是货币需求或者说现金需求。根据调研访谈发现，农户的借贷需求很多是由结婚等因素引起的房屋、消费需求产生的。随着农村收入的增长，攀比心理、男女性别比例失衡等因素共同作用，农户现在的结婚成本越来越高，而相应的净积累很多并不足以满足需求，很多农户都需要借钱。

（四）调研数据和全国有偏差的原因分析

从全国涉农贷款的相应数据分析可以发现，农民的借贷需求还是存在的，但是我们调查的农民中有将近七成没有借贷需求，这可能有以下几方面原因。

第一，隐瞒真实意愿。由于涉及借贷需求以及收入问题，农户在这个问题上的回答可能会有所隐瞒。根据其他调研数据的整理来看，绝大多数农户还是有借贷需求的。

第二、收入分化问题。由于农村收入的分化，虽然只有三成的农户有借贷需求，但是也有可能这三成农户的借贷需求解释了相应的涉农贷款和农户贷款在最近几年的迅猛发展。

五、农户状况

（一）借贷金额半数在5万元以下

对调研数据中农户的借贷金额分布进行分析，结果如表3-15、图3-13所示。

表 3－15　借贷金额

借贷金额/元	借贷人数/人	占比（%）
5000 以下（含 5000）	95	3. 38
5000～10000（含 10000）	108	3. 84
10000～20000（含 20000）	109	3. 88
20000～50000（含 50000）	207	7. 37
50000～100000（含 100000）	99	3. 52
100000 以上	47	1. 67
NH	2145	76. 14
总共	2810	100. 00

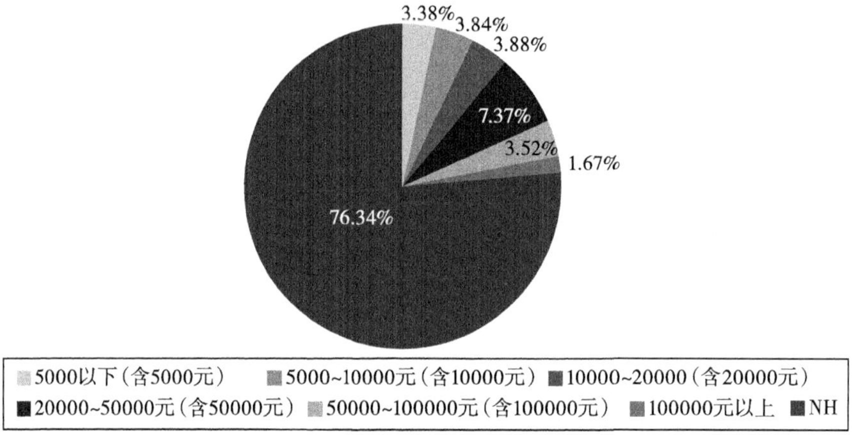

图 3－13　借贷金额分布情况

首先对借贷金额数据进行总体分析。其中 76. 33% 的人并没有回答借贷数据，结合前文的分析，有借贷需求的是 825 人，但是回答了有效借贷金额的是 665 人，有 160 人认为自己有借贷需求，但是没有回答借贷数据。

借贷 5000 元以下的占比达到 3. 38%，5000～10000 元占比 3. 84%。10000～20000 元占比为 3. 88%，也就是说，20000 元以下借贷占比达到了总人数的 11. 1%，20000 元以上占比达到了总人数的 12. 56%。

如果从有效借贷数据进行分析，可以得到表 3－16 和图 3－14。

表 3－16　有效借贷数据

借贷金额/元	借贷人数/人	占比（%）
5000 以下（含 5000）	95	14. 29
5000～10000（含 10000）	108	16. 24
10000～20000（含 20000）	109	16. 39
20000～50000（含 50000）	207	31. 13
50000～100000（含 100000）	99	14. 89
100000 以上	47	7. 16
总共	665	100. 00

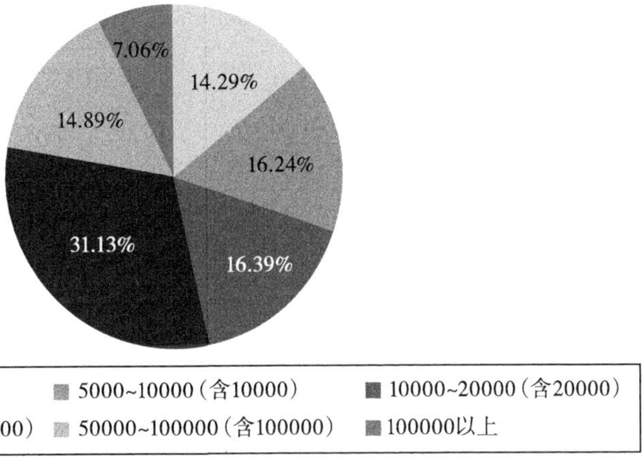

图 3－14　有效借贷数据分布情况

对有效借贷数据进行分析来看，20000 元以下借贷占到了 46. 92%，50000 元以下借贷占到了 78. 05%，100000 元以上借贷也占到了 7. 07%。

（二）借贷周期九成在 3 年以下

对借贷周期数据进行分析，可以得到表 3－17、图 3－15。

表 3－17　借贷周期

借贷周期/月	数量/人	占比（%）
12 以下	75	3. 19
12	113	4. 80
12～24	13	0. 56
24	124	5. 28

续表

借贷周期/月	数量/人	占比（%）
24～36	9	0.38
36	65	2.76
36 以上	49	2.08
NH	1904	80.95
总共	2352	100.00

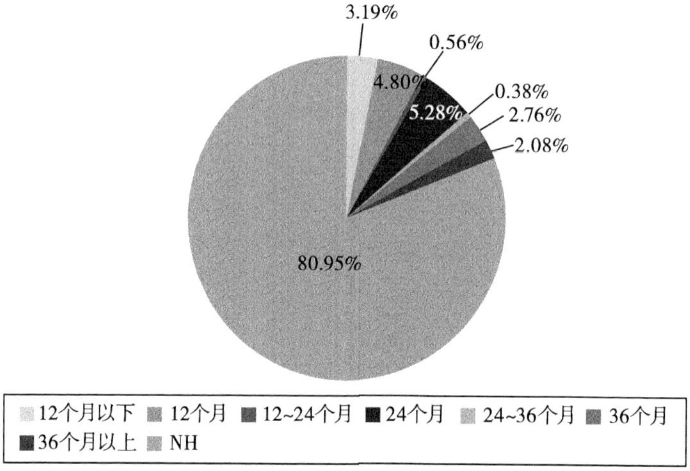

图 3－15　借贷周期分布情况

从借贷周期来，80.95% 的农户没有回答，而且借贷周期以 12 个月、24 个月和 36 个月为主，其中 24 个月为最多，占比达到了 5.27%。

排除没有回答的数据，进行整理之后得到表 3－18、图 3－16。

表 3－18　有效借贷周期分布情况

借贷周期	数量/人	占比（%）
12 个月以下	75	16.74
12 个月	113	25.22
12～24 个月	13	2.90
24 个月	124	27.68
24～36 个月	9	2.01
36 个月	65	14.51

续表

借贷周期	数量/人	占比（%）
36个月以上	49	10.94
总共	448	100.00

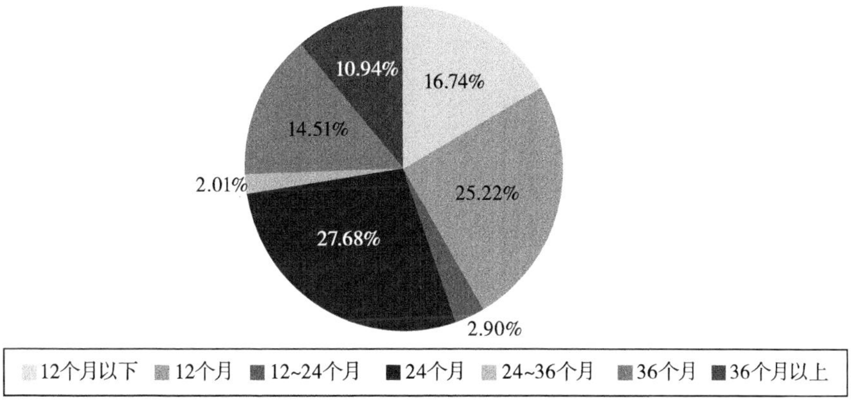

图3-16 有效借贷周期分布情况

从上述有效借贷周期数据可以发现，借贷期限集中在12个月、24个月和36个月，分别占比达到了25.22%、27.68%和14.51%。而12个月以下的短期借贷占比达到了16.74%，12个月以下的75个有效样本中，6个月以下的有65个。从借贷情况来看，农户的借贷周期绝大多数都在3年以下，占比将近90%（见表3-18、图3-16）。

（三）借贷主要用于治病和建/购房

对借贷主要用途的数据进行整理得到表3-19、图3-17。

表3-19 借贷主要用途

借贷主要用途	数量/人	占比（%）
A	200	8.50
B	67	2.85
C	132	5.61
D	100	4.25
E	24	1.03
F	60	2.55

续表

借贷主要用途	数量/人	占比（%）
NH	1769	75.21
总共	2352	100.00

注：A 治疗疾病，B 结婚，C 建房/购房，D 农业生产投资，E 非农业生产投资，F 日常生活开支。

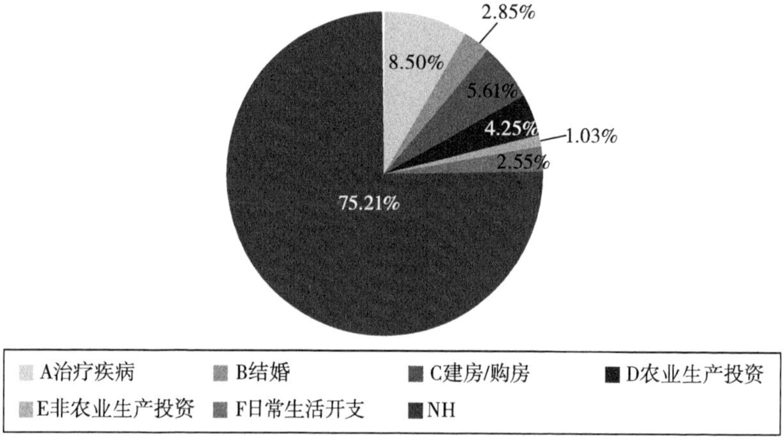

图 3－17　借贷主要用途分布情况

剔除掉没有回答的数据，进行整理之后得到表 3－20、图 3－18。

表 3－20　有效借贷主要用途

借贷主要用途	数量/户	占比（%）
A	200	34.31
B	67	11.49
C	132	22.64
D	100	17.15
E	24	4.12
F	60	10.29
总共	583	100.00

注：A 治疗疾病，B 结婚，C 建房/购房，D 农业生产投资，E 非农业生产投资，F 日常生活开支。

从借贷的主要用途来看，农户借贷主要用于治疗疾病、建房/购房和农业生产投资。如果从 583 份有效数据来看，34.31% 的借贷是用于治疗疾病，建/

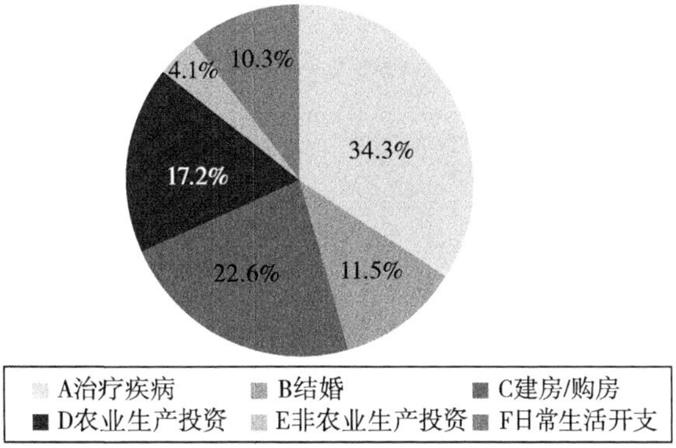

图 3－18　有效借贷主要用途

购房达到 22.64%，17.15% 用于农业生产投资，这三项占到了总数的 74.10%。

（四）借贷金额、期限和用途的联合分析

绝大多数人都没有借钱给他人，而借给他人的金额呈两极分化。对农户针对别人的借钱行为进行分析，得到表 3－21、图 3－19。

表 3－21　是否借钱给他人

是否借钱给他人	数量/户	占比（%）
A	78	3.32
B	1833	77.93
NH	441	18.75
总计	2352	100.00

注：A 是，B 否，NH 未回答。

从是否借钱给他人来看，绝大多数人都没有借钱给别人，仅有 78 个人有借钱给他人的行为，占比为 3.32%。

表 3－22　借给他人金额

借给他人金额/元	数量/户	占比（%）
5000 以下	27	1.15
5000～10000	16	0.68
10000 以上	29	1.23
NH	2280	96.94
总计	2352	100.00

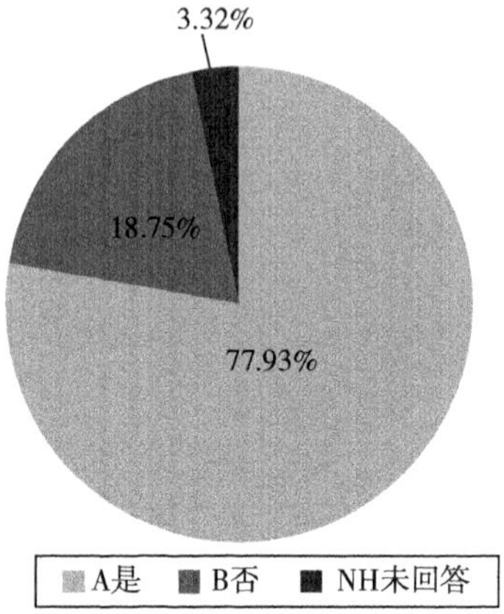

图 3－19　是否借钱给他人

表 3－23　有效借给他人金额

借给他人金额/元	数量/户	占比（%）
5000 以下	27	37.50
5000～10000	16	22.22
10000 以上	29	40.28
总计	72	100.00

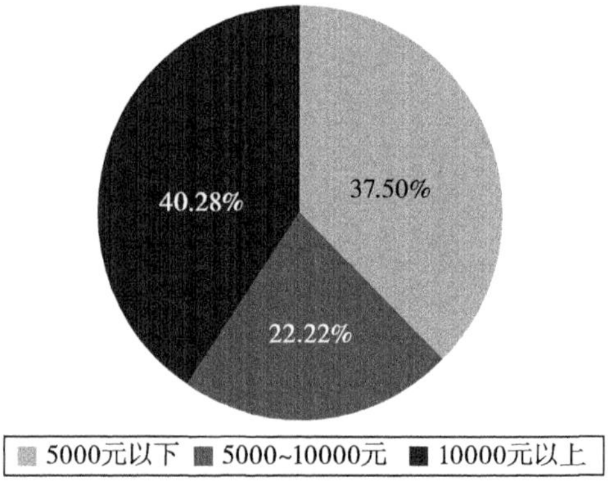

图 3－20　借给他人金额（有效数据）

如果从借给他人的金额来看，5000 元以下（含 5000 元）的占 37.50%，5000～10000 元的占 22.22%，10000 元以上有 40.28%。金额都不是特别大（见表 3－22、表 3－23、图 3－20）。

如果从借出对象来看，如表 3－24、表 3－25、图 3－21 所示。

表 3－24　借出对象统计

借出对象	数量/户	占比（%）
B	5	0.21
C	59	2.51
D	9	0.38
NH	2279	96.90
总计	2352	100.00

注：B 民间金融，C 亲戚，D 朋友或生意伙伴，NH 不打算借贷。

表 3－25　借出对象（有效数据）

借出对象	数量/户	占比（%）
B	5	6.85
C	59	80.82
D	9	12.33
总计	73	100.00

注：B 民间金融，C 亲戚，D 朋友或生意伙伴。

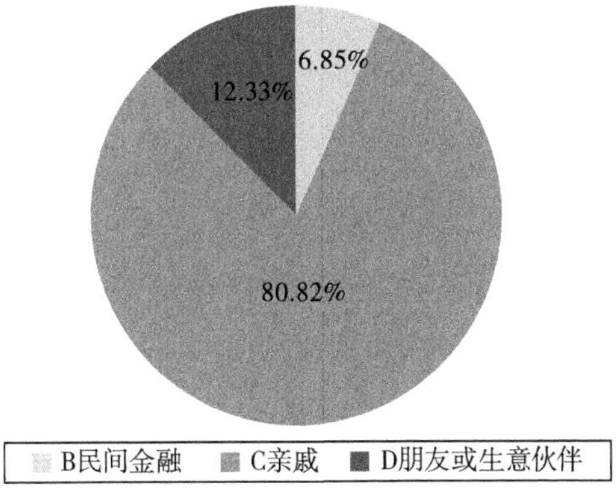

图 3－21　借出对象

六、农户融资顺序

（一）主要借贷对象是亲戚

首先对调研的数据中有关首选借贷对象进行分析，得到表3－26、图3－22。

表3－26　首选借贷对象

首选借贷对象	数量/户	占比（%）
A	115	4.10
B	15	0.54
C	1205	43.00
D	65	2.32
NH	1402	50.04
总计	2802	100.00

注：首选借贷对象：A 正规金融机构，B 民间金融，C 亲戚，D 朋友或生意伙伴，NH 不打算借贷。

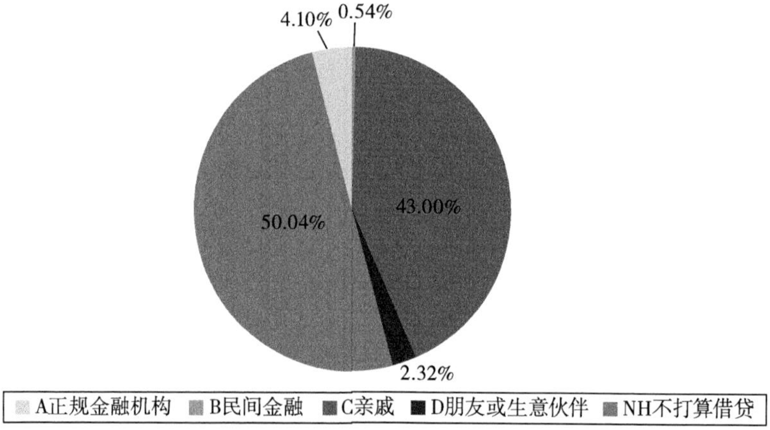

图3－22　首选借贷对象

从首选借贷对象来看，亲戚达到了43.00%，此外，还有50.04%的人不打算借贷，仅有4.10%的人选择正规金融机构。需要注意的是，前面我们提到有将近70%的人没有借贷需求，但是此处就首选借贷对象的调查来说，只有50.04%的人不打算借贷，说明农户在借贷问题上有一定的隐瞒或者说存在一定程度的前后不一致。

如果排除不打算借贷的，仅就有借贷的来说，具体如表 3－27 和图3－23 所示。

表 3－27　首选借贷对象（排除不打算借贷的）

首选借贷对象	数量/户	占比（%）
A	115	8.22
B	15	1.07
C	1205	86.07
D	65	4.64
总计	1400	100.00

注：首选借贷对象：A 正规金融机构，B 民间金融，C 亲戚，D 朋友或生意伙伴。

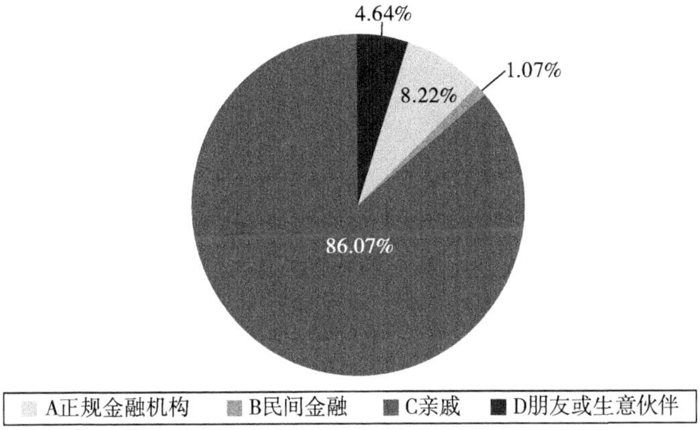

图 3－23　首选借贷对象

排除不打算借贷的，仅就有借贷对象的人群来说，向亲戚借贷的比例达到了 86.07%，说明在现阶段农村，农户的首选借贷对象主要还是亲戚。

从调研可以看出，正规金融机构的比例达到 8.22%。根据《中国农村家庭金融调查报告（2015）》发现，农村家庭的信贷可得性低于全国水平，正规信贷的可得性为 27.57%。全国的正规信贷可得性为 40.50%，从我们得到的数据来看，河南农村正规信贷的可得性远远低于全国水平，甚至低于农村信贷可得性水平 20 个百分点。从这里也可以看出河南的金融业，尤其是农村金融方面还存在很大的改善空间。

（二）融资顺序和社会圈层有关，社会网络的影响巨大

根据费孝通（1985）的体系，中国社会的特点是以个人为中心，先按血缘基础上的家族扩展，再按人际交往的远近亲疏，继续向外延伸的圈层结构。这一在分析首选借贷对象时尤为明显。

位于圈层核心的第一顺位是自己。这从不打算借贷的占比达到50.04%就可以看出。当然不打算借贷的原因有很多，如从农户自身来说，收入较低、不了解正规金融、贷款利息较高、缺乏有效的抵押品等原因，从银行本身来说，由于农业生产的特殊性和信息不对称、贷款成本较高、利润较低等原因，缺乏提供贷款的动力。多方面因素共同作用，造成农户选择不打算借贷，依靠自己融资的是最多的，位于融资圈层的核心地位。

位于融资圈层第二层的是亲戚，占比达到43.00%。一般来说，如果依靠自身融资不能够解决问题，就需要找自己的兄弟姐妹、舅舅姨妹等血亲和姻亲。血亲和姻亲也是社会网络层中最为核心和重要的部分。由于计划生育的执行时间以及农村的血亲姻亲关系网络，一般家庭都会有多个子女，一旦某个子女出现临时性的资金短缺，大家庭的成员一般都会分担一些。但是这一圈层随着计划生育政策的执行，融资能力变得越来越弱。

位于融资圈层第三层的是正规金融，占比仅4.10%。因为我们调研的村庄在县城附近，这种情况的出现很多是因为农户家里有老师、公务员等有编制的人员，可以从正规金融以信用贷等方式从正规金融机构获得贷款。另外还有是因为农户家里有大棚、合作社等生产，有一定的抵押物或者担保人进行的贷款。

位于融资圈层第四层的是联系比较紧密的朋友，占比为2.32%。这一圈层中包括平时人情往来比较密切的朋友或者生意伙伴等。在农村，人情往来是很重要的社会交往活动。平时一旦有什么需要，平时交往密切的朋友也会伸出援手。这一圈层的融资能力和个人的性格、交往朋友的经济状况等都有密切关系。

融资圈层的最后一个是民间金融，比例仅有0.54%。从我们调研的问卷来看，此处的民间金融主要是指当地的大户、富户的行善之举或者高利贷。由于我们调研村庄的特殊性，这种情况比较少见，或者是由于其特殊性，隐瞒的情况也比较多。

从调研中可以发现，亲戚是最主要的外部融资渠道，而亲戚对于中国农村的社会网络来说，往往处于靠近核心的地方。从这个调查可以看出，社会网络对农民借贷的影响是巨大的。马光荣、杨恩艳（2011）指出，社会网络可以缓解信息不对称问题，从而促进民间借贷。实证分析发现，拥有更多社会网络的农民，会有更多的民间借贷渠道。社会网络可以起到共享信息、分担风险、平滑消费、减少机会主义行为以及改善集体决策等作用。杨汝岱、陈斌开、朱诗娥（2011）发现，社会网络越发达的农户，民间借贷行为越活跃，社会网络是农户平衡现金流、弱化流动性约束的重要手段。农民由于缺少抵押品和信用担保，很难从正规金融机构中借到钱。无论是格莱珉银行的“团结小组”模式贷款，还是民间金融组织如合会等，在中国并没有广泛的土壤，合会和钱庄等也仅在浙江的一些地方流行。在农村，民间金融的主要形式依然是亲友之间的直接借款，而民间借贷的载体就是社会网络。

虽然社会网络的作用是巨大的，但是社会网络形成的借贷，即人情信贷是会有人情成本的，但是由于“礼尚往来”等传统观念的影响和对未来的预期，目前这种人情成本相对低于正规的信贷。需要注意的是，人情信贷只能发生在关系亲密的人们之间，因为这种人情信贷带有馈赠的意味。尽管人情信贷是无息或者低息的，但是借入方发生了“人情成本”，而借出方享受“人情收益”。随着农村收入水平的提高，以及对未来收入提升的预期，人情成本造成的借入方边际效用损失在升高，此时，正规信贷的利息支出造成的边际效用损失在递减，因此，可以预期，当收入水平达到一定程度之后，来自亲戚的人情信贷会越来越少，来自正规金融的信贷会越来越多。但是从目前的发展来看，正规金融的信贷发展还存在很多约束条件。

七、正规信贷约束状况

（一）不选择正规金融信贷的原因

我们在调研问卷中设计了不选择正规金融借贷的原因，具体数据整理如表3－28、图3－24所示。

表3－28　不选择正规金融借贷的原因

不选择正规金融借贷原因	数量/户	占比（%）
A	4	0.14
B	44	1.56
C	267	9.47
D	484	17.17
E	431	15.29
NH	1589	56.37
总计	2819	100.00

注：A金融机构距离远，B可贷款资金有限，C贷款手续繁杂、时间长，D不了解贷款渠道，E贷款利息高，NH此项不成立。

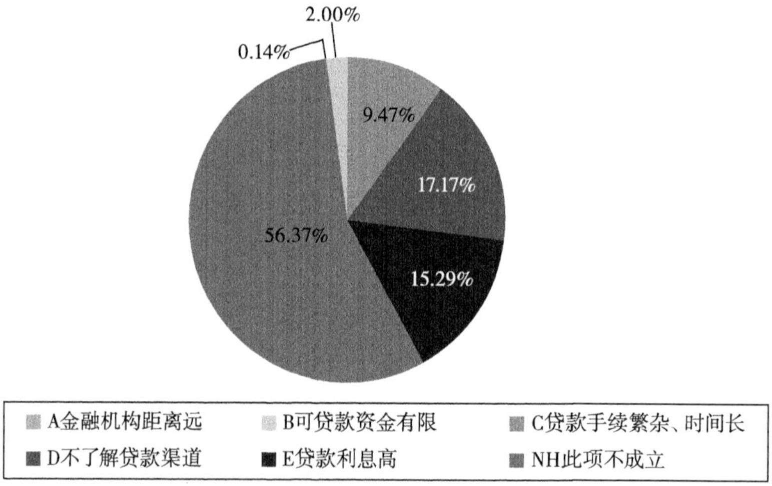

图3－24　不选择正规金融借贷的原因

如果排除此项不成立的NH，进行分析发现（见表3－29、图3－25）：

表 3-29　不选择正规金融借贷的原因（有效数据）

不选择正规金融借贷的原因	数量/户	占比（%）
A	4	0.33
B	44	3.58
C	267	21.71
D	484	39.34
E	431	35.04
总计	1230	100.00

注：A 金融机构距离远，B 可贷款资金有限，C 贷款手续繁杂、时间长，D 不了解贷款渠道，E 贷款利息高。

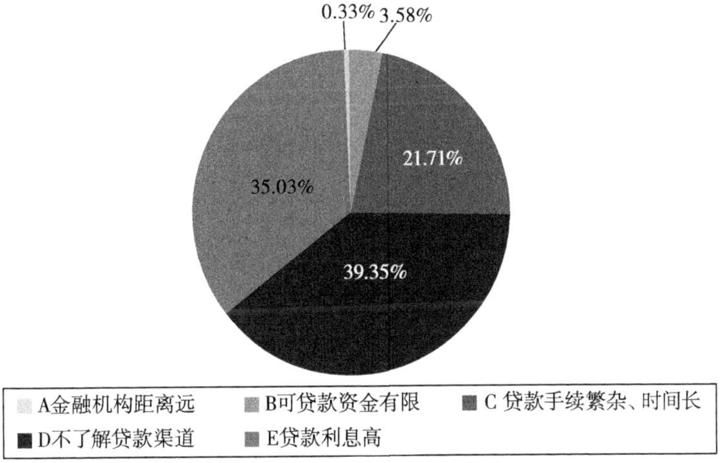

图 3-25　不选择正规金融借贷的原因（有效数据）

分析发现，农户不选择正规金融借贷的原因依次是不了解贷款渠道、贷款手续复杂、时间长和贷款利息高。我们依次进行分析。

（二）复杂的贷款手续源于正规金融机构的垄断性和商业性

对于金融机构来说，在农村提供金融服务需要面临农业生产的不确定性、缺乏抵押物、信息不对称等多方面的问题，金融服务的交易成本相对是比较高的。随着利率市场化改革的逐渐推进，农村金融市场的贷款价格会提高，而且上升的幅度和农村金融市场机构的市场势力有关。根据了解到的情况，目前在农村金融市场上主要还是农信社改制后的农商行、邮储银行、农业银行等少数几家银行，其中又以农商行的市场势力最大。根据周立、林荣华（2005），陈鹏、刘锡良（2009），黄惠春、褚保金（2011），黄惠春、李静（2015），程惠霞（2014）等的研究，2000 年以后的农村信用社改革，有效提升了农信社的经营效率和规模，巩固了其在农村金融市场的垄断地位。垄断性和商业化程度越来越高的农村金融机构的支农功能越来越弱，逐利的目标越来越强，加剧了农村金融供给的短缺。在此基础上，2006 年，银监会降低了我国农村金融市场的准入限制，开展了包括村镇银行、小额贷款公司等在内的新型农村金融服务机构试点。但是根据实践的效果以及金融机构垄断竞争的特殊性来看，新型农村金融服务机构的运行并不是很顺畅。整体规模偏小、社会认知度低、市场定位不坚定、内部控制能力薄弱等都阻碍着村镇银行等新型农村金融机构的运行。相应地以农信社（农商行）为代表的传统农村金融服务机构依然占据主流地位。

垄断的市场结构会造成供给不足、价格偏高等问题，尤其是在利率市场化改革之后，农商行的贷款价格会有所提高，而且农村金融机构的市场势力越强，贷款价格上浮比例越大，但是始终低于政策规定的浮动上限。此外，由于农村金融市场的特殊性，如农村信用状况不足、农户的抵押担保状况不足等不利因素，结合农村金融机构的商业目标以及垄断地位，共同造成了农村金融市场的“失灵”。

（三）贷款利息高主要源于涉农信贷的特殊性和农户的主观感受

贷款利息高的占比达到 35.04%，这里面主要有涉农信贷的特殊性和农户的主观感受两方面的原因。

第一，涉农信贷的特殊性。前文在我们提到过农户的信贷需求有生产性的和非生产性的。对于生产性的信贷来说，农业生产受自然因素影响较大、风险性较高、缺乏抵押品等，使得风险溢价较高，金融机构也很少愿意涉及这类信贷业务。但是要注意的是，一般涉农信贷当中都有政府补贴的身影。这使得涉农信贷本身的利率相对于其他商业信贷来说并不是很高。贷款利息高的原因主要还是在与农户的主观感受对比上。

第二，农户的主观感受。前文在提到农户的首选借贷对象时指出，农户借贷一般会选择自己的亲戚，这样基于人情网络形成的信贷，也就是人情信贷普遍是无息或者低息的。农村作为一个典型的“熟人社会”，人们进行着生产的合作和感情的交流，由于系统性风险的原因，如生老病死、婚丧嫁娶等造成的金融需求往往是一家一户在人力和财力上很难解决的。客观上要求人们之间基于血缘、地缘、业缘等关系形成的人情网络的支持，这一点在前面分析的融资圈层里面得到了验证。而这种基于人情网络的融资行为实际上是一种风险规避行为。而这种由于风险规避动因造成的人际金融交易，在融资成本方面的体现往往是自身在遇到相应的风险时的人情网络的帮忙。因此，无论是融资方还是出资方，对于利息的认知都是比较弱的，更为看重的是庞大的人情网络和相应的“人际金融交易”。根据《中国家庭金融调查报告（2015）》，农村家庭的民间借款只有14.7%是有利息的。在这样的背景下，正规金融机构提供的金融服务，无论价格多少，都很难达到“人际金融交易”的效果。因此，农户普遍觉得正规金融机构提供的贷款利息较高。

但是前文也提到过，人情成本与银行贷款利息之间的比较随着农户收入的提高，存在动态变化。人情成本会逐渐提高，相对而言，银行贷款利息相对于农户的主观感受就会降低。可以预测，未来农户对正规金融机构的银行贷款的需求会高于对人情信贷的需求。

（四）不了解贷款渠道主要源于金融知识的匮乏，需要提高农户的金融素养水平

不选择正规金融机构贷款的原因中，不了解贷款渠道占到了39.35%，这说明金融知识对于正规信贷获得的重要性。金融知识反映的是人们掌握基本金融概念以及在使用和管理资金（资源）的时候能够运用这些知识、技能有效配置金融资源以实现终生财务保障的能力。Lusardi（2008）研究发现美国居民广泛缺乏金融知识，特别是教育水平低、女性和少数民族群体。金融知识的缺乏与人民非理性的金融决策密切相关，表现为没有养老计划或者不合理的养老计划（Lusardiand Mitchell，2007）、高成本的借贷（Lusardiand Tufano，2009；Stangoand Zinman，2009）和正规金融市场的有限参与（Van Rooij et al. 2011）等。世界银行（2014）的调查显示，78%

的受访者认为金融产品和服务知识的缺乏是家庭获得金融账户的主要障碍。

与美国居民广泛缺乏金融知识相比，中国也存在类似的情况。根据中国人民银行的《消费者金融素养调查分析报告 2017》，消费者对自身的金融知识水平作出主观评价时，35.27% 的消费者认为自己的金融知识水平“非常好”或“比较好”，认为自身金融知识水平“一般”“不太好”或“一点也不好”的消费者占比分别为 41.84%、16.01% 和 6.88%。从金融知识客观题的正确率来看，消费者对全部金融知识问题的回答平均正确率也仅有 59.56%，具体如表 3－30 所示。

表 3－30 消费者金融知识平均正确率的分类统计情况 （%）

项目	全部样本	按城乡分		按区域分			
		城镇	农村	东部	中部	西部	东北
储蓄知识	62.73	67.36	54.87	66.49	63.53	58.19	65.91
银行卡知识	74.52	81.37	62.90	78.41	72.80	72.78	69.80
贷款知识	52.72	57.27	44.99	55.77	49.75	51.73	50.22
信用知识	64.49	68.70	57.34	65.98	61.19	64.02	66.40
投资知识	49.08	55.57	38.07	53.23	49.43	45.30	48.35
保险知识	53.82	58.40	46.04	56.85	52.82	51.06	55.46
总体情况	59.56	64.78	50.70	62.79	58.25	57.18	59.36

数据来源：《消费者金融素养调查分析报告 2017》。

从《消费者金融素养调查分析报告 2017》可以发现，农村的金融知识普遍是比较匮乏的，总体情况的正确率仅有 50%。在贷款知识方面的正确率仅有不到 45%。Petrick（2004）认为，对金融机构的贷款产品和贷款政策等不了解使得农户误认为自己不能获得贷款而放弃申请。易小兰（2012）也发现，农户对信贷政策的了解会促进其正规信贷需求和正规信贷获得。吴雨、宋全云、尹志超（2016）利用中国家庭金融调查 2013 年的家庭微观数据，发现农户金融知识水平和受教育水平的提高显著降低了农户有正规信贷需求但未申请贷款的可能性，也显著降低了农户具有非正规信贷偏好的可能性。

根据我们的调研发现，不了解贷款渠道是阻碍农户从正规金融机构贷款的重要原因。

八、农户互联网使用与信贷约束

（一）将近一半的家庭装有宽带互联网

调查还对农户的互联网和智能手机使用情况进行了统计，具体如表3－31、图3－26所示。

表3－31 是否联互联网

是否联互联网	数量/户	占比（%）
A	1023	36.44
B	1203	42.86
NH	581	20.70
总计	2807	100.00

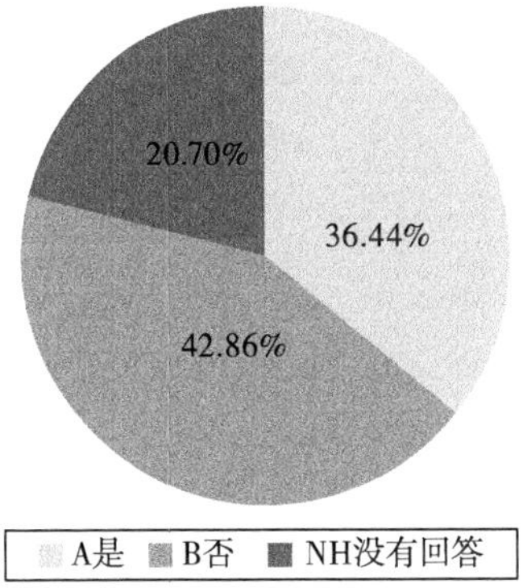

图3－26 是否联互联网

排除未回答的数据之后，得到有效数据1956个，整理如表3－32、图3－27所示。

表3－32 是否联互联网（有效数据）

是否联互联网	数量/户	占比（%）
A	1023	45.96
B	1203	54.04
总计	2226	100.00

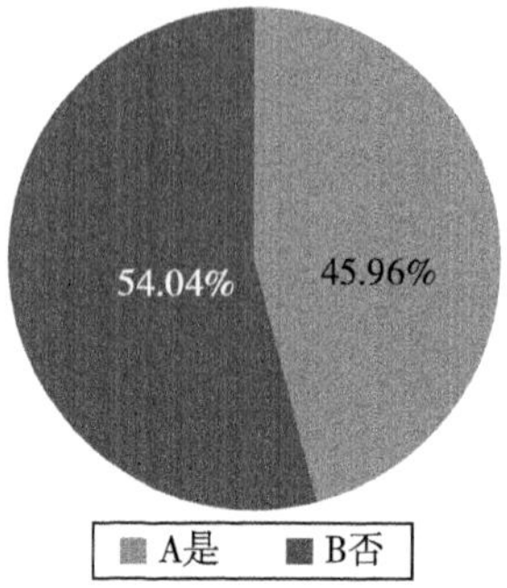

图 3－27　是否联互联网（有效数据）

从是否联互联网来看，有将近一半的农户有使用互联网。

（二）上网价格集中在每年 500 元或者 600 元

再对上网价格进行统计，得到表 3－33、图 3－28。

表 3－33　上网价格

上网价格/元	数量/户	占比（%）
500 以下	195	8.34
500	147	6.29
500～600	90	3.85
600	179	7.66
600 以上	183	7.83
NH	1543	66.03
总计	2337	100.00

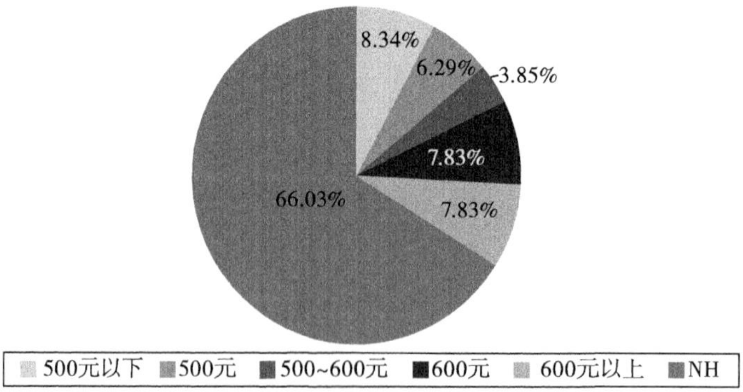

图 3－28　上网价格

剔除掉没有回答的，得到有效数据794个，整理如表3－34、图3－29所示。

表3－34 上网价格（有效数据）

上网价格/元	数量/户	占比（%）
500以下	195	24.56
500	147	18.51
500～600	90	11.34
600	179	22.54
600以上	183	23.05
总计	794	100.00

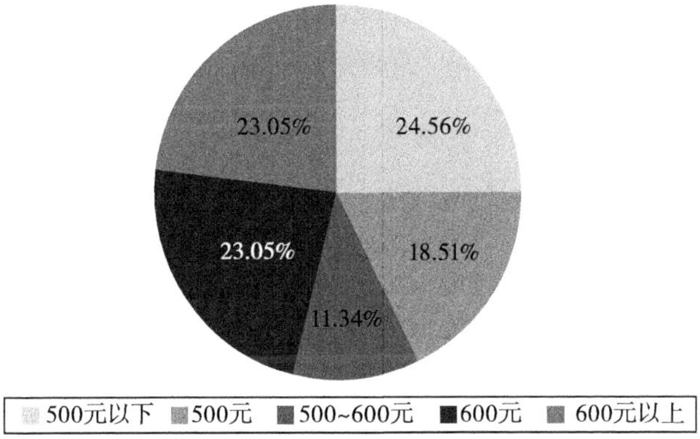

图3－29 上网价格（有效数据）

对上网价格进行分析发现，农户每年的上网价格普遍集中在500元和600元两个数值。

（三）智能手机使用用户不到一半

上网除固定宽带以外，还可以使用智能手机，我们对农户的智能手机状况也进行了调查和统计，得到表3－35、表3－36、图3－30。

表3－35 是否使用智能手机

是否使用智能手机	数量/人	占比（%）
A	1256	44.65
B	1501	53.36
NH	56	1.99
总计	2813	100.00

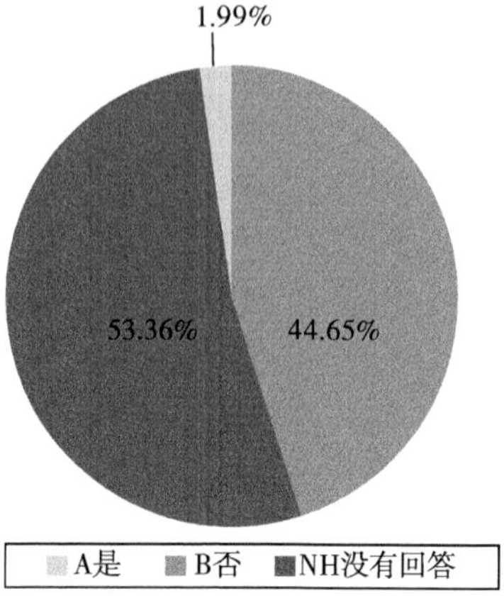

图 3－30　是否使用智能手机

剔除掉没有回答的 56 个数据，得到有效数据 2297 个，整理如表 3－36、图 3－31 所示。

表 3－36　是否使用智能手机（有效数据）

是否使用智能手机	数量/人	占比（%）
A	1256	45.56
B	1501	54.44
总计	2757	100.00

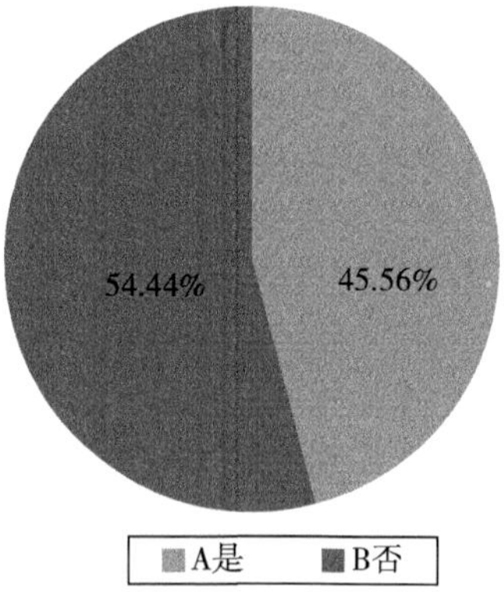

图 3－31　是否使用智能手机

（四）调研样本的网络普及率要远低于中部地区水平

如果将智能手机和互联网联合起来进行分析，可以发现，共有683个用户既有宽带互联网，也有智能手机，占1022个宽带互联网用户的比例为66.82%，占1256个智能手机用户的比例为54.37%。

根据宽带发展联盟2018年12月公布的《中国宽带普及状况报告》（2018年第三季度），截至2018年第三季度，我国固定宽带家庭用户数累计达到38203.9万户，固定宽带家庭普及率达到85.4%，移动宽带（3G和4G）用户数累计达到129407.0万户，移动宽带用户普及率达到93.1%。

如果从区域分布来看，在固定宽带家庭普及率方面，东部地区最高，达到98.5%，而中部地区为75.6%，西部地区为78.2%，东部地区分别比中部地区和西部地区高22.9个和20.3个百分点。在移动宽带用户普及率方面，东部地区最高，达到107.9%，中部地区和西部地区分别为77%和89.7%，东部地区分别比中部地区和西部地区高30.9个和18.2个百分点。

根据我们的调研，家庭固定宽带的普及率在45%左右，较中部地区75.6%的水平低了30个百分点。

（五）智能手机金融类APP的使用率不足20%

目前智能手机中可以使用各种APP，其中还包括许多金融产品类的APP，我们对农户智能手机是否包含金融类APP也进行了调查，具体整理如表3－37、表3－38、图3－32所示。

表3－37　智能手机金融类APP

手机是否有金融类APP	数量/人	占比（%）
A	332	11.81
B	1579	56.17
NH	900	32.02
总计	2811	100.00

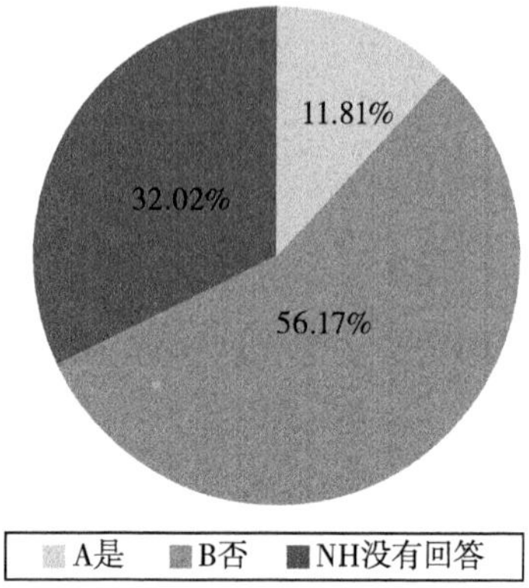

图 3－32　手机是否有金融类 APP

表 3－38　手机是否有金融类 APP（有效数据）

手机是否有金融类 APP	数量/人	占比（%）
A	332	17.37
B	1579	82.63
总计	1911	100.00

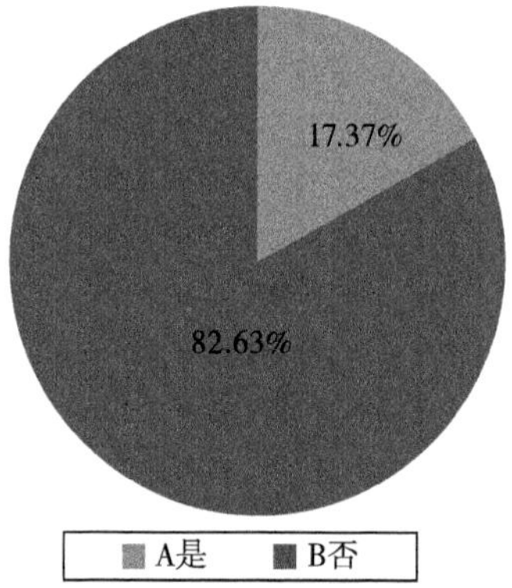

图 3－33　手机是否有金融类 APP（有效数据）

从以上分析中可知，手机中有金融类 APP 的不到 20%。

（六）使用过的金融产品主要是银行理财和银行小额贷款

针对农户使用过的金融产品进行统计分析得到表 3－39。

表 3-39　使用过的金融产品

使用过的金融产品	数量/人	占比（%）
a	66	2.9372
b	71	3.1598
c	0	0
d	0	0
e	0	0
f	7	0.3115
NH	2103	93.5915
总计	2247	100

注：a 银行理财，b 银行小额贷款，c 股票投资，d 债券，e 私募基金，f 民间融资。

如果剔除没有回答和为 0 的选择，得到有效数据 144 个，整理如表 3-40、图 3-34 所示。

表 3-40　使用过的金融产品（有效数据）

使用过的金融产品	数量/人	占比（%）
a	66	45.8333
b	71	49.3056
f	7	4.8611
总计	144	100

注：a 银行理财，b 银行小额贷款，c 股票投资，d 债券，e 私募基金，f 民间融资。

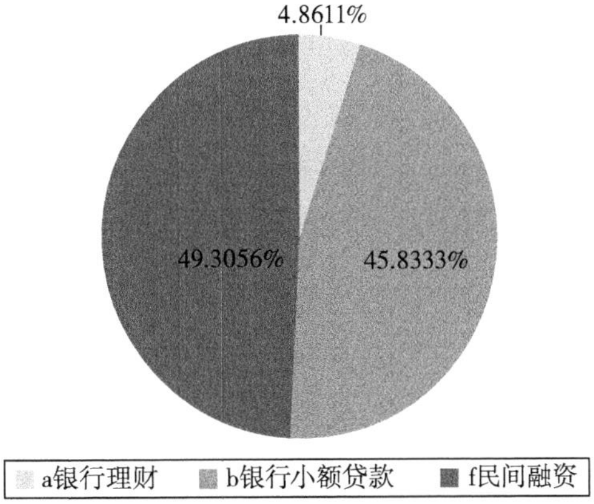

图 3-34　使用过的金融产品（有效数据）

从使用过的金融产品来看，农户都没有涉及股票投资、债券和私募基金等，在有效的 144 个数据中，45.8% 的人使用银行理财，49.3% 的人使用过银行小额贷款，不到 5% 的人使用过民间融资。

九、农业保险状况

（一）规避风险的选择主要是听天由命和依赖政府，市场化方式非常少

对调研得到的有关农业风险规避选择数据进行分析，因为在这个问题上是多选题，所以得到的选择数量要多于调研样本数，共计有 3406 个。整理得到表 3－41、图 3－35。

表 3－41　规避农业风险的选择

如何规避农业生产经营风险	数量	占比（%）
a	542	15.91
b	280	8.22
c	322	9.45
d	32	0.94
e	1039	30.50
NH	1191	34.97
总计	3406	100.00

注：a 靠政府帮助，b 购买农业保险，c 靠农业技术和基础设施，d 期货市场，e 听天由命；NH 没有回答。

从调研农户针对农业生产经营风险规避选择来看，明确表示听天由命的有 30.50%，34.97% 没有回答，因为没有回答本身也代表了一种选择，所以我们将 NH 即没有回答的比例也计入其中。合计 65% 的比例说明农户普遍缺乏规避农业生产经营风险的知识。

另外，15.91% 的人选择依靠政府，只有 8.22% 的人选择购买农业保险，期货市场的选择更是低到 0.94%。这说明农户在规避农业生产经营风险方面，还是比较依赖和信任政府的作用，市场化的规避风险选择相对较少。

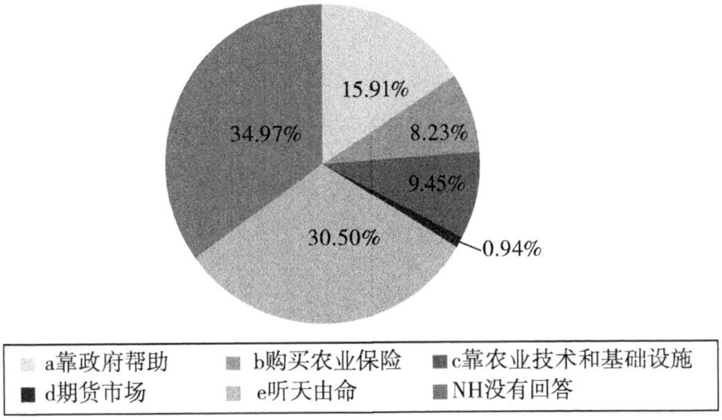

图 3－35　规避农业生产经营风险选择

（二）只有了解和认可农业保险，才会有购买意向

对调研得到的农业保险购买意向数据进行整理，得到 2764 个有效样本，进行分析得到表 3－42、图 3－36。

表 3－42　对农业保险的购买意向

对农业保险的购买意向	数量	占比（%）
A	564	20.41
B	232	8.39
D	810	29.30
NH	1158	41.90
总计	2764	100.00

注：A 已购买，B 未购买但愿意购买，D 不愿购买，NH 没有回答；另：问卷没有选项 C。

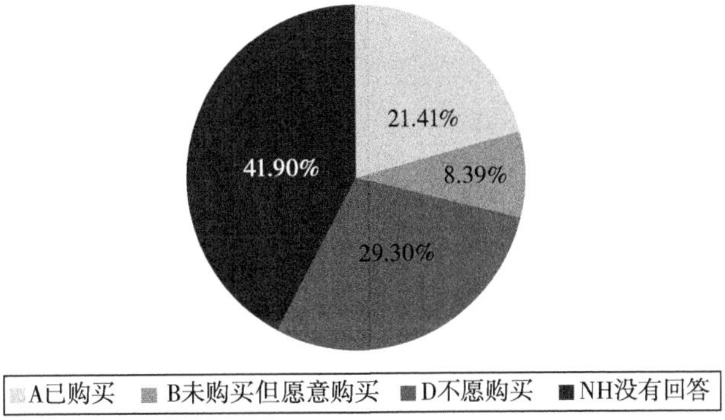

图 3－36　不购买农业保险的原因

有将近70%的人不愿意购买农业保险或者没有回答。结合前文对农业保险了解程度的调研，可以猜测，只有对农业保险有了解，认为农业保险重要，才会愿意购买农业保险。但是至于为什么不购买农业保险还需要进行分析。

（三）不了解农业保险、价格太高和保障水平低阻碍了农民对农业保险的购买

对调研得到的不购买农业保险的原因进行整理，注意此处问卷是多选题，得到有效样本2990个，分析得到表3-43、图3-37。

表3-43　不购买农业保险的原因

不购买农业保险的原因	数量/人	占比（%）
a	666	22.27
b	188	6.29
c	146	4.88
d	102	3.41
e	77	2.58
NH	1811	60.57
总计	2990	100.00

注：a不了解，b价格太高，c保障水平低，d理赔程序烦琐，e保险险种不满足需求，NH没有回答。

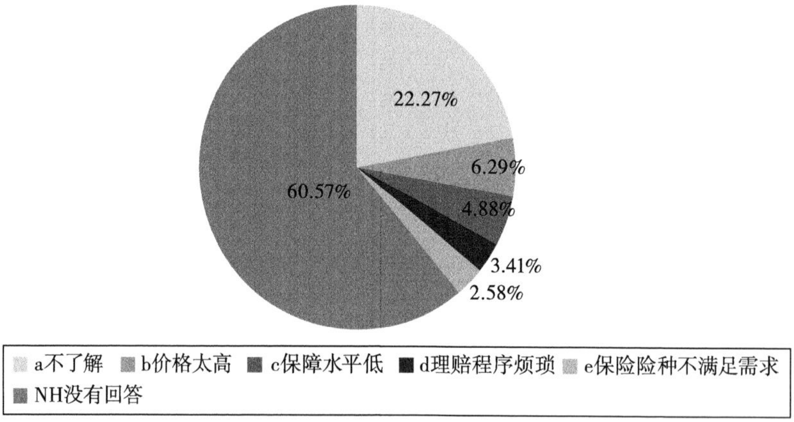

图3-37　不购买农业保险的原因

如果排除没有回答的选项，得到有效样本1179个，进行整理分析得到表3-44、图3-38。

表 3-44 不购买农业保险的原因（排除没有回答项）

不购买农业保险的原因	数量/人	占比（%）
a	666	56.49
b	188	15.95
c	146	12.38
d	102	8.65
e	77	6.53
总计	1179	100.00

注：a 不了解，b 价格太高，c 保障水平低，d 理赔程序烦琐，e 保险险种不满足需求。

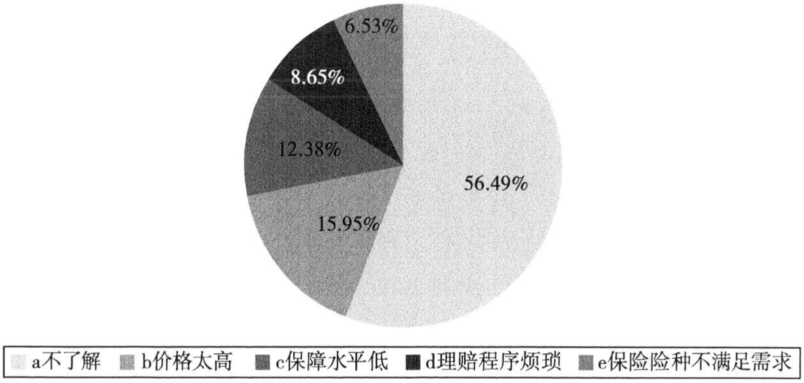

图 3-38 不购买农业保险的原因

从上述分析中可以发现，不了解农业保险、价格太高和保障水平低是阻碍农户购买农业保险的最主要原因。这一点与前文的农户金融知识的匮乏，以及只有了解才能购买形成了呼应。要提高农户生产经营性风险的保障水平，需要从提高农户的金融知识方面着手。王新军、赵红（2014）认为，导致农户对农业保险需求不足的重要原因在于认知和购买力约束、农户普遍存在侥幸心理和对政府救济的依赖性。这与我们调研的结果是一致的。张跃华、史清华、顾海英（2007）总结了农业保险需求不旺的主要原因有 5 个。第一是保险费率过高、农户难以承受；第二是险种设置不能满足农户设置；第三是农户的侥幸心理严重，购买保险的意识不强；第四是农业保险消费过程中的正外部性作用，以致相对于社会最优化的需求不足；第五是在经济发达地区，农户收入中种养殖的收入水平和份额急剧下降，在保障水平不高的情况下，农民对这种补偿收入的预期很小。从我们调研的情况来看，这几种情形都有一定的体现。

此外，农业保险主要是因为农业生产和农民在中国是非常重要的问题，中央一号文件很多都集中在“三农”领域。“三农”问题在中国不仅仅是一个生产效率问题，而且是一个政治问题。而农业保险从根本上是一个国家支农政策的可选择手段，是一个重要的，符合 WTO 规则的支农工具。需要注意的是，农业保险的实施，虽然和农户的受教育程度、了解水平、保障水平等都有密切关系，但最核心的还是在于支农政策，关注的重点应该在和其他支农政策的效果比较方面。

十、政策建议

（一）运用多种手段提高农民收入

无论是农户的信贷问题还是农业保险问题，最根本的问题都是农民收入。目前农民整体收入还是比较偏低的，需要运用多种手段推动农民增收。与此同时，也要注意到农村现在存在的收入差距势头，坚持精准扶贫的战略，以提高农民的福利水平。

（二）向农民普及金融知识

根据我们调研的情况来看，农民的金融知识普遍比较缺乏，阻碍了信贷需求的满足和农业保险的选择。相关部门应该加大对农民金融知识的普及力度，纠正他们对正规金融服务的认知偏差，引导他们积极合理地使用正规金融服务。

（三）大力发展普惠金融

针对农户面临的正规金融约束，除普及金融知识、提高他们的认知以外，相关部门还需要大力发展普惠金融。深入农户，了解农户的真实需求，合理设计产品，提供针对性的金融服务，为乡村振兴提供金融支持。

课题组成员：李燕燕、纪鸿超、刘珂卿、李震坤、蒋长富、和灵果

第四章　关于农村基础设施与公共服务的调查与建议

——基于河南省15个乡村的微观调研数据

2018年12月，河南大学中原发展研究院组织5个调研组在河南省内不同地市、不同区位的15个村庄随机选择2819户，对农村经济社会发展与人口流动与迁移状况进行了问卷调查和深度访谈。本章根据问卷调查得到的农村基础设施与公共服务相关数据，及调研过程中与村民及相关人员交流得到的第一手信息，据实对农村基础设施与公共服务状况进行分析，并提出了相应的政策建议。

一、农村基础设施

（一）15个调研村庄交通基础设施状况

本次调研的15个村庄中14个村的村内主干道路实现了硬化，硬化率为93.3%；11个村村内主干道路安装了路灯，占比为73.3%；14个村的进村道路实现了硬化，硬化率为93.3%；11个村通了公交车，占比为73.3%；有8个村到县城时间在30分钟以内，4个村到县城时间在45～60分钟，1个村到县城时间超过1小时（见表4－1）。其中，村内主干道硬化、有路灯、进村道路硬化、通公交四项全部实现的村有7个，占46.7%。

表4－1　15个村庄交通基础设施建设状况

交通基础设施	村庄个数	占调研村庄比重（%）
村内主干道硬化	14	93.30
有路灯	11	73.30
进村道路硬化	14	93.30

续表

交通基础设施	村庄个数	占调研村庄比重（%）
通公交	11	73.30
到县城时间小于 30 分钟	8	53.3
到县城时间 45～60 分钟	4	26.7
到县城时间超过 1 小时	1	6.7

（二）15 个调研村庄日常生活基础设施状况

本次调研的 15 个村庄 100% 实现了通电、通有线电视、通无线通信，有 3 个村通了天然气（占 20%），1 个村集中供暖（占 6.67%），14 个村实现了生活垃圾集中处理（占 93.33%）①，12 个村通自来水（占 80%），2 个村通深井水（占 13.33%），只有 1 个村仍然存在饮用地表水状况。②生活污水集中处理比例较低，仅为 33.33%（5 个村），所以以水冲式卫生厕所为主的村庄比例较低，仅有 20%（3 个村），4 个村以卫生旱厕为主（占 26.67%），8 个村以普通旱厕为主（占 53.33%），如表 4－2 所示。

表 4－2　15 个村庄日常生活基础设施建设状况

日常生活基础设施		村庄个数	占调研村庄比重（%）
通电		15	100.00
通有线电视		15	100.00
通无线通信		15	100.00
通天然气		3	20.00
集中供暖		1	6.67
生活垃圾集中处理		14	93.33
生活污水集中处理		5	33.33
饮用水水源	自来水	12	80.00
	井水	2	13.33
	地表水	1	6.67%

① 只有 1 个居中极为分散的山区村庄平王宋村没有实现生活垃圾集中处理。

② 居住极为分散的平王宋村个别居住在高处的居民通不上自来水，只能自取地表水。

续表

日常生活基础设施		村庄个数	占调研村庄比重（%）
厕所	水冲式	3	20.00
	卫生旱厕	4	26.67
	普通旱厕	8	53.33
主要能源	气	12	80.00
	电	9	60.00
	煤	5	33.33
	柴	3	20.00

（三）结论与政策建议

综合15个调研村庄交通基础设施与日常生活基础设施建设状况及调研过程中对村民日常生产生活状况的直接感受，课题组得出如下判断与政策建议：

1. 经过多年努力，农村交通基础设施覆盖率已经较高，交通基础设施已经不是农村经济发展与农民生活改善的主要瓶颈

数据显示，调研村庄进村道路、村内主干道路硬化率达到了93.3%，村内主干道路安装路灯的比例达到了73.3%，73.3%的村通了公交车，交通上的可达性对农村生产生活的约束已经很小。仍然存在的问题是村内道路没有完全硬化，部分村庄进村道路规格较低，但在调研过程中村民并不认为这两个问题给他们的生活、生产带来了较大的不便：一是近年来降水减少而且村庄人口密度低，村内没有硬化道路路况较好、不会出现大的泥泞；二是村庄经济活动不活跃，没有对高等级公路的需求。所以，在乡村振兴战略推进过程中，对农村交通基础设施应根据实际需求适度投资，以维护、补短板、填空白为主，不宜过度、超出实际需要超标准建设。

2. 农村水、电、通信、有线电视等生活基础设施已经基本全覆盖，但污水统一收集与集中处理成为农民生活改善的主要瓶颈

数据显示，调研村庄100%实现了通电、通有线电视、通无线通信，93.33%实现了生活垃圾集中处理，93.33%实现了通自来水和深井水，基本实现了全覆盖。但生活污水统一收集与集中处理比例仅为33.33%，相应的以水冲式卫生厕所为主的村庄仅有20%。生活污水统一收集与集中处理及在其基础上的水冲式卫生厕所（还有洗漱、厨房）是农村生活与城市生活最重要的区别，是决定农村家庭卫生条件、居住条件能否改善最关键的因素，但提高生活污水统一收集与集中处理比例需要的投资和运行费用远远高于其他生活基础设施，再加上农村地广人稀，导致成本更高，污水统一收集与集中处理成为当前农村生活基础设施最大的短板。所以，农村生活基础设施的重点应放在污水统一收集与集中处理，适度投资建设与村庄人口规模小、人口密度低的特点相适应的污水统一收集与集中处理设施，既要建得起，又要用得起，切实起到支撑农村家庭卫生条件、居住条件改善的作用。

二、农村小学适龄儿童就学与村小发展

（一）15个调研村庄受访家庭小学适龄儿童就学状况

本次调研在15个村庄共走访了2819户，受访家庭总人口为11714人，受访家庭小学适龄儿童数1201人，占受访家庭总人口的10.25%。从就读地域看，本村就读的687人，占57.2%；本镇镇区就读的179人，占14.9%；本县县城就读的91人，占7.6%；本市市区就读的22人，占1.8%；郑州市就读的15人，占1.2%；省外就读的178人，占14.8%。选择在父母就业地就读的645人，占53.7%，如表4－3所示。

表4－3　15个村庄小学适龄儿童就学状况

就读地域	就读小学适龄儿童数量/名	占全部小学适龄儿童比重（%）
本村	687	57.2
本镇镇区	179	14.9
本县县城	91	7.6
本市市区	22	1.8
郑州市	15	1.2
省外就读	178	14.8
父母就业地	251	20.9

综合15个村2819个家庭1201名小学适龄儿童就学数据，可以发现在

本村就近就地（包括本村没有学校到邻村就读）就读仍然是农村小学适龄儿童就学的主要方式（占 57.2%），但同时到本村以外就读的比例也超过了 40%，外出就读也已经成为农村小学适龄儿童就学的重要方式。另外，到父母就业地就读的比例达到了 20.9%，这说明随着各级城市推出接纳务工人员子女接受义务教育的政策，随父母到父母务工地就学已经成为农村小学适龄儿童就学非常重要的途径。解决农村小学适龄儿童就学问题不能仅仅关注农村小学的发展，而是应该从农村和城市两端同时发力。

（二）15 个调研村庄小学办学状况

本次调研的 15 个村庄的户籍人口总数为 24980 人，常住人口为 19696 人，8 个村庄办有村小，7 个村庄没有村小。7 个没有村小的村庄平均户籍人口 1295 人，其中 4 个村庄人口在 1100 人以下；8 个有村小的村庄平均户籍人口为 1989 人，去除情况特殊的原阳蒋庄靳屋村（该村户籍人口 659 人，有一所 700 名学生的民办小学）、汝州寄料平王宋村（该村 1324 人，地处深山区，小学教学点只有 2 个年级，一个年级 2 名，共 4 名学生）后，其余 6 个有村小的村庄平均户籍人口为 2322 人。数据显示，是否有村小与村庄总人口密切相关，总人口越少、适龄儿童越少，越没有规模效应，适龄儿童外出就学比例越高，村小维持不下去或者被撤并的概率越高，如表 4－4 所示。

表 4－4 15 个村庄村小办学状况

村名	户籍人数	是否有村小	学生总数	年级数	班级数	班生额	教室数	室生额	教师数	师生比
和庄村	1060	无	无	无	无	无	无	无	无	无
徐沙沃	1006	无	无	无	无	无	无	无	无	无
程村	1750	无	无	无	无	无	无	无	无	无
陈留村	1300	无	无	无	无	无	无	无	无	无
巴沟	1780	无	无	无	无	无	无	无	无	无
贾楼	1084	无	无	无	无	无	无	无	无	无
大李营	1085	无	无	无	无	无	无	无	无	无
靳屋村	659	有	700	6	18	39	18	39	36	19.4
齐继	1081	有	302	6	7	43	7	43	13	23.2
白庄	2500	有	300	6	6	50	6	50	12	25.0

续表

村名	户籍人数	是否有村小	学生总数	年级数	班级数	班生额	教室数	室生额	教师数	师生比
王庄村	1970	有	280	5	8	35	20	14	8	35.0
龙园	3586	有	270	6	6	45	8	34	11	24.5
小尚村	3021	有	190	6	6	32	46	4	23	8.3
西明义	1774	有	61	4	4	15	6	10	9	6.8
平王宋	1324	有	4	2	2	2	2	2	2	2.0
合计	24980	—	2107	—	57	37	113	19	114	18.5

注：室生额＝学生总数/教室数。

调研村庄中有2个非常有特点的村小学，一个是原阳蒋庄靳屋村小学，全村人口只有659人，却有一个拥有6个年级18个班总计700名学生的村小学，如此小的村庄为何会有一个如此规模的小学？经走访得知，该村距离附近县城城区、附近乡镇镇区均比较远，该小学为民办小学，吸引了附近几个村庄的学生就读，随着学生数量的增加、规模效应的显现，形成了办学质量提高—学生规模增加—办学质量提高的良性循环，该小学准备在小学的基础上再开办初中，形成完整的义务教育链条。另外一个是汝州寄料镇平王宋村，全村326户1342口人有超过130名小学适龄儿童，但其村小（教学点）只有2个年级4名学生（一年级、二年级各2名）。经走访得知，该村小（教学点）有2名教师，其中1名是教学点负责人，由于需要参加各种会议、处理各种行政事务，参与教学的时间较少，实际上大部分时间是只有1名教师负责一年级2名孩子、二年级2名孩子的全部课程。该校两名教师均是镇小学派过来的，年龄在40～50岁，据该教学点负责人介绍，由于山区偏僻闭塞、生活不便、无法照顾家庭，没有结婚的年轻教师担心不容易找对象不愿意来、已经结婚但孩子小需要照顾的年轻教师也不愿意来，在增加工资和其他福利待遇的情况下也只有家里孩子已经成人的、年龄稍大的教师愿意到山村里教书，所以提高山村等偏僻落后地区教师素质的难度很大。由于村里教学质量无法保障，有能力的家庭均把孩子送出去读书并且家里出一名成人去陪读，目前在村小读书的4个孩子均是家庭有特殊情况，家里没人去陪读，而小学一年级、二年级的孩子独立确实困难，所以留在了村里。与靳屋村小学正好相反，平王宋村小学陷入了恶性循环，缺少优秀师资—教学质量不高—学生少—投入少—教师少、教育质量差—学生少。值得注意的是，平王宋小学投入少只是总投入少，而每个学生平均投入却很高，该教学点一年固定运营经费 5 万元，2 个教师工资超过 10 万元，再加上其他支出一年总费用在 20 万元以上，平均每个学生 5 万元，远远超过了送 4 名孩子到镇上或县里寄宿制学校学习的全部供养费用。

从村小的硬件投入看，8 个村小共有 57 个班，每个班平均 37 名学生；共有 113 个教室，每个教室平均有 19 名学生，教室利用率为 50.4%。按照国家规定的小学教学班 40 人计算，8 个村小 113 个教室具备容纳 4520 名学生的能力，实际就读 2170 名学生，仅占实际容纳能力的 44.7%。8 个村小平均教室数量为 14 间，其中小尚村、王庄村 2 个村教室数量分别达到 46 间、20 间，但分别只有 6 个、8 个班级，仅从教室数量看，已远远超出了实际需求。

从村小教师人数看，8 个村小教师总人数 114 名，实际师生比为 1∶18.5，低于国家标准和全国平均水平（根据国务院办公厅转发《中央编办、教育部、财政部关于制定中小学教职工编制标准意见的通知》，城市小学师生比是 1∶19，县城小学的师生比是 1∶21，农村小学的师生比是 1∶23。目前全国小学师生比为 1∶19）。

（三）结论与政策建议

综合 15 个调研村庄小学适龄儿童就学和村小学办学状况，可以得出如下判断与政策建议：

1. 解决农村小学适龄儿童就学问题应该从农村和城市两端同时发力

数据显示，本村就近就地就读占农村小学适龄儿童的比例为 57.2%，到本村以外就读的比例超过 40%，到父母就业地就读的比例达到了 20.9%，这说明随着城镇化背景下农村人口大量向城镇转移及相关政策的调整，农村小学适龄儿童就学地点多元化已经成为现实并向纵深发展。一方面，城镇化是中国现代化的大趋势，更多的农村人口持续向城市迁移不可逆转，顺应这种变化为越来越多的城镇化人口提供子女教育服务是城镇化的应有之义；另一方面，城镇化是一个较长的过程，在相当长的时期内农村仍然会保持较大规模的存量人口，而随着收入水平与生活水平的提高，留下来的农村存量人口希望子女能够接受优质教育的愿望越来越强烈，提高农村小学发展水平同样是乡村振兴、满足人民美好生活需要的应有之义。所以，当前小学办学思路与相关公共教育投入应摈弃传统的农村小学适龄儿童就学在农村解决的固化思维，高度重视城市小学发展对解决农村小学适龄儿童就学的重大意义与重大作用，从农村和城市两端同时发力。

2. 从满足农村小学适龄儿童就学需求角度看，农村发力的重点应是提升质量，城市发力的重点应是增加学位

数据显示，8 个村小的教室利用率仅达到 50.4%，教室数量远远超过了实际需求，师生比也低于国家标准和全国平均水平。而对于城市学校，我们听的最多是大班额、学位短缺、师生比居高不下。所以，虽然解决农村小学适龄儿童就学问题应该从农村和城市两端同时发力，但从满足农村小学适龄儿童就学需求的角度看，农村和城市发力的重点是不同的。

城市小学面临的主要问题是学位短缺问题。综合相关入学政策及其他各种因素，与城市市民相比，进城务工人员子女多处于弱势地位，城市缺学位缺的主要是进城务工人员子女的学位，所以应加大各级城镇用于办小学的财政和土地投入，增加学位，让有在城市接受教育需求的小学适龄儿童能够就近便利、无障碍地在城市入学。

农村小学面临的主要问题是教学质量问题。农村小学不缺教室、不缺学位，也不缺教师，主要是教学质量不高、对学生的吸引力不够。所以农村小学投入的重点不是增加学位、扩大规模，而是提高质量。

3. 提高农村小学办学质量需要调整空间布局、形成合理的规模效应

调查显示，单体办学规模是影响农村小学教学质量的关键因素。原阳蒋庄靳屋村小学与汝州寄料平王宋村小学两个极端的例子充分说明了村小办学的巨大规模效应：规模越大越容易形成规模效应与良性循环，教学质量的提高就会水到渠成；反过来，规模越小越容易形成恶性循环，教学质量的提高异常困难。但人口布局分散、密度低是村庄的天然特征，在传统的“一村一小”布局下很难形成规模效应。传统的“一村一小”布局是在城乡分割、人口固化思维指导下形成的，与目前人口大规模流动的现实已经不适应，已经明显不利于农村小学办学质量的提升，对传统的空间布局进行调整势在必行。

一是应推动农村小学向镇区、城市近郊集聚，扩大单体办学规模。距离城市越近，越容易接受城市辐射、享受城市公共服务，对教师的吸引力越大，村小办学质量提高越容易。应顺应学生、教师的城镇化需求，推动农村小学向镇区、城市近郊集聚，扩大单体办学规模，使其教学水平能够稳定、持续提高。在办学模式上，提高满足学生寄宿需求的能力，解决离家较远孩子的食宿需求。

二是应在交通条件允许的平原地区，在距离县城城区、乡镇镇区较远的农村区域地理中心，合并或举办一些单体规模较大、能够形成规模效益、可持续发展能力强的高标准小学，走读与寄宿并重，服务周边村庄，使周边村庄小学适龄儿童能够就近接受较高水平的教育。

三是应保留人口极度分散的山区及其他交通不便地区的小规模教学点，保障特殊家庭的孩子有学上。调查发现，在人口极度分散的山区确实存在一些由于家庭特殊原因无法到周边较大规模学校就读而需就近就地就读的小学适龄儿童，所以应保留该类区域的小规模教学点，保障特殊家庭的孩子有学上。从长期来看，对陷入贫困恶性循环的偏远山区、生存条件恶劣地区的村庄，应结合精准扶贫相关政策，通过扶贫搬迁一揽子解决改善贫困地区贫困户生产生活条件和子女教育问题。

课题组成员：宋伟、朱世欣、李甜、安燕娇、陈明明、罗振华

第五章　河南农村生活现代化程度调查分析

——基于河南省15个乡村的微观调研数据

一、引　言

以往农村生活给公众的印象多是“贫穷落后”，但在我国三农建设、美丽乡村、乡村振兴等系列政策实施后，在河南省GDP连年较高速增长的背景下，农民生活是否发生了显著变化，农村和城市现代化之间的差距还有多大，仍然是一个未知的问题。将以工业文明为标志的城市现代化引入农村是协调城乡发展、消除生活方式二元结构的重要内容。随着科学技术的不断进步，能源、电信、交通网络基本已经覆盖农村地区，农村居民也具备了使用现代化产品设备的条件，富裕家庭有能力消费使用和城市居民同等的科技产品，同时，开拓农村市场也是我国扩大消费、促进经济平稳较快增长的战略要点。党的十九大将改善农村人居环境作为实现农业农村现代化的突出标志，人居环境带有公共物品的性质，除了以农户为单位进行自我改善之外，更要依靠村集体的力量；对于大多数农村通过基础设施改造将以一家一户为单位自我循环式的水、垃圾处理方式变为村庄统一规划的生态环保型处理方式，是现代工业产品进入农村、居民生活消费水平提高后的必然要求，对于防止农村地区生态承载过重、促进城市工业品合理消纳，从而保护农村环境具有重要意义。

本章在整村调查数据的基础上，针对当前河南农村物质生活的现代化和文明程度进行统计分析。从家用电器购买、做饭取暖能源使用情况、农村人居环境等问题入手，对问卷进行了数据统计；结合人均收入、村庄位置、家庭人口等信息，分类分析农村居民生活的现代化和便利程度。研究表明，82%、59%、48%、25%的家庭分别有摩托车、空调、热水器、小汽车；家庭取暖和做饭使用煤气＋电组合的最多，在实施以“煤改气”为主的农村空气环境治理后，大部分家庭已经不再使用柴草或煤球。农村基本实现了垃圾统一回收和饮水安全，但是废水处理和厕所改造进程仍有待加速。尽管当前农村居民收入和城市居民存在明显的差距，但是在物质生活现代化方面追赶城市的速度却很快。同时，需要注意的是，农村现代化程度和富裕程度并不完全是同一个概念，现代化反映了村民的消费观念、生活文明程度，虽然同当前农民收入增长有直接联系，但是并不等同于家庭有足够多的储蓄，对未来进城生活、子女教育、养老等问题都有充分的安排。

二、大件家用产品购买情况

居民生活现代化是一个动态的概念，20世纪七八十年代的“手表，缝纫机，自行车，电视机”老四件现代家用产品已经被“小汽车，空调，热水器，电脑”等替代。并且这些产品有从城市过渡到农村的趋势，已经成为农村物质生活现代化的标志之一。此次问卷调查了5类家用产品：小汽车、摩托车、空调、热水器、电脑，如表5－1所示，各自家庭占有率分别为25%、82%、59%、48%、39%，也就是说，1/4的农村家庭已购买了汽车，80%以上的家庭拥有摩托车，当前农村普遍修建了通村公路，速度快、价格相对低的摩托车已经成为大众化的交通工具。近60%的农村家庭购买了空调，将近50%的家庭购买了热水器，调研中受访者大多回答是在自己或是孩子结婚的时候购买的，空调和热水器在农村从以往的生活奢侈品变为小康家庭的必需品，但是也有不少受访者表示空调使用的频率不高，只是在夏天特别热的时候才会使用，毕竟对于年收入在2万~3万元的一些家庭来说，空调开一天20多元的电费负担还是较重的。家庭电脑的拥有量只有39%，家庭中有在读学生或家庭成员有外出打工经历的较多购买了电脑，一部分农村富裕家庭并不购买电脑，成员结构以中老年为主的家庭购买电脑数量相对少。

表 5-1 大件家用品购买比重

种类	小汽车	摩托车	空调	热水器	电脑
平均比重（%）	25	82	59	48	39
变异系数	0.51	0.09	0.20	0.30	0.20

变异系数反映了各收入组有电器概率的变化度，变异系数最高的是汽车为0.51，说明收入是决定汽车购买的关键因素，只有较高收入的家庭才决定购买汽车。如表5-2所示，人均收入5万元以上的家庭购买汽车的比重是58%，3万~5万元为51%，2万~3万元为46%，而2万元以下4个收入群体中购买汽车的家庭比重明显分别降低为28%、19%、12%、18%。即年人均收入达到2万元以上的家庭才有较大可能购买小汽车。

表 5-2 小汽车购买情况

人均收入/万元	户数/户	有小汽车户数/户	有小汽车比重（%）	户均数量/辆
5以上	38	22	0.58	0.76
3~5	75	38	0.51	0.57
2~3	236	109	0.46	0.5
1~2	883	248	0.28	0.3
0.5~1	711	138	0.19	0.2
0.3~0.5	244	30	0.12	0.13
0~0.3	623	113	0.18	0.21
总体	2810	696	0.25	0.27

变异系数最低的是摩托车，为0.09，各收入段购买摩托车的比重在69%~92%，摩托车已经成为农户家庭的刚性需求，中等收入（人均1万~3万元）家庭摩托车拥有比重最高，超过了90%，人均收入3万元以上的家庭摩托车购买比重反而低于前者，说明高收入的农户更多购买了汽车，对摩托车购买起到一定的替代作用。低收入家庭摩托车占有率也在百分之七八十，可见未来农村市场摩托车需求增长有限，即使农户收入进一步提高，购买量也不会显著提升（见表5-3）。

表 5－3　摩托车购买情况

人均收入/万元	户数/户	有摩托户数/户	有摩托比重（%）	户均数量/辆
5 以上	38	32	0.84	1.47
3～5	75	64	0.85	1.38
2～3	236	218	0.92	1.57
1～2	883	795	0.90	1.5
0.5～1	711	592	0.83	1.44
0.3～0.5	244	181	0.74	1.35
0～0.3	623	427	0.69	1.18
总体	2810	2309	0.82	1.42

表 5－4　电脑购买情况

人均收入/万元	户数/户	有电脑户数/户	有电脑比重（%）	户均数量/台
5 以上	38	16	0.42	0.53
3～5	75	35	0.47	0.55
2～3	236	121	0.51	0.56
1～2	883	398	0.45	0.47
0.5～1	711	233	0.33	0.34
0.3～0.5	244	50	0.20	0.21
0～0.3	623	151	0.24	0.29
总体	2810	1004	0.36	0.39

电脑的户均数量为 0.39 个，低于空调 0.78 的水平，高收入家庭会购买一个以上的空调（在不同房间安装），电脑一般只有家庭中的年轻人使用，并且一台电脑可以多个人用，因此，农村家庭即使收入较高也不会购买更多的电脑。随着互联网在农村的普及，网络应该是农村居民拓展农产品的销售渠道、学习新知识技能的有效途径，但是电脑使用数量的限制反映了农村居民当前生活状态还有些封闭，知识技能水平还有待提高（见表 5－4）。

表 5－5　空调购买情况

人均收入/万元	户数/户	有空调户数	有空调比重（%）	户均数量/台
5 以上	38	29	0.76	1.24
3～5	75	50	0.67	0.96

续表

人均收入/万元	户数/户	有空调户数	有空调比重（%）	户均数量/台
2～3	236	172	0.73	1.04
1～2	883	596	0.67	0.89
0.5～1	711	419	0.59	0.72
0.3～0.5	244	106	0.43	0.53
0～0.3	623	279	0.45	0.64
总体	2810	1651	0.59	0.78

电脑和空调占有率变异系数为0.20，低于热水器0.30，尽管热水器平均占有率高于电脑而低于空调。这说明家庭使用热水器的弹性较大，在一定程度上在农村还不属于必需品，总体来说，高收入、离县城距离近、人员结构年轻化的家庭更多使用热水器。有电脑的家庭比重整体偏低，并且按照收入划分，占有率最高的并不是3万～5万元及5万元以上的群体，相反，中高收入阶层即年人均收入2万～3万元占有率最高，为51%，可能原因在于，这个收入段的农户家庭中有在读学生，学生是纯消费者没有收入来源，拉低了家庭人均收入，但是对电脑的需求量却高于农村其他人群（见表5－5、表5－6）。

表5－6　热水器购买情况

人均收入/万元	户数/户	有热水器户数/户	有热水器比重（%）	户均数量/台
5以上	38	24	0.63	0.61
3～5	75	42	0.56	0.65
2～3	236	147	0.62	0.58
1～2	883	482	0.55	0.53
0.5～1	711	333	0.47	0.52
0.3～0.5	244	90	0.37	0.48
0～0.3	623	224	0.36	0.40
总体	2810	1342	0.48	0.50

整体来说，农户家用电的购买比例比调研者预想的要高，对于一些受访者，根据问卷前一部分的访谈基本可以判断属于低收入家庭，后一部分家用电器的答案是基本都购买了，原因可能在于家庭成员的收入不稳定，

通过零散工作获得的收入在近期没有孩子结婚或治病支出的前提下，首先想到的是购置家电产品。另外，农村婚俗是要盖新房、添新家具，许多家庭是在年轻人结婚的时候就买齐了，这在一定程度上也反映了农村缺乏投资理财的渠道，挣来的钱不够在城里买房，调研中发现，村民也相对缺乏自己投资创业的想法，钱放在银行怕贬值又对其他金融产品不够了解，在邻里相互影响的条件下，更多地购买了家用电器。

三、做饭、取暖用能

做饭、取暖能源消耗类型也可以反映当前农村从自给自足的小农生活向现代化转型的进程。调查问卷统计的农户做饭、取暖能源消耗类型具体可分为柴草、煤、煤气、沼气、电、太阳能。从使用频率上分析（见图5-1），农户家庭厨房用能频率最高的是煤气1840次和电1628次。仍然有部分家庭在使用柴草和煤球（783次和530次），清洁新能源沼气和太阳能的使用还相对较少，分别只有57次和11次。但是整体上农村厨用能源正在从传统型向相对清洁高效型过渡，20世纪末河南农村家用能源还是以柴草和煤球为主，造成的空气污染也引起了环保部门的重视；当前农村电网覆盖率不断提高，众多村庄已经实现了煤气罐送货上门，更多家庭可以承担电和煤气使用的费用，因此使用频率显著增加。农村环境治理过程中有明确的煤改气和禁止焚烧秸秆的要求，近些年柴草和煤球的使用频率大幅度降低，河南大部分农村冬季是没有取暖设施的，因此，烧煤供暖的负担也低于北方农村。总体来看，在沼气、太阳能更为先进的清洁能源还没有实现技术推广的前提下，电和煤气成为当前最主要的能源使用方式。

具体来说，农户除了单独使用一种能源，更多采用两种或三种组合的形式来做饭采暖。例如，煤气是相对清洁高效的能源，但是价格也相对高，很多家庭采用“煤气和电”相结合或者“柴草、煤气、电”的组合。如图5-1、图5-2所示，在所有实际使用方式中，“煤气+电”的频率最高，为933次，其他依次是“柴草”“煤气”“电”“煤”“柴草+煤气+电”“柴草+煤气”。人均收入高的家庭更多使用煤气和电，人

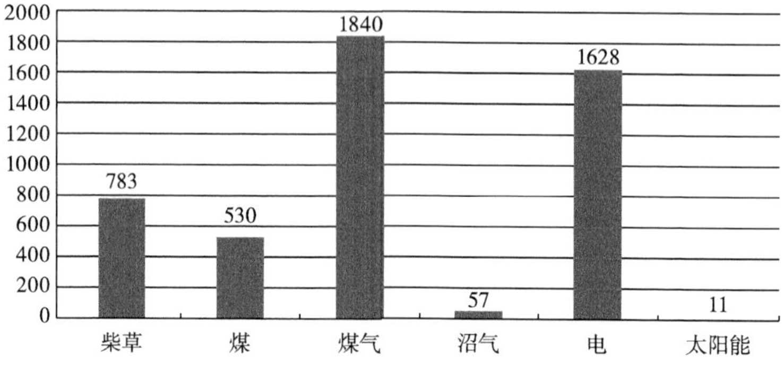

图 5－1　各类能源总体使用频次

均收入低的家庭更多使用柴草和煤球，同时，如果村庄周围有林地、家庭人口多，也会有富余劳动力去村子周边寻找柴草。另外，共有 29 个家庭选择煤气和沼气混合使用，13 个家庭单独使用沼气，尽管沼气在农村推广使用的可能性比城市更高，但由于技术和规模原因，当前还没有实现大范围使用；农户中使用太阳能热水器的占了相当一部分，但是取暖、做饭可以使用太阳能的家庭还很少，这与太阳能时间分布不均匀和储能设施不完备有关。

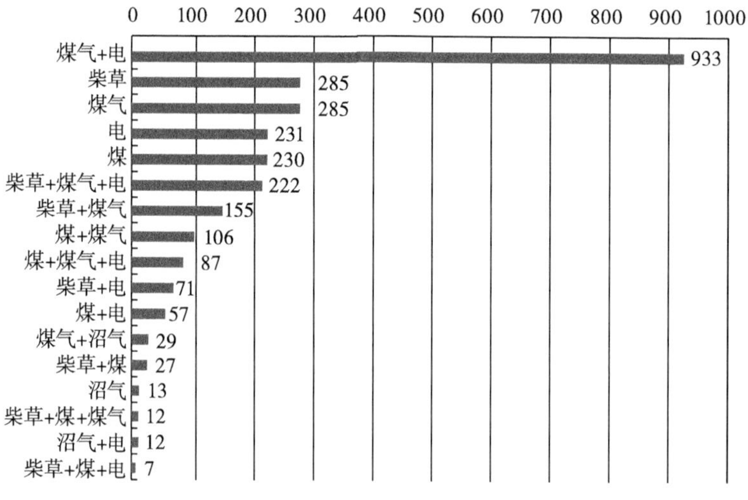

图 5－2　能源组合使用频次

四、人居环境状况

人居环境作为农村现代化文明程度的标志之一，近些年来得到越来越多的关注。“村容整洁，乡风文明”是“三农”政策实施过程中对农村提出的新要求，以人居环境整治推进农业农村现代化和城乡融合是党的十九大和2018中央一号文件关于农村发展的核心要义。本章从饮用水、垃圾处理、厕所类型、废水处理四个方面统计农村人居环境。饮用水来源方面，由于各村内部饮用水使用具有相对统一性，农户自己选择水源的可能性不大，多存在一个村的村民统一使用自来水或井水。但村庄之间由于地理位置、设施水平的差异，饮用水来源整体还存在一定程度的分化。依据统计数据（见表5－7），76%的农户使用净化自来水，12%的农户使用受保护的井水（深井水、净化净水），11%的农户使用不受保护的井水，当前不存在直接使用江河水的现象。另外，还有33个收入相对高的家庭使用桶装水。因此，调查数据显示，除了部分村庄的井水需要进一步净化处理，整体来说河南农村饮用水安全还是有保障的。

表5－7　家庭饮用水来源（全样本）

饮用水类型	数量/户	比重（%）
净化自来水	2271	76
受保护的井水	365	12
不受保护的井水	323	11
江河水	0	0
收集雨水	1	0
桶装水	33	1
其他	2	0

图5－3为村庄统计用水情况，大部分村庄统一使用自来水，并且村庄内部一致性较高，安装自来水是集体行为，参与的户数越多，人均分摊的安装成本也越低。只要村内可以接通自来水，村民的饮水卫生大多是有保障的。其中，2～6组村庄在自来水之外还存在较多的农户使用深井水。调研中只有第8个村还没有通自来水，并且该村大多数居民使用不受保护的

井水。第1组村庄饮用水类型分化较明显，近一半的家庭使用自来水，还有100多户使用不受保护的井水，可能该村井水水质不太好，因此，存在少部分高收入农户使用桶装水。总体来说，解决农村饮用水问题要从村庄整体开始，首先要实现村通自来水，自来水相对于井水来说更加方便卫生，在农户中间推广起来更容易一些。其次，对仍然使用井水的村庄要注意井水的保护和净化处理。

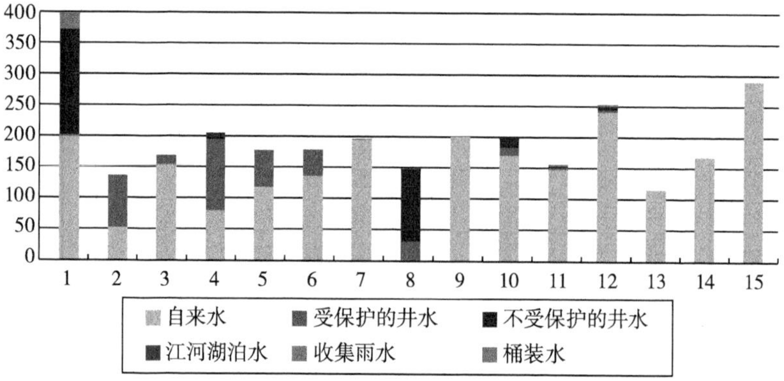

图5－3　各村自来水使用情况

虽然当前农村“厕所革命”号召改造普通旱厕为卫生厕所，但是由于村庄下水设施不完善、村民可用技术和资金有限，以及受旧有生活习惯的影响，还有超出一半即52%的农户使用普通旱厕（见图5－4），使用水冲卫生厕所和卫生旱厕的分别只有28%和19%，这类厕所一般存在于人员年龄较轻、有新盖房屋的家庭中。

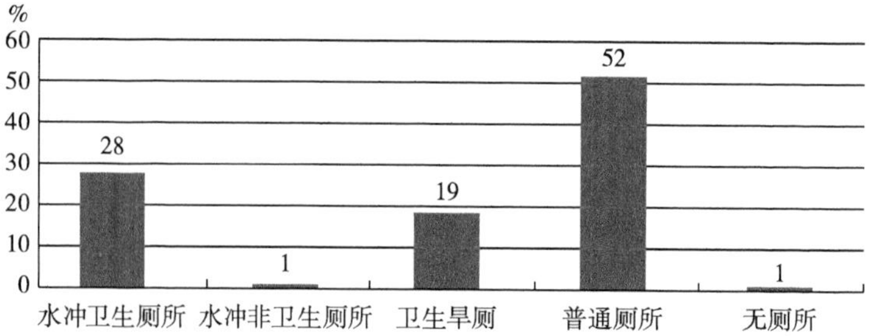

图5－4　家庭厕所类型统计（全样本）

以村庄为单位进行厕所改造统计分析发现，水冲式卫生厕所和卫生旱厕在部分村庄较为普遍，并且村民中相互影响，存在“同群效应”。例如，第一个村全部为卫生旱厕，第二个村全部为普通旱厕，卫生水厕比重较高的村庄是3、4、10、12；卫生旱厕也是在几个村集中出现，如第5、6，7村，但是村内比重相对低，不足总体的1/3，卫生旱厕在打扫处理方面还存在不便利之处，因此，推广相对困难。卫生水厕的大范围推广除需村集体力量推动之外，还需要村庄下水设施相对完善和较高居民收入作为保障。总体来看，距离县城近的村庄受城市生活影响，村庄存在社区化的趋势，水冲厕所的比例要高一些，相反，则普通旱厕的比例高。一些相对落后的村庄仍然几乎全部都是普通旱厕，调研中除家庭经济条件不允许之外，还有不少受访户表示已经习惯了普通旱厕，近期没有改造厕所的打算（见图5－5）。

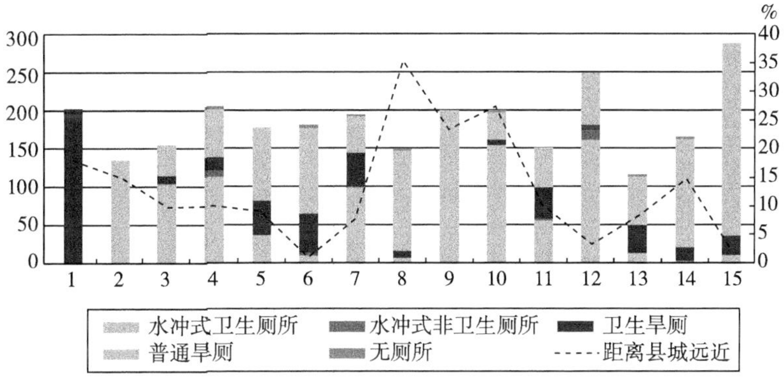

图5－5　按照村庄分家庭厕所类型

当前农村废弃物有序处理推进较快（见表5－8）。固体垃圾统一收集回收的比重达到97%，调查中大多数村民回答村里有固定的垃圾回收车清运垃圾，只需要把垃圾放在门口或是指定的垃圾堆放点即可。但是也存在少数不规范的现象，例如，选择“就地掩埋、就地焚烧、丢在村边”分别占1%。

表5－8　垃圾处理方式

处理方式	统一收集	就地掩埋	就地焚烧	丢在村边
比重（%）	97	1	1	1

目前废水处理还是农村环境治理中相对薄弱的环节，由于缺乏村庄公共下水设施和农村区域废水回收处理站点，有 53% 的农户选择就地倾倒，5% 的农户选择倒入坑塘，相对来说，只有 38% 的农户将废水倒入村庄统一的下水道中，并且各村挖的下水道也不是很规范，不少村民在自家院子里挖出水槽，将污水从水槽倒出流到村庄的污水收集系统里，这类露天水槽也存在气味、细菌滋生等环境隐患（见图 5－6）。

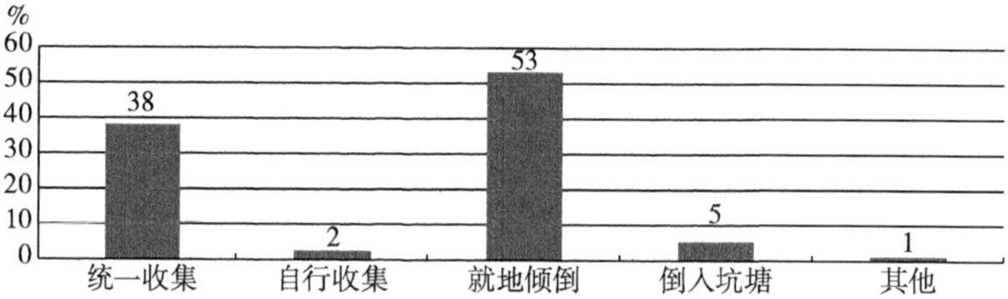

图 5－6　污水处理（全样本）

村庄内部污水处理方式也存在显著的统一性，第 4、7、10、11、12 号村统一收集的比重高，其中，第 7 和第 11 号村下水道建设较为完善，实现了全村家庭统一收集。还有将近一半的村庄农户以就地倾倒为主，其中第 1、2、8、9 号村庄几乎完全都是就地倾倒，这些村庄具有的共同特点是距离县城远，在下水道设施建设方面既缺乏资金和技术支撑，又没有县卫生环保部门直接监督检查，因此还是旧式落后的废水处理方式；距离县城近的村庄更有可能实现废水统一收集处理，但是也存在部分村庄如第 6、15 号村距离县城很近但仍然以就地倾倒为主，这些地区需要更加重视农村环境治理问题（见图 5－7）。

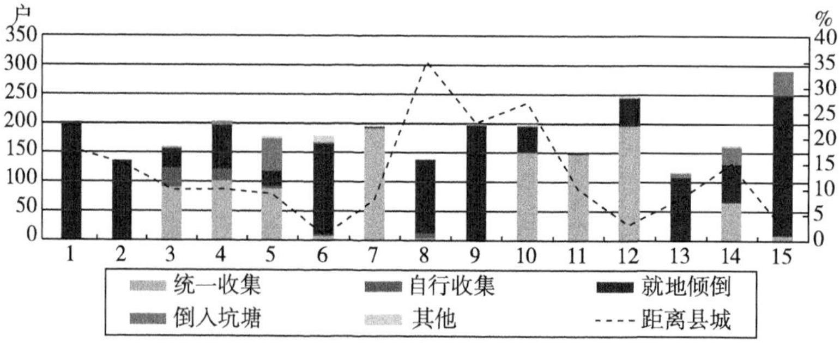

图 5－7　污水处理（按村分）

五、生活现代化程度的人群特征分析

（一）家用产品购买

分别以各类电器占有情况和厨用能源种类为因变量，例如，若购买了电器变量取1，否则取0；家庭取暖做饭能源种类是电，该变量取1，否则为0。因此6种能源分别构造了6个能源因变量。以人口、收入、耕地面积等为自变量构建家庭特征方程，分析家庭特征对家用产品购买和能源选择的影响，结果如表5－9所示。常住人口变量对除汽车之外的家用电器都有正向促进作用，也就是说家庭常住人口越多，购买摩托车、空调、热水器、电脑的可能性越大；而汽车正相反，常住人口越多，越不愿意购买汽车，原因可能在于汽车后续需要的加油、保养费用较高，承载人数也有限，人口多的家庭一辆汽车不够用，多辆花费又太多。非农人口数量系数大部分都显著为正，说明非农人口越多，接触这些现代化电器的可能性越大，并且非农劳动力收入高于农业劳动力，因此购买家用电器的可能性也越高。人均收入系数结果为正，和预期相一致，说明人均收入高的家庭更有能力购买家用电器。

表5－9　人群特征对家用品购买的作用

变量	汽车	摩托车	空调	热水器	电脑
常住人口	－0.05 ** (0.03)	0.13 ** (0.00)	0.02 (0.44)	0.09 *** (0.00)	0.05 ** (0.03)
非农人口	0.06 *** (0.00)	0.05 *** (0.00)	0.03 ** (0.00)	0.02 ** (0.04)	0.17 (0.12)
人均收入	0.50 *** (0.00)	0.56 *** (0.00)	0.51 *** (0.00)	0.59 *** (0.00)	0.59 *** (0.00)
耕地面积	0.02 ** (0.02)	0.13 *** (0.00)	0.04 *** (0.00)	0.04 *** (0.00)	－0.01 (0.46)
村庄距离	0.14 *** (0.00)	－0.31 *** (0.00)	－0.06 ** (0.02)	－0.06 ** (0.03)	－0.10 *** (0.00)
截距项	－2.06 *** (0.00)	0.25 (0.29)	－0.73 *** (0.00)	－1.00 *** (0.00)	－1.27 *** (0.00)

注：*、**、***分别表示1%、5%、10%的显著度，括号里表示系数的T值。

除电脑一项不显著之外，其他 4 个方程中耕地面积都会促进电器的购买，并且摩托车的系数高于其他 3 项系数，原因在于，摩托车对于有耕地的农户作用更大一些，可以相对不费力地运送东西。尽管当前农业收入在农户总收入中的比重已经降低到不足 20%，但是耕地面积多的家庭可以相对获取更多的农业收入，并且河南农村人均耕地少，几乎全是机械化作业，对劳动力不会形成束缚作用，也就是说，不耽误外出务工或本地打零工，因此，耕地面积多的家庭生活条件应当更好一些。村庄距离县城这一变量的系数除汽车之外都显著为负，距离县城越远，受城市生活的影响越显著，外加距离县城近的村的电信、交通和地下管道建设更完善，城边村居民在周围找工作的机会更多，生活也更加富裕一些，因此，更多的人购买家用电器。但是村庄距离县城越远，越有可能购买汽车，农户可以乘汽车到县城工作或购物；相反，距离县城近，就没有必要购买汽车，这种结果在一定程度上也说明当前农民日常外出的主要目的地是县城，去市区或者省会的频率还不高。

（二）做饭、取暖用能源

做饭、取暖能源类型的回归结果如表 5 – 10 所示，首先，观察使用最多的类型“煤气 + 电”，常住人口项和非农人口项的系数都为负值，原因在于，“煤气 + 电”的能源使用方式成本更高一些，常住人口越多，负担越重；非农人口多的家庭一般是年轻人在外工作，老人和小孩在家里生活，这类人口结构的家庭更多使用传统的煤球或柴草。人均收入或耕地面积多的家庭更有条件使用“煤气 + 电”这类相对省时高效的能源方式。村庄距离越远，运送煤球的成本越高，因此也偏向于使用输送方便的“煤气 + 电”。另一类常见的组合能源形式是“柴 + 煤气 + 电”，耕地面积和村庄距离是显著变量，耕地面积多的家庭在煤气和电之外更多使用柴草作为补充。

表 5-10　人群特征对能源消耗类型选择的作用

变量	煤气+电	柴+煤气+电	柴草	煤球	煤气	电
常住人口	-0.08*** (0.00)	-0.01 (0.67)	-0.03 (0.25)	0.03 (0.33)	0.15 (0.14)	0.03 (0.19)
非农人口	-0.06*** (0.00)	0.02 (0.11)	-0.03** (0.04)	-0.01 (0.49)	0.05*** (0.00)	0.06*** (0.00)
人均收入	0.10*** (0.00)	0.03 (0.13)	-0.03* (0.10)	-0.05** (0.02)	0.34*** (0.00)	0.01 (0.21)
耕地面积	0.15*** (0.00)	0.04*** (0.00)	-0.14*** (0.00)	-0.05*** (0.00)	-0.05*** (0.00)	-0.05*** (0.00)
村庄距离	0.30*** (0.00)	-0.22*** (0.00)	0.52*** (0.00)	-0.15*** (0.00)	-0.08** (0.04)	-0.22*** (0.00)
截距项	-2.48*** (0.00)	-0.76** (0.01)	-3.10*** (0.00)	-0.24 (0.37)	-0.81*** (0.00)	-0.78*** (0.00)

注：*、**、***分别表示1%、5%、10的显著度，括号里表示系数的T值。

除两类组合能源之外，较多使用的是柴草、煤球、煤气、电四类单项能源。其中，柴草是最为传统的做饭取暖方式，从结果观察，收入越低的家庭越偏向于使用可以免费获取的柴草，村庄距离县城越远，越使用柴草。原因可能在于，远离县城的地区有更多的柴草来源。耕地面积越多，越不单独使用柴草，这可能与收入相对高、用来拾柴草的空闲时间少有关。煤球一项中，人均收入、耕地面积和村庄距离的系数显著为负值，人均收入项为负说明煤球在农村还属于消费相对低的厨用能源方式，耕地面积多的家庭不单独烧煤球的原因在于时间耗费多、不方便照看煤火等问题。村庄距离项为负的原因在于，煤球需要人工运送，离县城越远，成本越高。从结果观察，偏向于单独使用煤气或电的家庭具有非农人口多、人均收入高、耕地面积少、离县城距离近的特点，这两类耗能方式在当前农村较为现代化，但是由于煤气相对于电的成本更高，收入项系数比用电显著，也就是说收入更高的家庭才负担得起单独使用煤气。总体来说，耕地面积多的家庭偏向于使用混合能源，面积少的家庭偏向于使用单项能源，可能原因在于耕地面积多的家庭更忙碌、人口更多，在不同时间段内调节使用能源更为方便，例如，农忙时使用煤气，闲暇下来可以烧柴草或煤球。

六、结论与政策建议

总体来说，由调研可知河南农村居民生活有明显朝着现代化方向迈进的趋势，工业文明在逐渐从城市向农村渗透。当前各类家用电器在河南农村的普及率已经相对较高，除了小汽车和电脑，半数以上的家庭都有摩托车、空调、热水器，小汽车虽然价格高，但在农村是舒适便利的出行工具，也有1/4的家庭购买。一般情况下，非农人口对家庭收入的贡献更高，可以显著促进家用电器的购买；除电脑以外，耕地面积越多的家庭家用电器购买量越多，这类家庭也有更多的常住人口消费家用产品。村庄距离城市越远，受到城市现代化生活影响的程度越低，因此，除汽车以外的电器购买的可能性越小。农村生活能源的现代化转型程度显著，煤气和电是使用频率最高的两类，尤其是煤气和电的组合已经成为所调研地区实际最普遍使用的能源消费方式，在收入水平提高之外，农村空气环境治理也是重要原因，柴草和煤球有逐渐退出的趋势。

农村环境卫生方面，所调研的村庄基本实现了垃圾统一回收和饮水安全，15个村庄只有1个没有通自来水。尽管在农村一些地区进行了厕所改造，但还是存在52%的家庭使用普通旱厕，并且存在村庄内部邻里相互影响的现象，卫生厕所更多集中于少数几个村庄。农村厕所改造滞后在带来环境卫生问题之外，还会影响到农村旅游、娱乐、餐饮等外向型服务业的发展。另外，农村污水处理仍没有得到很好的解决，一半以上的受访户选择就地倾倒，与农户生活习惯和村庄下水道建设有关。因此，对于当前河南农村来说，尽管人居环境已经得到明显改善，但是废水科学处理和厕所改造进程仍有待加快。基于以上调研结果，本章提出如下政策建议：

（一）拓宽农村居民理财消费方式，提倡“物尽其用”的家电购买观念

当前农村家庭家用电器的逐渐普及反映了村民有意愿和能力追求现代化生活方式，也是农村生活水平提升的象征。但是也有部分村民在自己或子女结婚时一次性购买了大量家用电器，外加购房和彩礼，实际上承受了

巨大的经济负担；还存在邻里相互攀比，一旦有钱就购置大件商品的现象。这些都不是科学可持续的家庭理财消费方式，其根本原因在于，农村居民投资理财方式单一，除了将剩余的钱存入银行没有其他途径。因此需要拓展农村投融资渠道，例如，鼓励村民购买易于操作、收益稳定的基金、债券；成立农业合作社鼓励村民参资入股；将商业保险引入农村市场，使村民在家门口可以购买具有商业性质的养老、工伤、子女教育保险。形成农村创业创新机制，使更多农户有意愿和能力投资于新型农产品生产销售，进一步提高收入，促进家庭消费升级。

（二）加强以天然气、电力为主的能源方式供给，促进农村空气环境治理

尽管当前许多受访户回答家里使用煤气，但是其所指的煤气大多是罐装的石油液化气，除能源成本高之外，运输不便也是显著问题。因此，未来农村需要增加高效、低污染的新能源的使用份额，加强天然气管道和电网修建；深入参与“西气东输”“西电东输”工程，减少能源交易中间环节和运输耗损，进一步降低农村地区的用气、用电成本，在农村大面积推广天然气和电力取暖做饭。提高农村电网负荷能力，满足农村能源消费快速增长的需求，保障农村供电安全，尤其是加强偏远地区村庄的电网建设。能源清洁化除了在农村进一步推进“煤改气”工程，还需要打破技术瓶颈，建设相对集中的生物质能发电供暖系统，增添农村分布式能源储能设备，实现沼气、太阳能的规模化使用；使清洁能源逐渐取代低效高污染的煤球和柴草，从生活消费端促进农村空气环境治理，为打赢河南城乡一体的“蓝天保卫战”做出贡献。

（三）以村庄下水道建设为核心，全面改善农村人居环境

当前农村下水道缺失是厕所改造、废水处理，以及家用电器使用的突出障碍，对实现城乡协调的农村人居环境改造造成了显著不利影响，特别是形成了新的由化工产品造成的农村土壤水质污染。村庄下水道修建除了资金问题，农户传统观念造成的邻里纠纷也是推进过程中的突出困难。因此，村领导应出面划清责任界限，平复各类矛盾纠纷，促进村民转换观

念，树立社会公共意识，将村庄人居环境建设作为全村居民共同的责任。建立明晰的责任划分机制，例如，在资金有限的条件下可以村集体出资修建主干道的下水设施，要求各家各户负责自家门前到公共设施管道之间的修建费用；聘请有经验的施工团队在协调各方利益的前提下规划修建村下水道，争取长期规划下的长期使用，避免产生重复建设及家户之间的矛盾纠纷。集体推动农村水循环和厕所改造工程，建设若干农村区域污水处理站，实时检测污染排放去向和排污口污染超标情况，在维护农村环境卫生的同时，为农村产业多元化发展，实现城乡资金、人员双向流动奠定基础。

课题组成员：赵然、孟骞、曹孜、王征、吕亚琪、郭少硕

第六章　整村分析报告一

——基于白庄村、巴沟村和靳屋村的整村调查

一、开封市祥符区西姜寨乡白庄村

白庄村距离西姜寨乡镇中心约 4 千米，距离开封市中心距离约 20 千米，开港大道修通之前是区位条件较差的乡村，到乡镇中心就需要近 1 个小时的车程；开港大道修通后交通条件得到很大的改善，时间缩短到半小时，地理位置如图 6－1、图 6－2 所示。

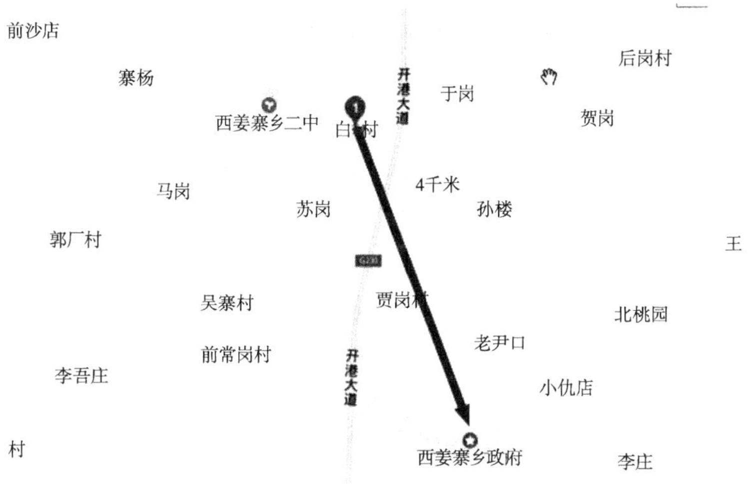

图 6－1　开封市祥符区西姜寨乡白庄村地理位置（距乡方向）

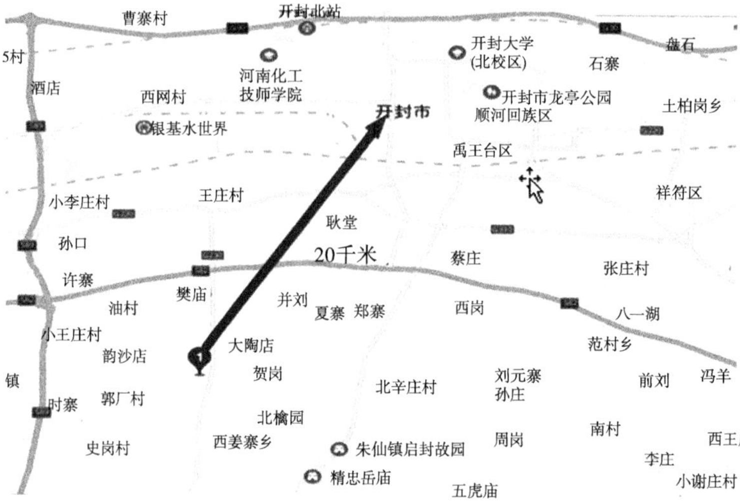

图 6－2　开封市祥符区西姜寨乡白庄村地理位置（距开封市）

（一）白庄村人口基本状况

白庄村现有 446 户，人口 2500 人。由于调研条件限制，本次调研了 177 户 857 人，所作调研具有一定的随机性，因此，对样本所作的分析在一定程度上可以代表整个村庄的情况，以下所作统计性分析皆为样本分析。

白庄村人口结构以青年人口为主，占比 34%，这也就意味着白庄村的劳动力人口中更是以具有更高的受教育水平、更年轻力壮的青年人口为主。人口结构情况为：未成年（0～17 岁）人口 271 人，占比 31.6%；青年（18～44 岁）人口 299 人，占比 35%；中年（45～59）人口 173 人，占比 20.1%；老年（60 岁[①]及以上）人口 114 人，占比 13.3%（见图 6－3）。

① 国际上对老年人口的划分有两个标准：一般发达国家把 65 岁及以上人口划为老年人，而发展中国家多将 60 岁及以上人口划为老年人口。在此，我们采用 60 岁及以上的标准，以下两个村庄亦是如此划分。

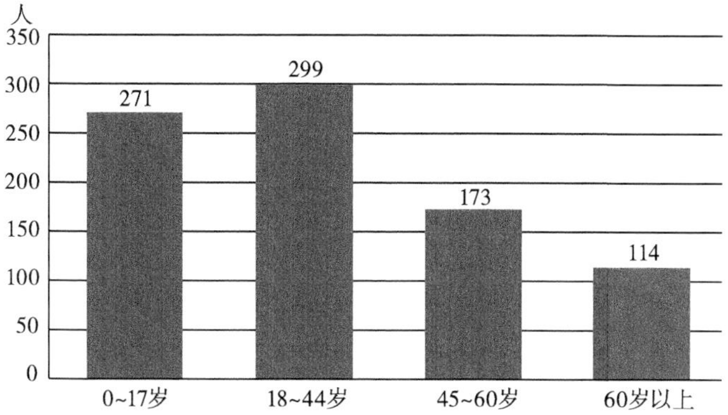

图 6－3　白庄村样本人口年龄结构

（二）白庄村家庭结构概况

从调研结果来看，白庄村样本家庭总人口中，1 口之家仅有 1 户，2 口之家有 13 户，家庭总人口以 4～7 口为主，说明独居老人很少，大部分老人都是和子女一起生活。白庄村 4～7 口之家比较常见，占比分别为 21%、27%、21%、14%。8 口、9 口的大家庭在白庄村仅有十几户，说明白庄村年轻人成家后大多数都与父母分开过，极少有成家的几个儿子都和父母一起生活（见图 6－4、图 6－5）。

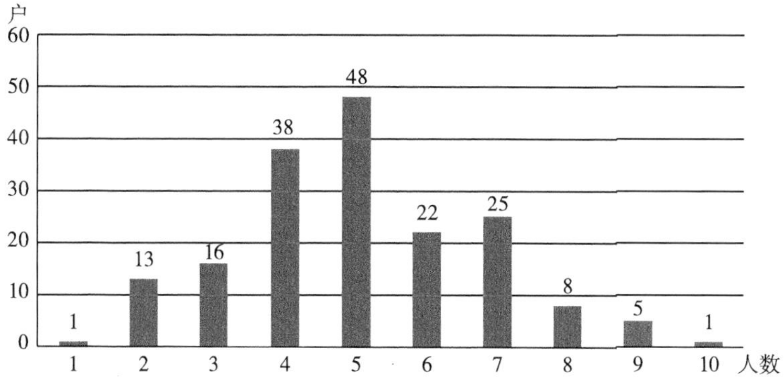

图 6－4　白庄村家庭总人口分布

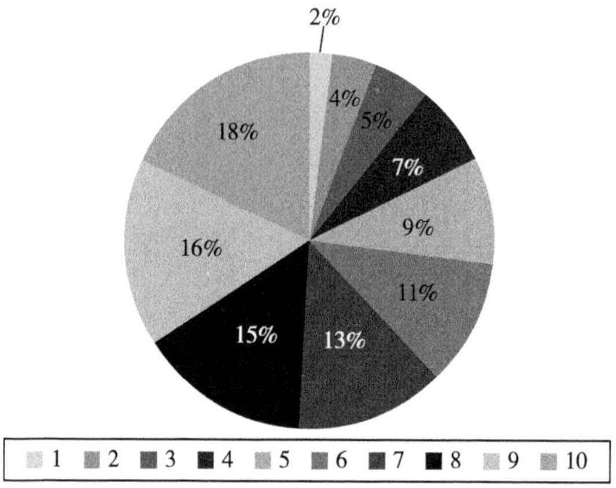

图 6－5　白庄村每户家庭总人口占比结构

（三）白庄村样本人口分年龄阶段受教育程度

白庄村受教育程度主要以初中及以下学历为主，占比为 81.9%，高等学历占比仅为 6.9%。其中，60 岁以上人口接受高等教育程度仅有 5.5%，45～60 岁人口接受高等教育占比 7%，44 岁人口以下接受高等教育的有 8%，从老年人口到青年人口的大专、大学及以上学历水平有了明显提高，可见受教育程度在不断提高，年轻一代的教育结构有了较大改进：接受高等教育的人口比例正在逐渐上升。这说明了改革开放和对上大学政策放开对教育的推进作用（见图 6－6、图 6－7）。

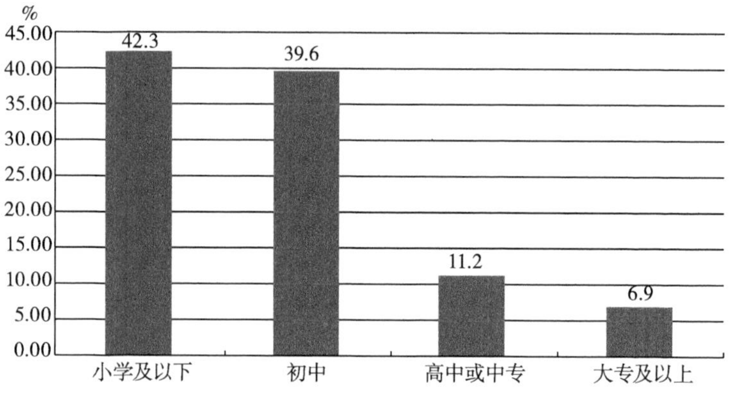

图 6－6　白庄村受教育程度结构

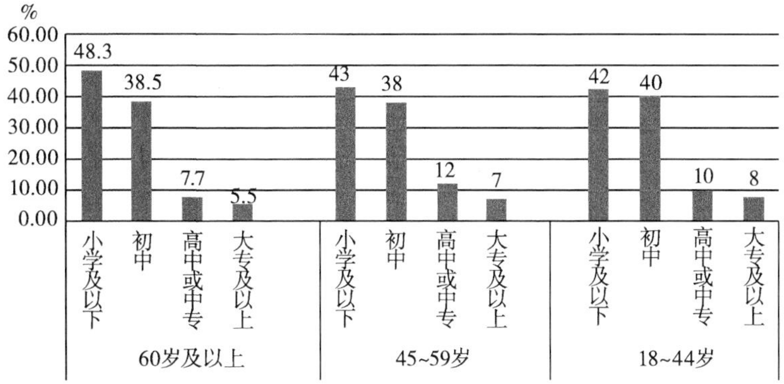

图6－7 白庄村分年龄阶段受教育程度结构

（四）白庄村受访户家庭类型

白庄村耕地面积大，种植经济作物收入也较高，且受传统生活的影响，全村人口基本以种植业为主，白庄村距离市区较近，外出务工人员的类型主要是在农闲时节就近打零工，所以劳动力常年外出务工不回家、整个村庄留守儿童和留守老人的比例比较低，常年外出务工的非常少。从数据上看，白庄村常年只有留守儿童、留守老人在家的家庭占比为3%，家庭中平时留守儿童、留守老人在家，外出人员农忙时回来的占比为10%。白庄村就近务工，经常回家的家庭类型占比为68%（见图6－8）。

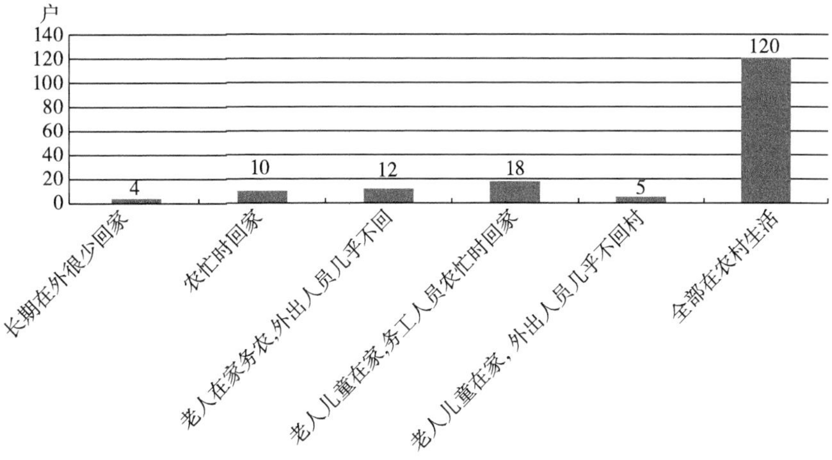

图6－8 白庄村受访户家庭类型

（五）白庄村农业生产状况

白庄村耕地面积较多，全村共有耕地5800亩（1998年之前的人均耕地面积约为4亩，1998年以后土地没有再调整过，即“增人不增地、减人不减地”），目前人均耕地面积为2.3亩，户均耕地面积为13亩，相对于其他村，人均耕地面积仍处于较高水平。从数据上看，家庭耕地面积在6～10亩的占比为35%，11～15亩的占比为33%，15亩以上的占比为18.6%（见图6－9）。

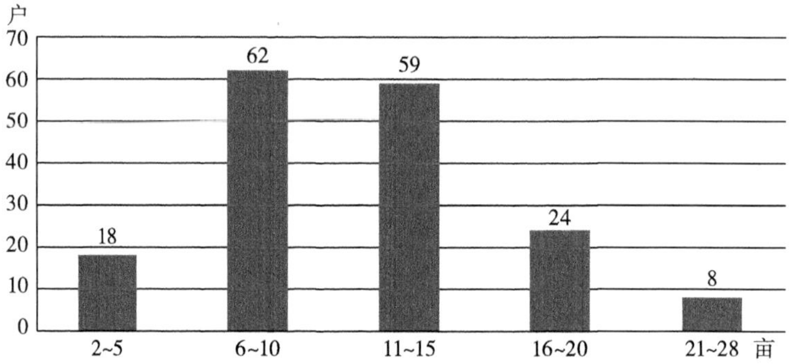

图6－9 白庄村家庭耕地面积结构

全村主要以种植经济作物为主要收入来源，主要作物有大蒜、西瓜、花生，农忙时节为3—6月，7—10月。大蒜平均亩产3000斤左右，大蒜售价年际波动较大，最高售价为8～10元每斤，最低售价为1元左右，本次调研年份大蒜一斤售价为0.8元，一亩产值2400元左右；西瓜平均亩产4000斤，价格波动较小，平均一斤售价0.5元，每亩产值2000元左右；花生平均亩产700斤，一斤平均售价3元，一亩产值2100元。白庄村对土地的投入也较高，每亩地一季作物施肥2袋，一袋复合肥、一袋有机肥，一年化肥成本平均为400元。村内有较多水井，灌溉方便，每亩地灌溉需要电费为60元左右。种植过程中大部分是村民自己参与劳动，只有在犁地、收大蒜时会雇用一些劳动力。村内劳动力主要投入在土地上，因此减少了人口流动性（见表6－1）。

表 6－1　每亩地每季作物各流程平均成本及产值　　单位：元

作物名称	流程							
	耕地	种子	灌溉	施肥	农药	收割	总成本	产值
大蒜	50	400	150	200	50	1000	1850	2400
西瓜	50	300	60	200	100	500	1210	2000
花生	50	100	50	200	50	100	550	2100

（六）白庄村宅基地面积概况

白庄村宅基地的面积大部分都是 5 分左右，1～3 分的占比为 10%，4～10 分的占比为 86%，11～15 分的占比为 4%，与其他村相比，平均宅基地面积较大，属于较高水平。村里很多年前就已经停止划拨宅基地，宅基地来源主要是以继承上一代为主，占比为 63%，集体划拨的占比为 30%，事实上，继承上一代的宅基地基本也是集体划拨的。

同时，由于对调研"户"概念的严格划分（子女已经成家并且与父母分户的视为新的一户），白庄村宅基地数量只有一块的占绝对比重，占比达到 69%，而有两块和三块宅基地的加起来有 31%。有 2 块宅基地的大多也是户主和子女各使用一块。由于白庄村户均宅基地面积较大，且居住条件舒适，宅基地的大小与人口是否流出之间的关联微乎其微（见图 6－10、图 6－11、图 6－12）。

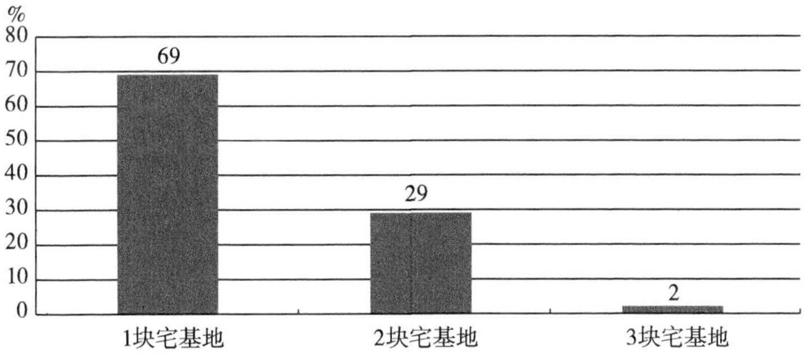

图 6－10　白庄村宅基地数量结构

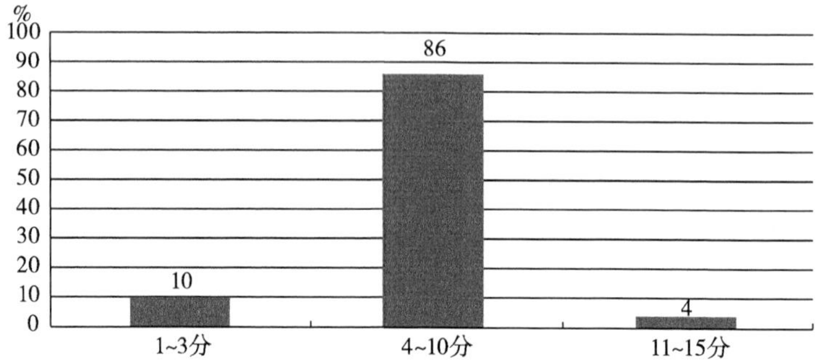

图6－11　白庄村宅基地面积结构

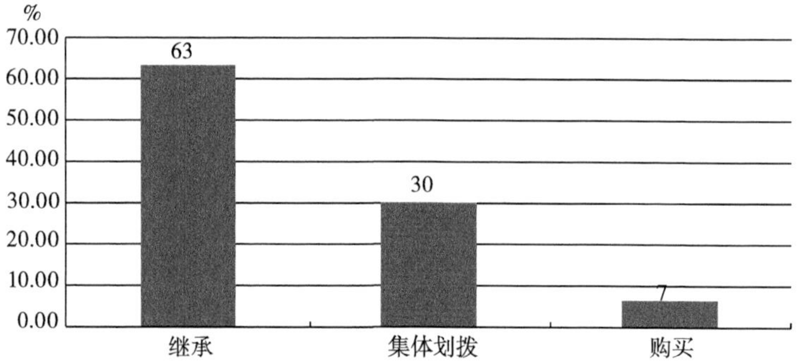

图6－12　白庄村宅基地来源类型

（七）白庄村家庭收入和其他财产概况

从白庄村家庭总收入来看，该村大多数收入区间在2万～5万元，并且收入大部分来源于非农收入，占比为59%，但农业收入占比也接近一半，占比为41%（见图6－13）。由于经济作物价格的波动，白庄村的收入类型占比在不同的年份必然会有一定的波动。总之，农业收入在总收入中的地位仍然十分重要，因此短期内，农民完全放弃土地从事非农工作的可能性不大（见图6－14）。

从总支出情况来看，该村大部分支出都在于子女教育和日常生活、人情开支上，在有病人或者住院的家庭中，医疗费用成为开支的一大项。从家庭财产情况看，该村家庭拥有电动车的较多，达到93.8%，电动车显然已经成为白庄村村民出行的首选交通工具；拥有汽车的家庭比例也较高，达到47.5%。并且大部分家庭都有空调、电脑、热水器等，其中家庭拥有空调、电脑、热水器的比例分别高达65.5%、36.7%、66.1%，并且有的家庭有多台空调（见图6－15）。

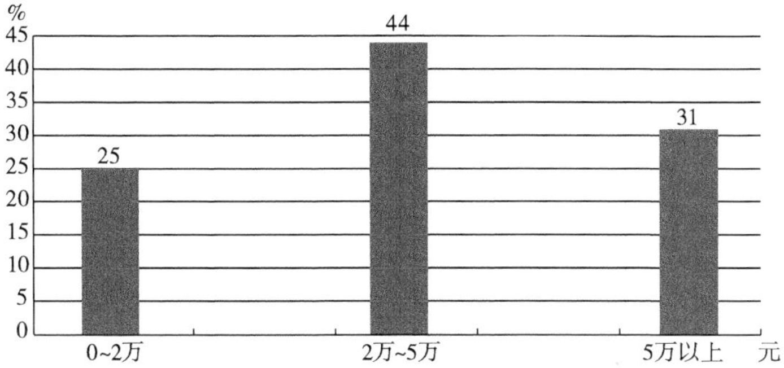

图6－13 白庄村家庭总收入分布结构

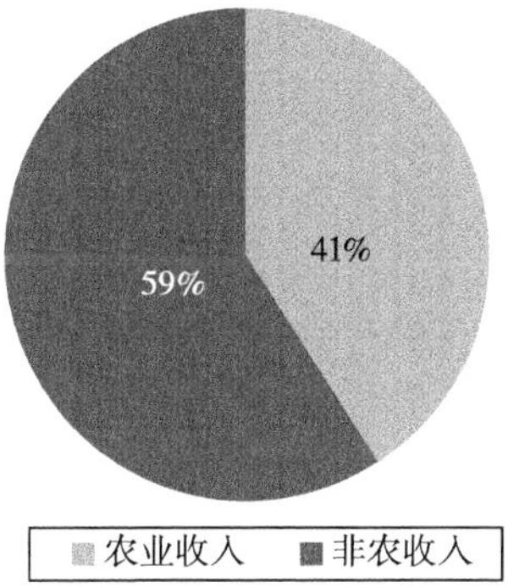

图6－14 白庄村收入来源类型结构

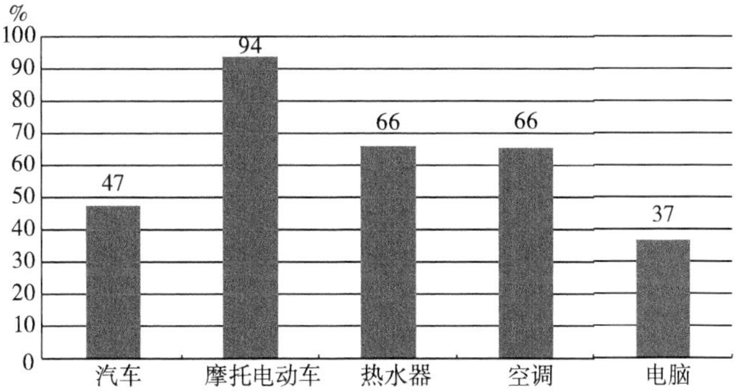

图6－15 白庄村家庭主要财产结构

（八）白庄村外出务工人员与留守在家人员信息比较

白庄村重视且支持子女的教育，因此未成年人的辍学率较低，未成年人主要以上学为主，且由于白庄村的种植业传统，外出务工的比例较低。外出务工人员中青年（18～44岁）是白庄村最主要的劳动力，占比达到34%，中年人（45～59岁）占比为22%，老年（60岁及以上）人口主要在家务农或者赋闲在家，不再是家中的主要劳动力（见图6－16）。

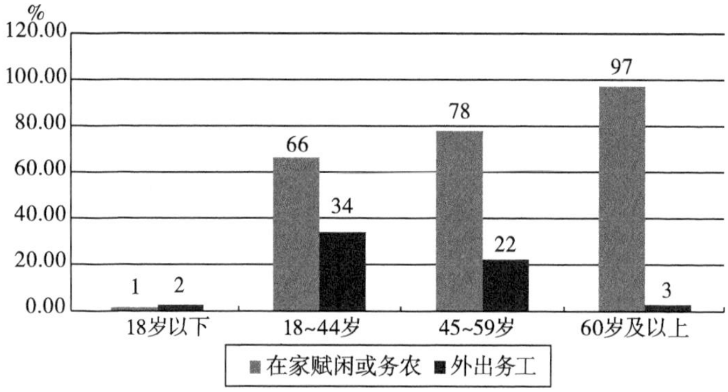

图6－16　白庄村外出务工人员与留守在家人员年龄对比

从性别结构来看，外出务工主要以男性为主，从事的主要是建筑业、制造业等重体力的工作，占比达到63%。女性多在家照顾子女、接送上学或者种地等。从外出务工人员的性别结构来看，性别依旧是农村人口外出务工的一个重要影响因素。目前，白庄村女性大部分受教育程度较低，且生育子女数量较多。因此，女性是未来农村人口流动的一个增长潜力所在，这就对提高女性受教育程度、普及计划生育政策提出了更高的要求，越高的受教育程度，越容易解放思想，提高人们的生活质量（见图6－17）。

从受教育程度来看，小学和文盲程度的外出务工者从事的工作比较偏重体力，且对文化程度要求不高，小学和文盲程度有能力外出务工的人员占30%，更多的人留守家中。外出务工人员中主要以初中为主，大专、大学及以上的学历毕业了更容易找到工作，因此，外出务工人员中上过大学的人员占比要比留守在家的受过高等教育的人员多8个百分点。整体来看，外出务工人员的受教育程度要远远高于留守在家人员的受教育程度，由此

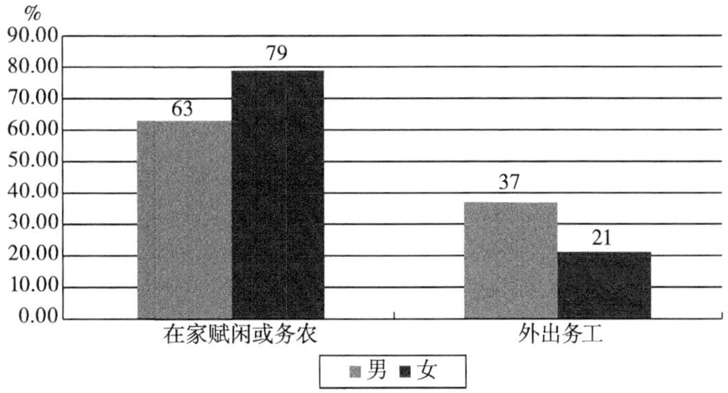

图 6－17　白庄村外出务工人员与留守在家人员性别对比

可知，受教育程度的高低是影响人口是否外出务工的一个重要因素。要想促进人口之间的流动，重视教育、提高受教育程度是必不可少的一项措施（见图 6－18）。

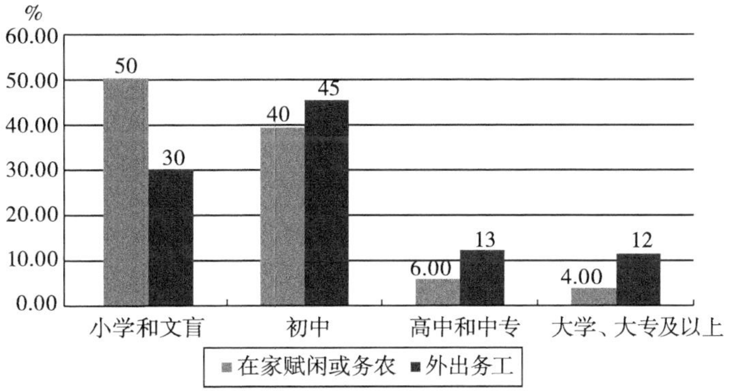

图 6－18　白庄村务工人员与留守在家人员受教育程度对比

注：以在家赋闲和务农、外出务工为类型，同一类型不同受教育程度占比相加为 1。

（九）白庄村务工人员从事不同行业的空间对比

白庄村在本村务工的人员从事的行业主要是以制造业、建筑业为主，占比达到 38%。由于村庄内就有幼儿园、小学、初中，初中及以下的子女基本都在本村上学，外出务工人员的工作地点主要是在本乡镇以内，无论是制造业、建筑业，还是生活服务业，在不同行业空间占比上都是最高的。去外省务工的人员主要以生活服务业为主，占比为 21%。郑州大都市区对白庄村人员流动的吸附能力主要是从事生活服务业的务工人员，占比仅达到27%（见图6－19）。

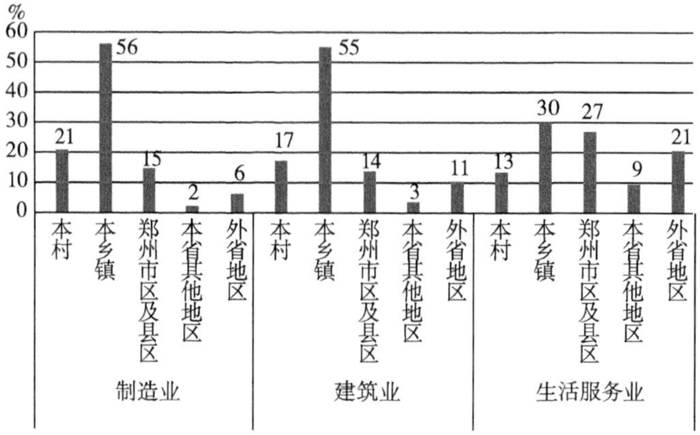

图6－19　白庄村务工人员不同行业之间的空间对比

注：务工人员从事行业众多，只选择外出务工中占比最高的三个行业进行空间对比。

（十）白庄村外出务工人员不同空间对比

白庄村外出务工人员在郑州工作的人口年龄结构主要为18～44岁，60岁及以上人口在郑州务工的占比最少。外出务工的四个地区中，主要是集中在本市和郑州市，其中18～44岁在本市、郑州市和外省占比都是最高的，18岁以下、60岁及以上占比都较低，没有显著性差异。但总体来看，青年和中年务工地点的选择更具有明显的多样性（见图6－20）。

白庄村在选择不同务工地点的性别差异中，去外省地区的女性比例显著高于男性，其中，去省内其他地区和外省地区的比例分别比男性高出7.4个和4.2个百分点，主要原因是，女性外出务工的时间长度总体上小于男性，且时间较分散，因此更倾向于选择外省等高收益的地区（见图6－21）。

从空间位置来看受教育程度差异，小学和文盲的受教育程度的外出务工人员主要集中在本乡镇以内，而高中及以上学历在外务工的人数显著高于在本乡镇以内的数量。可见随着学历的增高，外出务工地点在本乡镇以外的人数也随之增多。在郑州市区和县区务工的人员中，学历主要以初中和大专、大学及以上的学历为主。大专、大学及以上的人口在务工地点的选择上更偏向于郑州，说明郑州更适合高学历或者文化程度更高的人就业（见图6－22）。

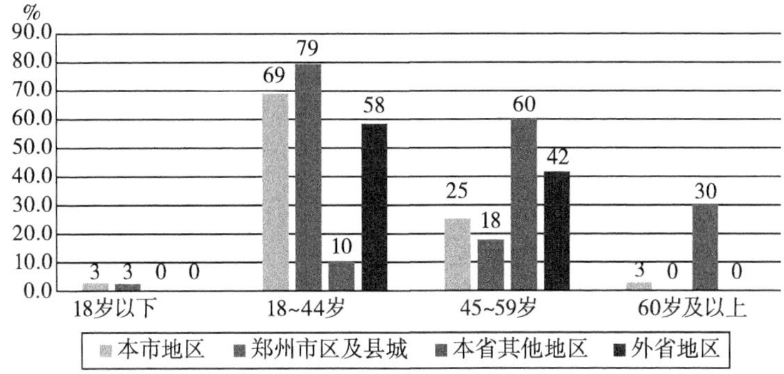

图6－20　白庄村务工人员不同空间的年龄对比

注：以外出务工人员不同地区的样本为基数，每个地区不同年龄段占比相加皆为1。

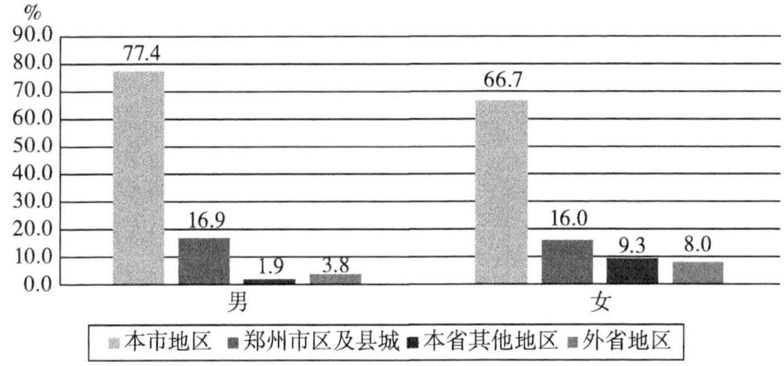

图6－21　白庄村务工人员不同空间的性别对比

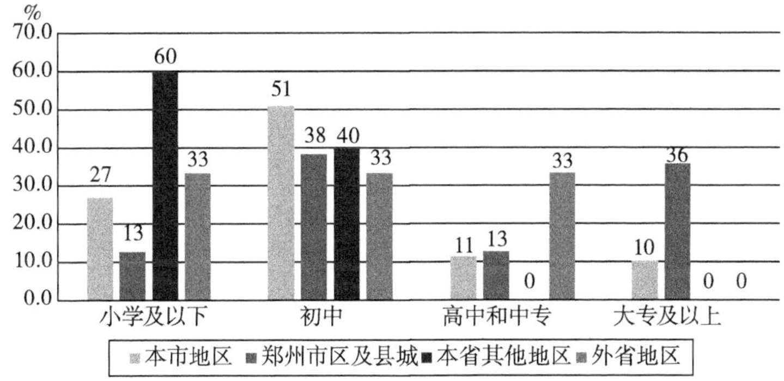

图6－22　白庄村务工人员不同空间的受教育程度对比

二、巩义市站街镇巴沟村

巴沟村位于巩义市站街镇，位置上紧邻站街镇，距离站街镇 1 千米，距离巩义市中心 10 千米。距离较近的高速公路有连霍高速，距离约为 5 千米，站街镇上有公交车通往市区，交通比较便利（见图 6－23、图 6－24）。

图 6－23　巩义市站街镇巴沟村地理位置（a）

图 6－24　巩义市站街镇巴沟村地理位置（b）

（一）巴沟村人口基本状况

全村有480户，人口1800人。本次调研200户897人。所作调研具有一定的随机性，因此，对样本所作的分析在一定程度上可以代表整个村庄的情况，以下所作统计性分析皆为样本分析。

巴沟村人口结构以青年为主，占比为43%，未成年占比为15%，中年人口占比为20%，老年人占比为22%。巴沟村地理位置紧邻市区，受城市化影响较大，家庭生育子女的数量相对较少。因此，与其他村相比，未成年人口占比水平较低，老年人人口占比水平较高（见图6－25）。

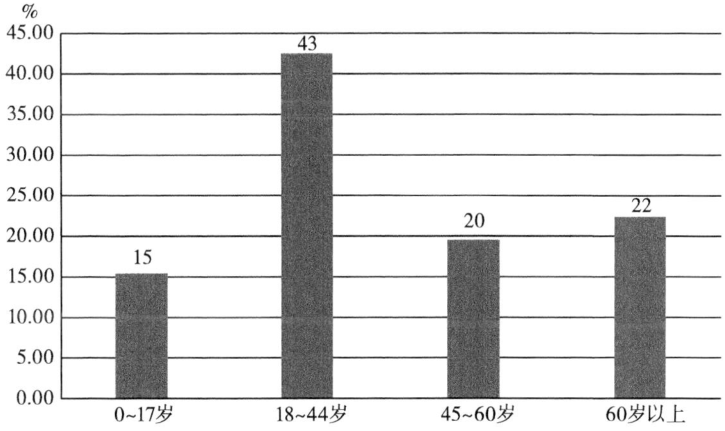

图6－25　巴沟村人口结构

（二）巴沟村家庭结构状况

从调研结果来看，巴沟村样本家庭总人口中，独居老人以及9口以上的大家庭比较少，老人和子女、孙子孙女一起生活的比例不高。家庭总人口以3～5口为主，说明老人大部分都是和已经结婚成家的子女分开生活的。巴沟村3口、4口、5口之家比较常见，占比分别为17%、21%、17%。7口、8口、9口的大家庭较少，说明年轻人成家后仍与父母一起生活的家庭类型不多，极少有成家的几个儿子都和父母一起生活（见图6－26）。

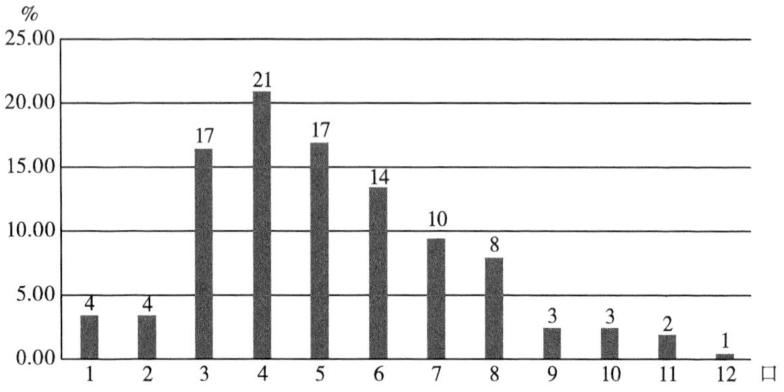

图 6－26　巴沟村家庭总人口分布

（三）样本人口受教育程度

由于巴沟村紧邻站街镇，本村没有学校，学校都在站街镇上。全村受教育程度主要以初中及以下学历为主，占比为 70% 左右，高等学历占比为 10%，这主要是因为人口规模最大的群体为青年人口，而青年人口的学历是以初中为主。但接受高等教育的人口比例相比于其他农村属于较高水平。从具体数据来看，小学及文盲率从老年人口的 38% 降低到中年人口的 18%，再降低到青年人口的 5%；高中学历则不断提升，占比从老年人口的 9% 提高到中年人口的 18%，再提高到青年人口的 33%；大专及以上学历从老年人口到中年人口的比例变化不大，而到青年人口的大专、大学及以上的学历水平有了明显提高，说明人们对教育的重视程度在不断提高（见图 6－27）。

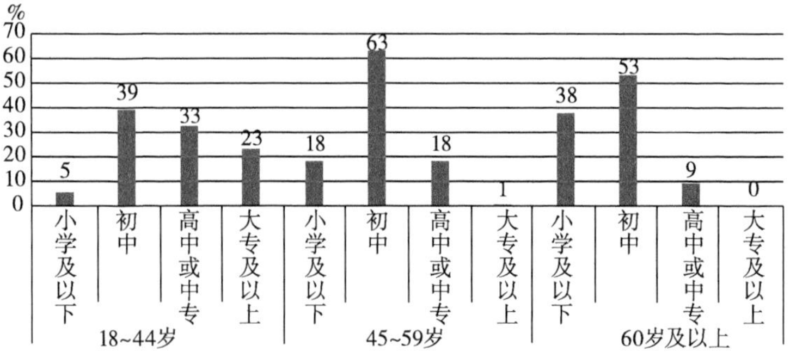

图 6－27　巴沟村人口受教育程度

（四）巴沟村受访户家庭类型

巴沟村由于紧临镇区，距离巩义市、郑州市也较近，并且附近有加工制造业，大多数务工人员能够每天都回家，在市区工作的每周基本也都能回家，所以劳动力常年外出务工不回家、整个村庄留守儿童和留守老人的比例比较低。从数据上看，巴沟村常年只有留守儿童、留守老人在家的家庭占比为1.5%，平时留守儿童、留守老人在家，外出人员不定期回来的占比为17.5%，经常回家的占比为6.5%，巴沟村就近务工、经常回家的家庭类型占比为74.5%（见图6－28）。

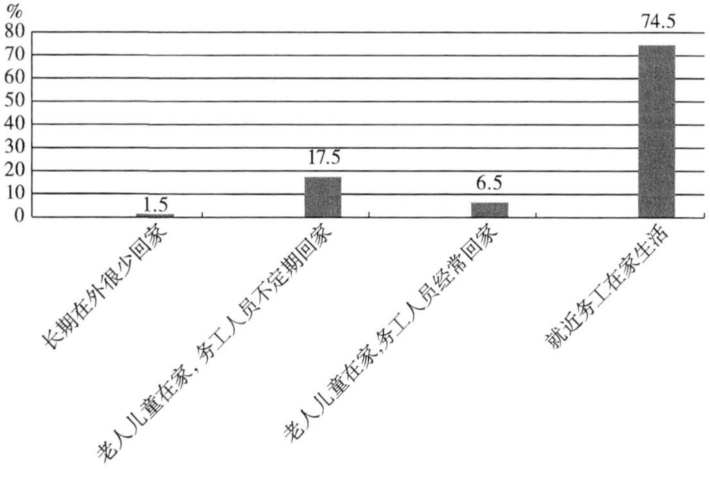

图6－28　巴沟村家庭类型结构

（五）巴沟村家庭宅基地情况

巴沟村家庭宅基地数量主要以1块为主，占比为91%，2块宅基地的占比为5%，近年来，巴沟村没有再批宅基地。宅基地的主要来源是继承，占比为86%，村内有房地产开发商在2005年集体建造了一批住房，价格较便宜，平均为1000元每平方米，目前已入住有200户左右。有一部分家庭与父母分家之后单独购房居住，因此，将完全在楼房居住生活的家庭视为无宅基地。巴沟村家庭宅基地面积主要以1～3分地为主，占比为84%，与其他村相比，宅基地面积较小（见图6－29、图6－30、图6－31）。

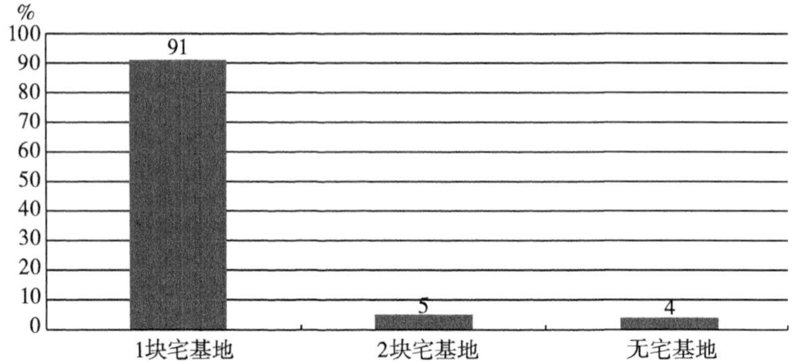

图 6－29　巴沟村家庭宅基地数量

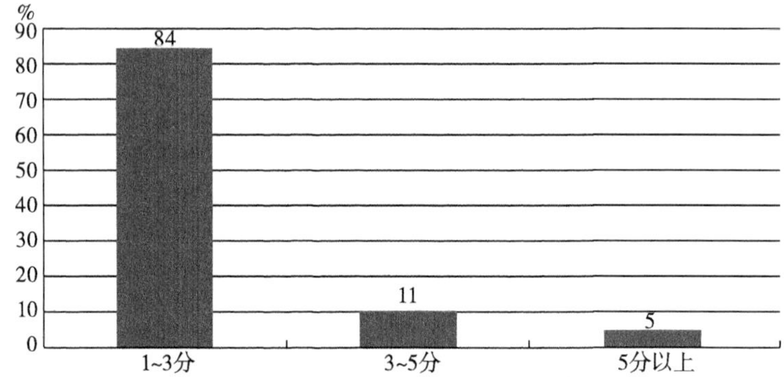

图 6－30　巴沟村家庭宅基地面积

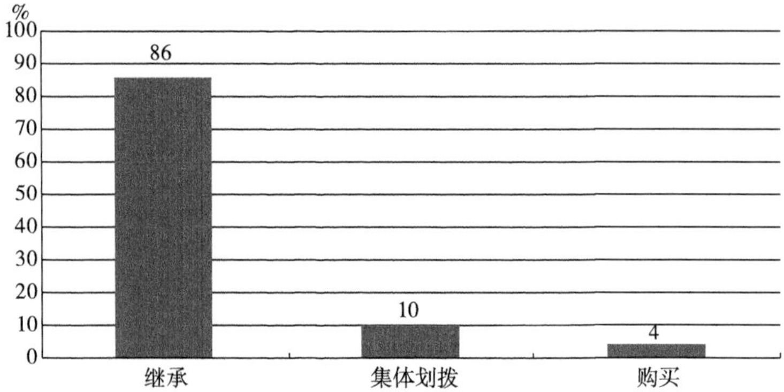

图 6－31　巴沟村宅基地获得类型结构

(六) 巴沟村家庭收入和其他财产概况

全村原有耕地共计 1000 亩，主要种植玉米、小麦等传统粮食作物。2003 年由河南豫联集团生产建厂占用本村 900 余亩，以村民入股的形式，以一亩地 1800 元每年的标准补贴村民。剩余仅有 40 余亩土地，由生产队统一以一亩地 200 元的价格出租给种粮大户，因此，全村基本不再有务农的家庭（见图 6－32）。家庭收入主要来源于非农务工，巴沟村家庭收入与其他村相比较高，年收入在 2 万元以下的占比 22%，2 万～5 万元的占比为 38%，年收入在 5 万元以上的占比 39%，主要原因是大多数家庭以外出务工收入来源为主，因此年收入在 5 万元以上的占比最多（见图 6－33）。

从家庭财产情况看，该村家庭拥有汽车的比例为 31%，大部分家庭都有空调、热水器、电脑、电动车等，其中家庭拥有空调、电脑、热水器、电动车的比例分别为 69%、49.5%、52.5%、75.5%，汽车在家庭财产配置中占比较少，且与其他村相比也不高，原因主要是巴沟村距离镇区、市区距离较近，且大多数人务工地点离家也近，因此，汽车的需求不是太高。调研过程中多数受访户都表示家庭中有电动车，并无摩托车，可见在巴沟村，电动车是出行的首选工具（见图 6－34）。

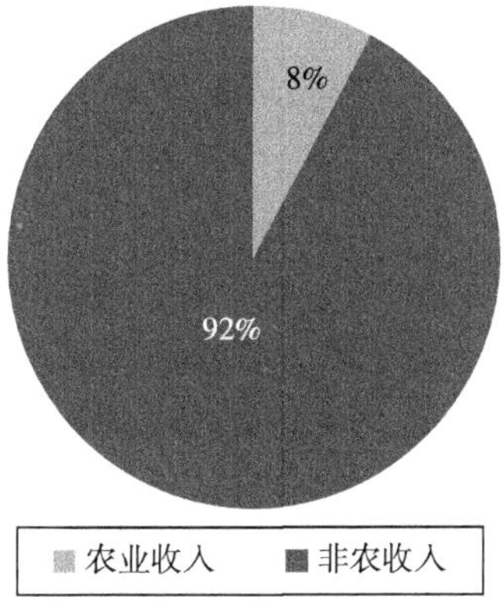

图 6－32　巴沟村收入来源结构

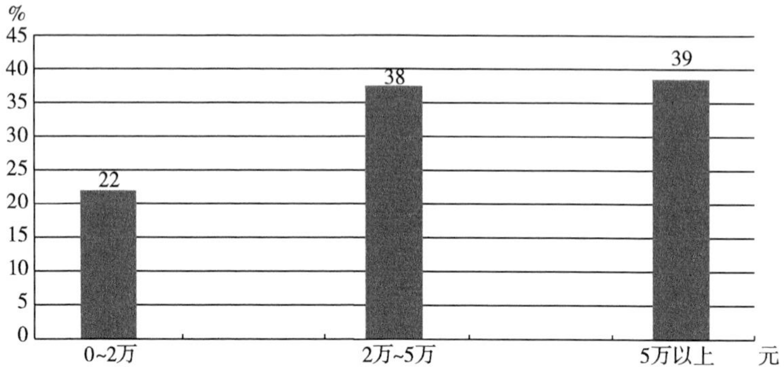

图6－33　巴沟村家庭收入分布结构

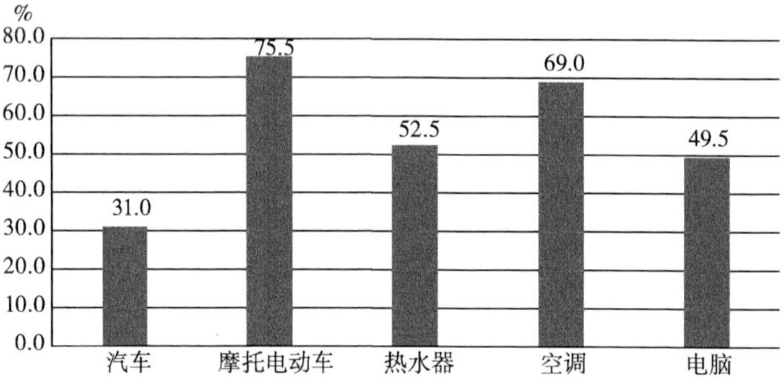

图6－34　巴沟村家庭主要财产结构

（七）巴沟村外出务工人员与留守在家人员信息比较

巴沟村紧邻镇区，受城市观念影响大，且本村基本没有农业劳动，因此，对教育程度极为重视，未成年辍学率较低，巴沟村的劳动力都已经不再务农，村内劳动力主要以外出务工为主，务工人员主要以青年为主，占比为72%，中年人占比为24%，而老年人也不再是本村的主要劳动力（见图6－35）。

从性别结构来看，外出务工主要以男性为主，占比为34.1%。由于距离镇区、市区都较近，从事的工作类型范围较广泛，除了建筑业、制造业等重体力的工作，从事商业、生活服务业等工作的也多于其他村。女性外出务工的占比为28.2%，接近男性务工的比例，仅低于男性5.9个百分点。从外出务工人员的性别结构来看，性别差距与其他村相比明显减小，可见脱离农业和土地的束缚，女性外出务工的机会也随之增加。对于农业种植地区，提高规模化、机械化的程度，自然也会减少对劳动力的束缚（见图6－36）。

从受教育程度来看，小学和文盲程度人员外出务工比较少，即使工作比较偏重体力，也需要有基础的文化程度，小学和文盲程度有能力外出务工的人员仅占6.99%，更多的是留守家中。外出务工人员中主要以初中为主，大专、大学及以上的学历毕业了更容易找到工作，因此，外出务工人员中上过大学的人员占比要比留守在家的受过高等教育的人员多将近11个百分点。整体来看，外出务工人员的受教育程度要远远高于留守在家人员的受教育程度，因此，受教育程度的高低是影响人口是否外出务工的一个重要因素。要想促进人口之间的流动，重视教育、提高受教育程度是一项必不可少的措施（见图6－37）。

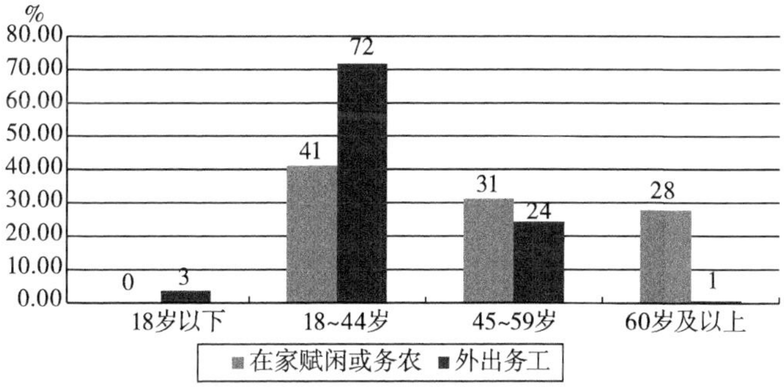

图6－35　巴沟村外出务工人员与留守在家人员年龄对比

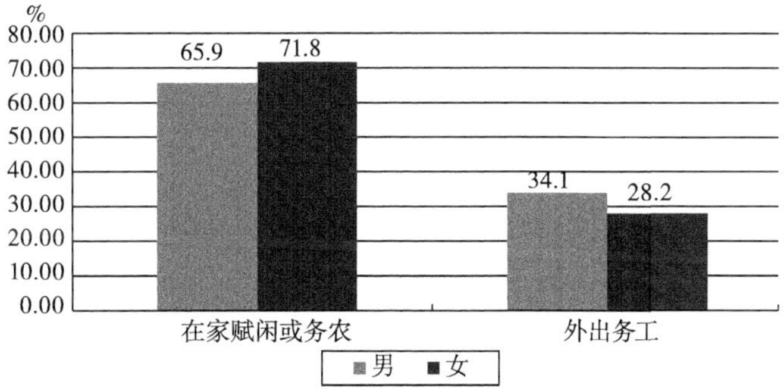

图6－36　巴沟村外出务工人员与留守在家人员性别对比

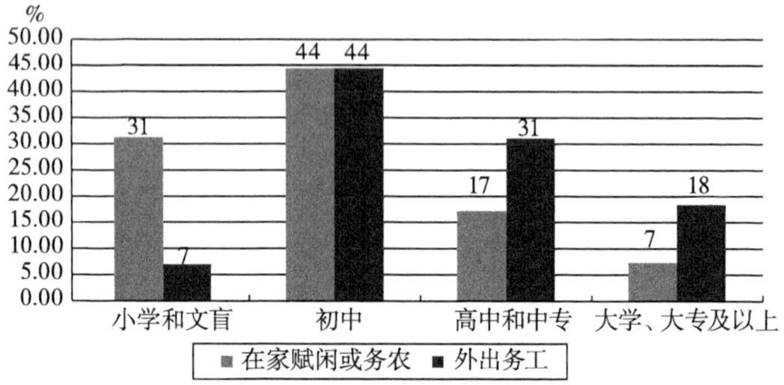

图 6－37　巴沟村外出务工人员与留守在家人员受教育程度对比

注：以在家赋闲和务农、外出务工为类型，同一类型不同受教育程度占比相加为 1。

（八）巴沟村务工人员从事不同行业的空间对比

巴沟村在本村务工的人员主要是以建筑业为主，占比达到 73%。由于村庄离镇区较近，子女多在镇区上学，且附近产业多，本镇成为外出务工人员从事制造业、建筑业的首选之地，在本镇内从事制造业的务工人员比例达到了 73%，远远高于其他地区的总和，而排在第二位的郑州占比仅为 11%。郑州大都市区仍是外出务工人员选择的重要地点，其中选择郑州从事生活服务业的人数占比达到 36%，超过了在本镇以内的务工人数，主要原因是距离相对较近，且工资较高。去外省务工的人员主要以生活服务业为主，占到从事生活服务业整体的 8.42%（见图 6－38）。

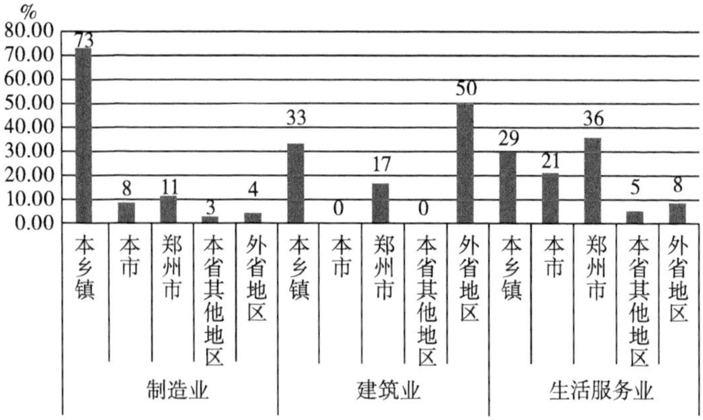

图 6－38　巴沟村务工人员不同行业之间的空间对比

注：务工人员从事行业众多，只选择外出务工中占比最高的三个行业进行空间对比。

（九）巴沟村外出务工人员不同空间对比

巴沟村各个年龄阶段的外出务工人员在本市以内的比例都是较高的，青年人口占比为61%，中年人口占比为27%，老年人口占比为10%。外出务工的四个地区中，18～44岁占比都是最高的，18岁以下、60岁及以上占比都较低，没有显著性差异，因此，外出务工地点的选择和年龄大小没有显著相关性。在郑州工作的人口年龄结构主要为青年，占比为92%，中年、老年人的比例都很低，占比分别为6%、2%（见图6－39）。

从外出务工人员的性别结构来看，女性外出务工的比例也较高，与男性务工的比例相差不大，且明显高于其他村，主要原因是都不再参与农业劳动，劳动都从土地上解放了出来，并且务工地点较近，每天都能回家（见图6－40）。

从空间位置来看受教育程度差异，小学和文盲的外出务工人员务工地点集中度较高，主要集中在本乡镇，且距离越远，分布越少。初中及以上学历的人口务工地点多样性较高，本乡镇和郑州地区占比更高一些。在郑州市区和县区务工的人员中，学历主要以初中和大专、大学及以上的学历为主。大专、大学及以上的人口在务工地点的选择上更偏向于郑州，主要是郑州距离适中，且工资高、机会多（见图6－41）。

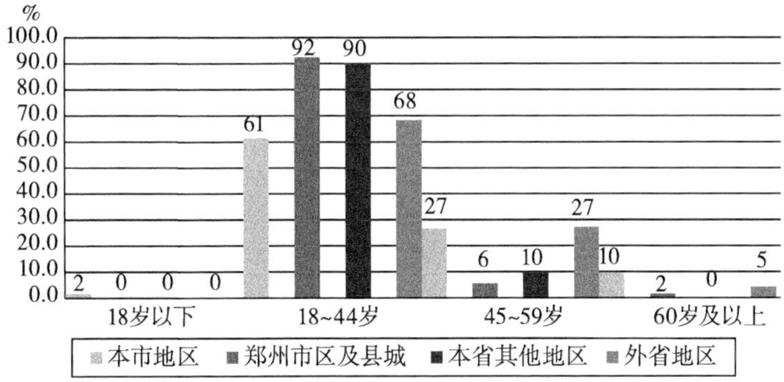

图6－39　巴沟村务工人员不同空间的年龄对比

注：以外出务工人员不同地区的样本为基数，每个地区不同年龄段占比相加皆为1。

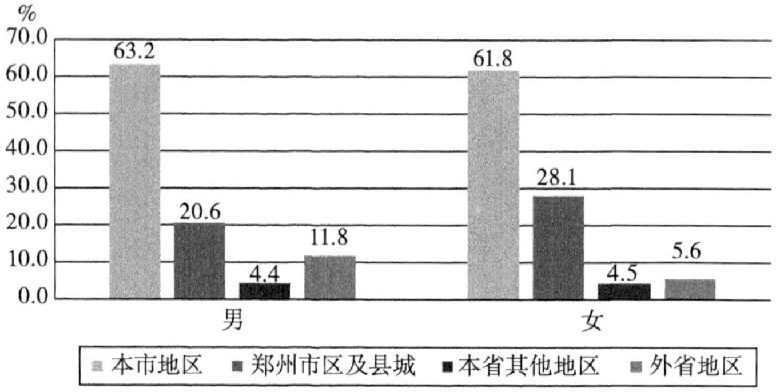

图 6－40　巴沟村务工人员不同空间的性别对比

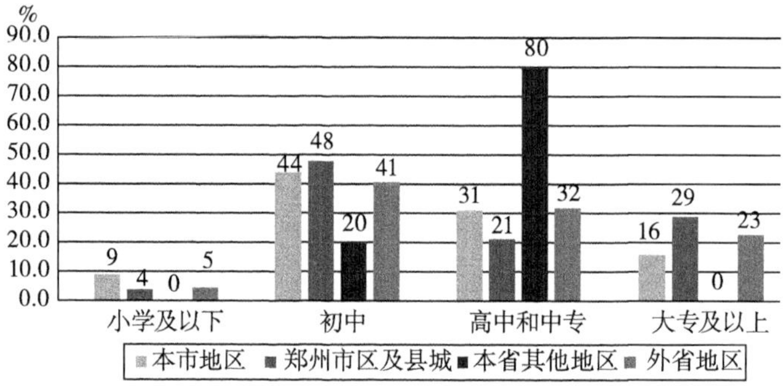

图 6－41　巴沟村务工人员不同空间的受教育程度对比

三、新乡市原阳县蒋庄乡靳屋村

新乡市靳屋村位于原阳县蒋庄乡西南方，距离县中心距离约 15 千米。与郑州市距离也较近，附近有京港澳高速通过。当地的行政村大多由数个自然村组成，自然村之间距离非常近，因此，生产生活情况基本相同，每个自然村的户数平均为 150 户左右。所作调研抽选的样本具有一定的随机性，对样本所作的分析在一定程度上代表了整个村庄的情况，以下所作统计性分析皆为样本分析（见图 6－42、图 6－43）。

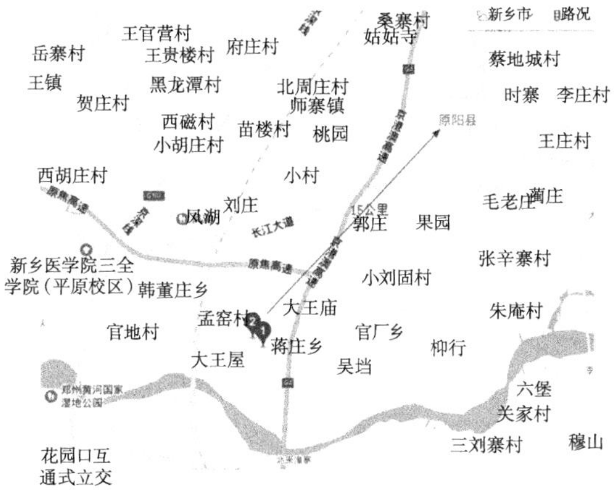

图 6－42　原阳县蒋庄乡靳屋村地理位置（a）

图 6－43　原阳县蒋庄乡靳屋村地理位置（b）

（一）靳屋村人口基本状况

靳屋村人口现有 132 户，659 人，常住户数有 132 户，样本选择了 90 户。人口年龄结构以青年劳动力为主，占比为 37%，这也就意味着靳屋村的劳动力人口中更是以具有更高的受教育水平、更年轻力壮的青年人口为主。未成年与青年占比为 67%，属于年轻型的村庄。

人口结构情况为：未成年（0～17 岁）人口 305 人，占比为 30%；青年（18～44 岁）人口 372 人，占比为 37%；中年（45～59 岁）人口 206

人，占比为20%；老年（60 岁及以上）人口 132 人，占比为 13%（见图6－44）。

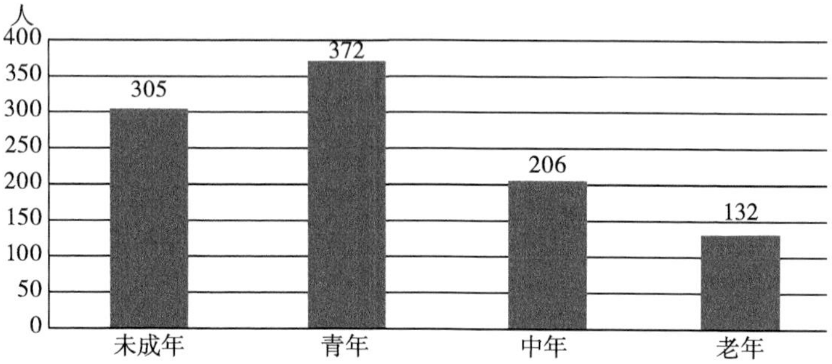

图6－44　靳屋村样本人口年龄结构

（二）靳屋村家庭结构概况

靳屋村家庭人口数主要以4～7 口为主，4～7 口家庭占比分别为22%、18%、22%、15%，独居老人单独生活的仅有4 户，大多数老人还是与子女生活在一起。7 口以上的大家庭在靳屋村仅占少数，靳屋村年长的子女成家后大多数都与父母分开过，极少有成家的几个儿子都和父母一起生活（见图6－45、图6－46）。

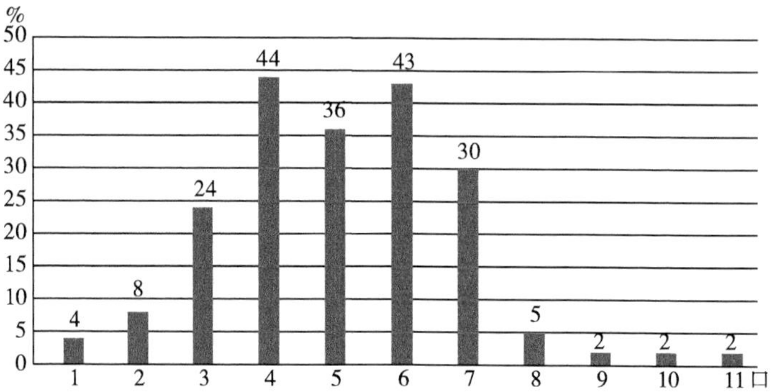

图6－45　靳屋村每户家庭总人口分布

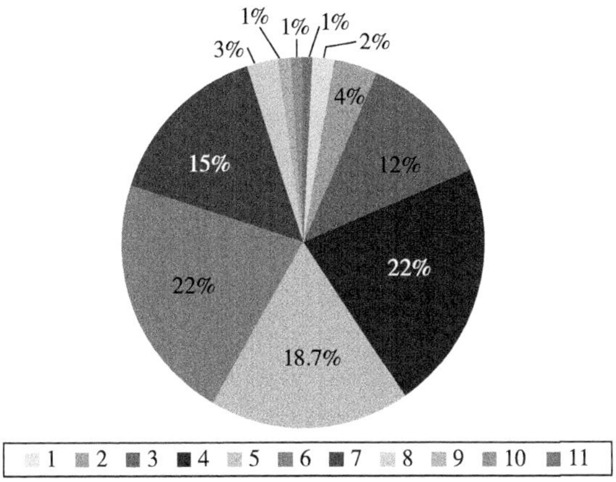

图 6－46　靳屋村每户家庭总人口占比结构

（三）靳屋村样本人口分年龄阶段受教育程度

随着义务教育的普及以及高校扩招政策的实施，靳屋村村民受教育程度在不断提高，年轻一代的教育结构也有了较大改进：小学及文盲率从老年人口的 77.3% 降低到中年人口的 34.8%，再降低到青年人口的 13.7%；高中学历则不断提升，高中学历占比从老年人口的 7.6% 提高到中年人口的 16.9%；大专及以上学历从老年人口到中年人口的比例变化不大，而到了青年人口的大专、大学及以上的学历水平有了明显提高，这说明改革开放和对上大学政策的放开对教育的推进作用（见图 6－47）。

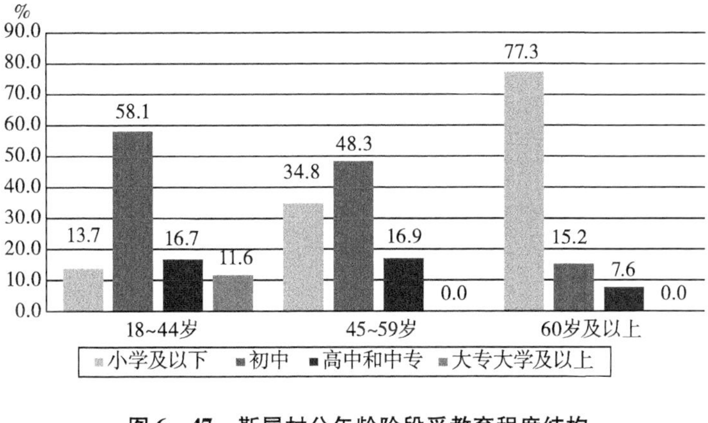

图 6－47　靳屋村分年龄阶段受教育程度结构

（四）靳屋村受访户家庭类型

靳屋村家庭人口外出务工地点主要是临近区域，以就近务工为主，大多数基本间隔较短工作时日都能回家，因此，家庭类型主要是全部在家生活为主，占比为59%；其次是老人和儿童在家，外出务工人员农忙时回家，占比为21%；从数据上看，靳屋村常年只有留守儿童、留守老人在家的家庭占比为3.5%（见图6－48）。

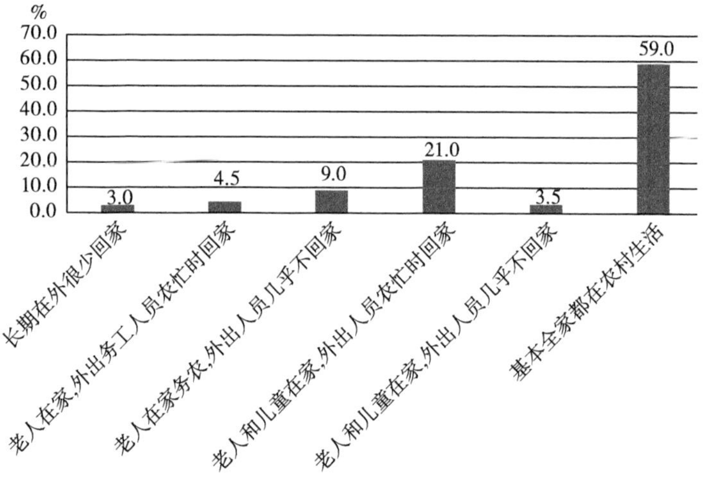

图6－48　靳屋村家庭类型

（五）靳屋村农业种植情况

靳屋村人均耕地大约2亩，人均耕地数量水平相较于周围地区属于中等。承包地上次调整时间为1992年，一般1992年之后出生的青年人大多都没有自己的承包地。4～7口为主的家庭，其每户的耕地数量在5～10亩的居多，占比为50%。本地区主要以春冬季小麦、夏秋季玉米的一年两季的粮食为主，少数农户会种植少量的花生等其他作物。由于人均耕地数量较少且农业种植机械化普遍，农忙时间普遍较短，一般为一年的6月6—15日以及10月8—20日（按照阳历日期），正常年份下，一亩地一年的农业产值在1500元上下浮动，而一亩地的农业总投入也在1000元上下浮动（按照一年两季种植作物的总成本核算）（见图6－49）。

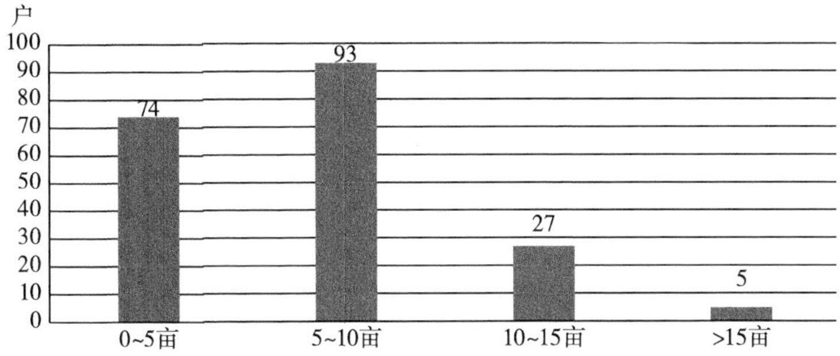

图 6－49　靳屋村家庭承包地面积结构

（六）靳屋村宅基地概况

村里很多年前就已经停止了划拨宅基地。同时，由于对调研“户”概念的严格划分（子女已经成家并且与父母分户的视为新的一户），靳屋村宅基地数量只有一块的占绝对比重，占比达到 83%，而有两块和三块宅基地的加起来只有 17%（见图 6－50）。

靳屋村宅基地的面积中，以 2～5 分、5～8 分占绝大部分，其中 2～5 分占比为 43%，5～8 分占比为 39%，8 分以上的占比为 18%，与其他村庄相比，宅基地面积水平处于中上等（见图 6－51）。

靳屋村房屋多为二层楼房独院，且住房面积较为宽敞，宜居程度高。房屋面积中，100～200 平方米所占比例最大，占比为 31.5%；200～300 平方米居第二，但占比也较高，为 30.5%，可知，其对应的人均住房面积相对较大，远高于全国人均住房面积。

靳屋村距离县城 15 千米，临近郑州周边市区，且临近的两个乡镇（原武镇、韩董庄乡）已被划归为平原示范区。平原示范区是新乡与郑州实现无缝对接的重要节点，也是郑州向北经济辐射带动发展的桥头堡。靳屋村的未来发展有一定的变化性，年轻一代也更倾向于离开农村在外定居，将来有提高靳屋村村人口外迁的可能性。

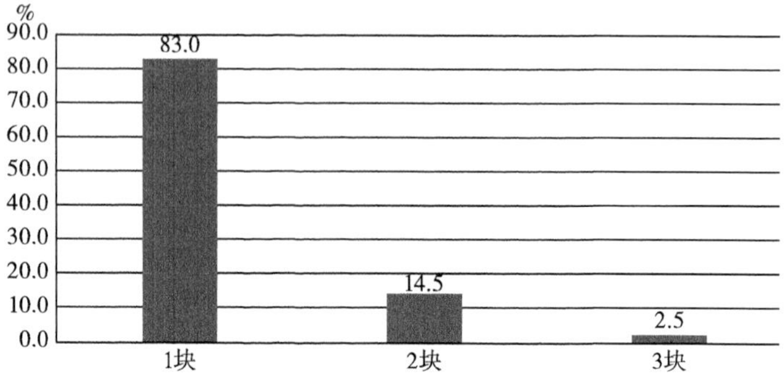

图6－50　靳屋村宅基地数量结构

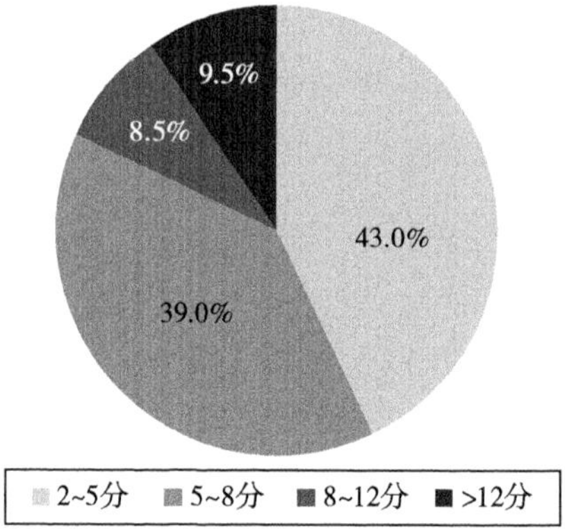

图6－51　靳屋村宅基地面积结构

（七）靳屋村家庭收入和其他财产概况

从靳屋村家庭总收入来看，该村大多数收入区间为3万~6万元，相比于其他村，收入水平属于中上等，并且收入主要来源于务工收入，占比为87%，农业收入占比为13%（见图6－52、图6－53）。从家庭财产情况看，该村家庭拥有汽车的较多，达到42%，并且大部分家庭都有空调、冰箱、电视机、电脑、洗衣机、电动车等，其中家庭拥有空调比例高达80.5%，并且有的家庭有多台空调。摩托车、电动车在家庭财产配置中占比最多，达95%，调研过程中村民表示，在农村生活摩托车、电动车一般是必备的交通工具（见图6－54）。

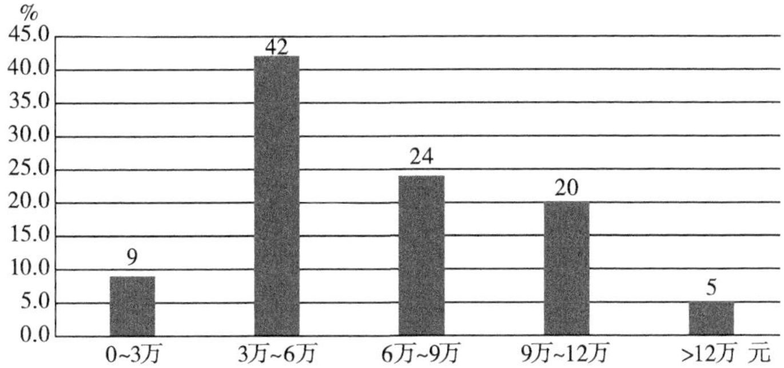

图 6－52　靳屋村家庭总收入分布结构

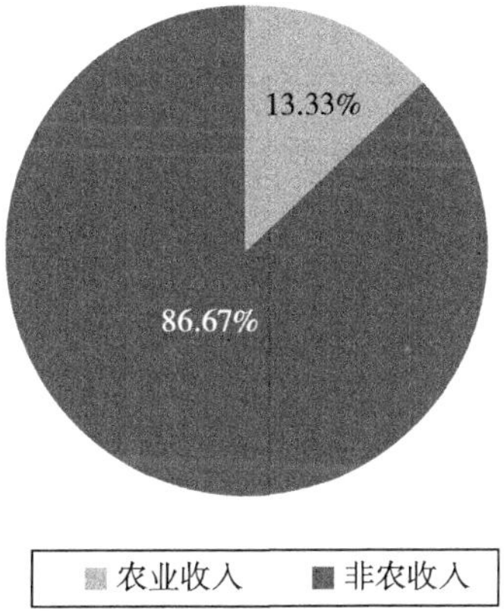

图 6－53　靳屋家庭收入来源类型占比结构

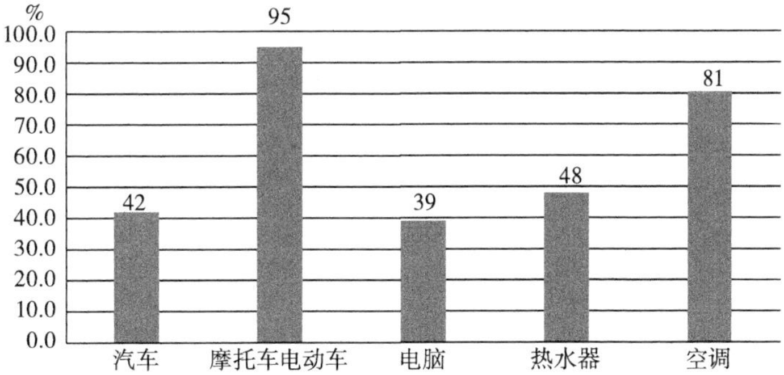

图 6－54　靳屋村家庭主要财产结构

（八）新屋村家庭务工情况

对教育的重视程度不断提高，加之义务教育的不断普及，未成年辍学率较低，且一般为初中毕业之后不再继续上学，外出务工和赋闲在家的占比分别达到9.5%和3.7%。青年（18～44岁）是大杨庄村外出务工人员中最主要劳动力，占比达到71.8%，而留守在家①的青年人口占比仅达到29%。老年（60岁及以上）人口主要在家务农或者赋闲在家，不再是家中的主要劳动力（见图6-55）。

从性别结构来看，外出务工主要以男性为主，从事的主要是建筑业、制造业等重体力的工作，占比达到69.7%。女性多从事在家照顾子女、照料耕地等不需要更多体力的工作，女性在家务农或赋闲在家的比例达到54.9%（见图6-56）。从外出务工人员的性别结构来看，性别依旧是农村人口外出务工的一个重要影响因素。因此，女性是未来农村人口流动的一个增长潜力所在，这就对提高女性受教育程度提出了更高的要求，越高的受教育程度，越容易从事非体力劳动的工作。

从受教育程度来看，小学和文盲程度外出务工比较困难，即使工作比较偏重体力，也需要有基础的文化程度，因此，小学和文盲程度在家务农或赋闲的占比高达49%，而大专及以上学历仅占0.7%（见图6-57）。外出务工人员中主要以初中为主，大专、大学及以上的学历毕业后更容易找到工作，因此，外出务工人员中上过大学的人员占比要比留守在家的受过高等教育的人员多将近10个百分点。整体来看，外出务工人员的受教育程度要远远高于留守在家的受教育程度，因此，受教育程度的高低是影响人口是否外出务工的一个重要因素。要想促进人口之间的流动，重视教育、提高受教育程度是一项必不可少的措施。

① 本部分主要考察外出务工人员和留守在家，无稳定工作人员的年龄、性别和文化差异，因此，留守在家人员主要包括在家务农和赋闲在家两种，在家务工的类型被剔除在样本之外，下同。

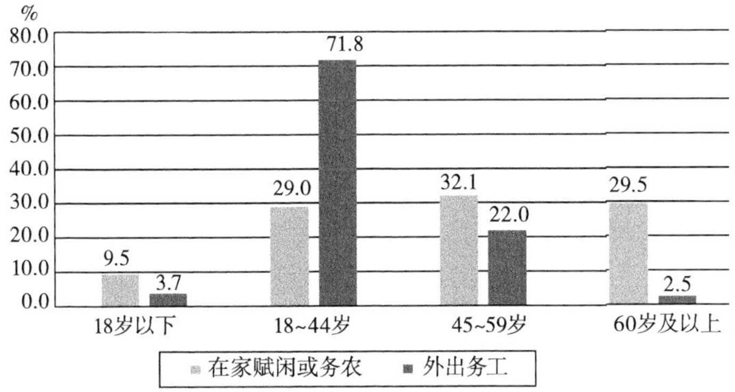

图 6－55　靳屋村外出务工人员与留守在家人员年龄对比

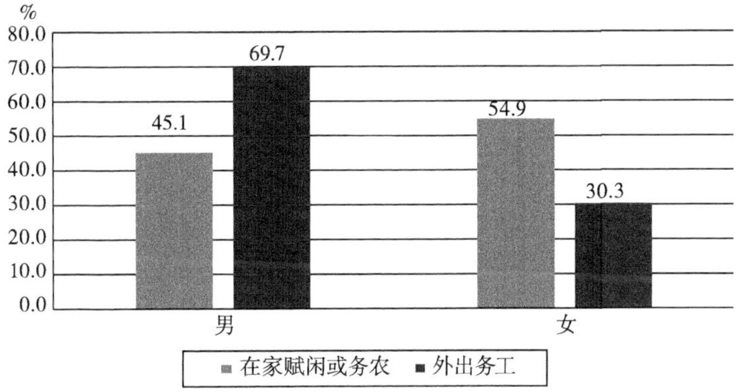

图 6－56　靳屋村外出务工人员与留守在家人员性别对比

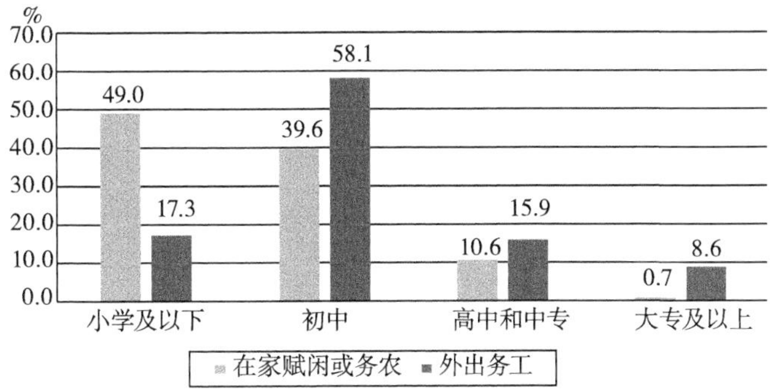

图 6－57　靳屋村外出务工人员与留守在家人员受教育程度对比

注：以在家赋闲和务农、外出务工为类型，同一类型不同受教育程度占比相加为 1。

（九）靳屋村务工人员从事不同行业的空间对比

鉴于该村人均耕地数量不多，主要以种植粮食作物为主，且进行其他农业生产如养殖之类的农户也是屈指可数，外出务工人员数量较多，一般家里的户主、青壮年男性都会外出务工。由于文化水平的限制、外出务工者的年龄性别（普遍为青壮年男性）等原因，外出务工的行业一般以零工、交通运输、工业建筑等一些重体力工作为主。由于地理位置的原因，本乡镇所在的区位离本县县城与最近的大城市郑州之间的距离相差无几，且村内也有固定班点通往郑州的大巴，务工人员一般会选择到郑州或者本市（新乡市）市区务工。

靳屋村外出务工人员在不同行业的空间分布都是以本市地区以及郑州地区为主，去往本省其他地区的占比微乎其微，这说明务工人员更倾向于就近务工。靳屋村务工人员在本市地区的人员主要是以零工为主，占比达到83%。从事制造业的外出务工人员主要务工地点则是外省地区，占比达54%，其次是郑州地区，占比为30%。运输业也是靳屋村务工人员从事的一个重要行业，主要务工地点为本市地区。无论是制造业、建筑业还是运输业，在不同行业空间占比上都是较高的（见图6-58）。

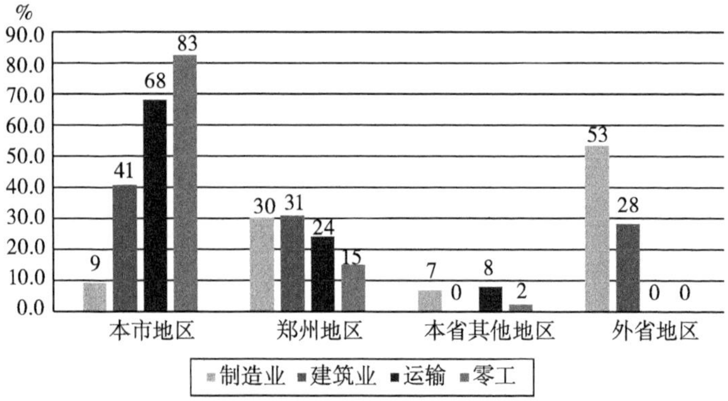

图6-58 靳屋村务工人员不同行业之间空间对比

注：务工人员从事行业众多，只选择外出务工中占比最高的四个行业进行空间对比。

（十）靳屋村外出务工人员不同空间对比

靳屋村外出去郑州及其县区的人口较少，因此，统计的样本数量较少。在郑州工作的人口年龄结构主要为18～44岁，60岁及以上人口在郑州务工的占比为3%。外出务工的四个地区中，18～44岁占比都是最高的，18岁以下、60岁及以上占比都较少，没有显著性差异，因此，外出务工地点的选择和年龄大小没有显著相关性（见图6－59）。

靳屋村在选择不同务工地点的性别差异中，在本市地区工作的女性高出男性接近6个百分点，占比为59%，这说明在务工选择空间位置时，女性更愿意流向离家近的周边城市和地区。而在本省其他地区、外省地区等较远的外出务工地点，男女所占比例相差不大，结合调研中我们了解到的一些家庭类型，判断是由于夫妻二人一起外出务工所致（见图6－60）。

从空间位置来看受教育程度差异，小学和文盲的受教育程度外出务工人员较少，因此，在各个地区占比都比较低。初中学历的人口在各个地区占比都比较高，外出务工人员主要以初中学历为主，各个地区初中人口的差别较小（见图6－61）。

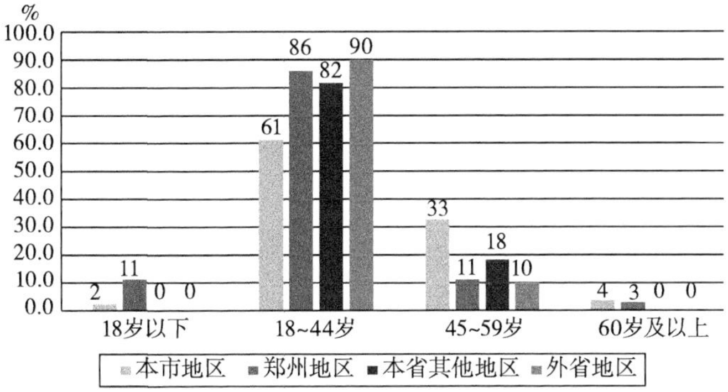

图6－59　靳屋村外出务工人员不同空间的年龄对比

注：以外出务工人员不同地区的样本为基数，每个地区不同年龄段占比相加皆为1。

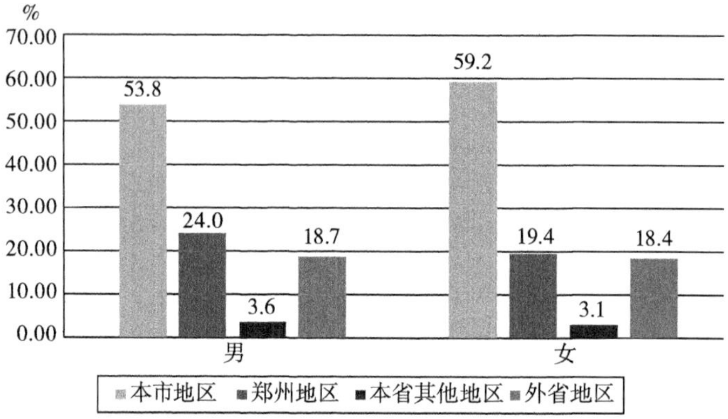

图 6－60　靳屋村外出务工人员不同空间的性别对比

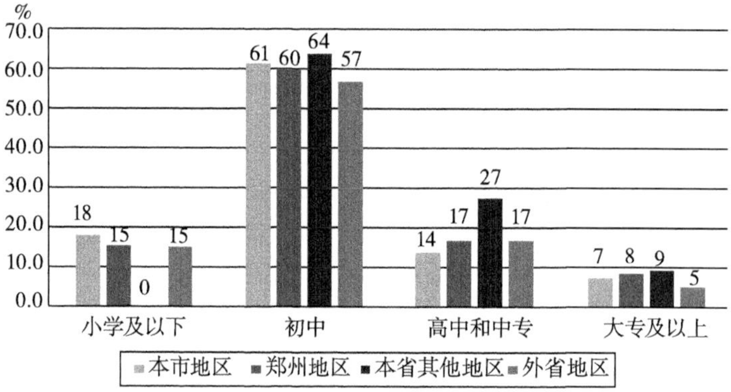

图 6－61　靳屋村外出务工人员不同空间的受教育程度对比

课题组成员：刘涛、张建秋、张国骁、张超鹤、张娟

第七章　整村分析报告二

——基于贾楼村、大李营村和前齐继村的整村调查

一、引　言

2018年12月10—30日，河南大学中原发展研究院整村调研第五课题组分别对河南省的商丘市宁陵县乔楼乡贾楼村、周口市石槽集乡大李营村和安阳市滑县八里营镇前齐继村进行了入户调研，通过访谈的方式共获得有效问卷574份。上述三个村的农户总数分别为230户、230户和358户，调研组分别获得有效问卷116份（主要原因在于贾楼村共有孙庄、贾楼和杨庄3个自然村，据村负责人介绍，该村50～60户全家全年都在外地务工或者经商，一般过年或者农忙时才回家，甚至常年不回家，故剩余户数为170～180户。在孙庄、贾楼的调研较为顺利，但在杨庄村的调研受到了该村村支书的阻扰，使得调研无法顺利进行，故本次调研只获得116份问卷）、168份（该村行政村即为自然村，据村负责人介绍，该村50～60户全家全年都在外地务工或者经商，故剩余户数为170～180户）和290份（该村有20多户属于分户不分家的情况，即子女与父母户口分开，但实际吃住都在一起，耕地也一起种，另有10多户常年在外居住，很少回家，有20多户全家在外务工，故获得有效问卷290份）。从地形和区位特征看，三个村均地处平原地区，虽距离县城的远近不同，但共同的特征在于都属于典型的平原农区，其所在地区是河南省重要的粮食主产区，三个村均以种粮为主，辅以少量的经济作物。三个村均很少受到城镇经济发展的辐射，基本没有任何工业，多数村民以“务农＋务工”的半耕半工的方式进行生产经营活动，上述特征在农业生产经营、家庭成员、人口流动、家庭

收入构成等方面均有体现。总体来看，三个村表现出很多共同特征，但又各有特色。调研报告分别从农业生产经营状况、宅基地情况、家庭成员构成、人口流动及务工状况、家庭财产状况以及进城意愿等方面进行了详细分析。

二、调研村庄具体情况

（一）贾楼村

如图 7－1 所示，贾楼村隶属于河南省商丘市宁陵县乔楼乡，处于宁陵县城东南方向，距离县城约 13 千米，距离商丘市区约 40 千米，该行政村共包含贾楼、杨庄和孙庄 3 个自然村、8 个村民小组，共 230 户 1084 人。

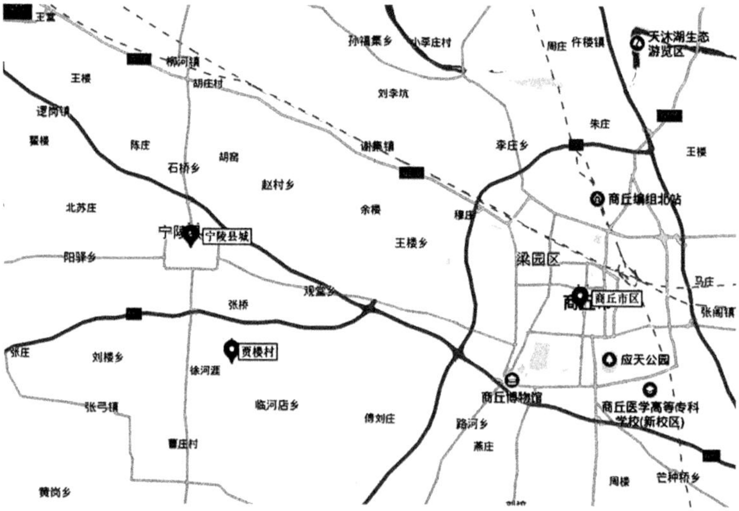

图 7－1　贾楼村地理位置

该村土地属沙土地，总耕地面积 1085 亩，人均耕地面积约 1 亩，主要种植农作物以小麦、玉米、花生为主。由于该村人均耕地面积较小，且土质较差，农业收入较低，土地流转不普遍，即使流转也仅发生在少数亲戚邻居之间，租金较低，通常为 100～200 元/亩，前些年当地有人流转土地种山药，租金较高，为 1000 元/亩，但山药行情不稳定，近年来几乎没有人愿意转入土地，故当地也几乎没有种粮大户和家庭农场。但从流转意愿来看，除极少数的老年农户外，多数农户都愿意转出土地，随着青壮年劳动力的普遍外出，以及老人年龄的增长，这种愿望与日俱增。与此同时，该村外出务工人员较多，家庭收入中务工收入占比也较高。从务工地点和行业来看，外出务工主要以长三角、外省省会及外省一般地市为主，省内务工占比较低，务工行业以制造业、建筑业和生活服务业为主。

此外，该村没有村小学和幼儿园，学生大多在邻村小学和幼儿园就读，也有部分学生在县城上学。该村在城里买房子的比例较高，总体上占比约20%（其中，孙庄村在城里购房比例为40%左右），且大多都是在县城购买，主要原因在于，一方面便于小孩上学，另一方面房价及生活成本较低。

（二）大李营村

大李营村隶属于河南省周口市沈丘县石槽集乡，位于沈丘县城东南方向，距离县城约12千米，行政村即自然村，全村共230户1085人。该村耕地总面积1080亩，人均耕地1亩左右，主要种植的农作物为小麦和玉米，基本没有经济作物（见图7－2）。

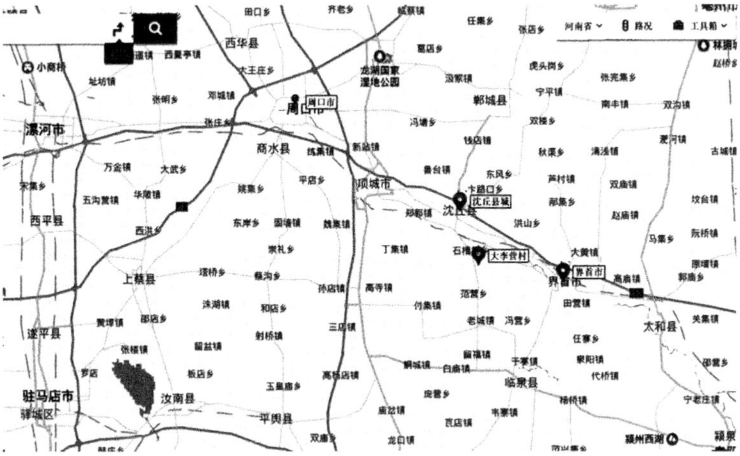

图7－2　大李营村地理位置

该村土地流转多发生在亲戚邻居之间，流转租金多少不等，其中，流转土地种植经济作物的租金为600元/亩，种植粮食的一般为300～400元/

亩，也有200元甚至100元的。但总体流转规模较小，目前仅有两个承包流转大户：一个流转面积150多亩，主要种植粮食和蔬菜；另外一个流转了200亩，主要种植苗木、瓜果蔬菜。举家外出打工或上学以及年龄较大的农户（70岁以上）通常愿意将土地流转出去，而部分老年农户（50~70岁）并不愿意流转土地，更愿意自己耕种，但愿意流入土地者极少，其主要原因在于耕地较为分散，很难连成一片，若耕地能连成一片的话，生产中的耕地、播种收割等的成本可以大为降低，据当地一位大户介绍，成本最高可降低至市场价的一半。

从外出务工情况来看，该村的年轻人打工方向以长三角为主，从事的行业多为建筑、运输、进厂从事制造业等，务工收入在家庭收入中占比也很高。从进城意愿来看，多数老年人的进城意愿不强，主要原因是习惯了农村生活和农村经济压力较小，多数农户没有进城计划；从种地意愿看，多数农户表示会继续种地，甚至表示将来儿子年龄大了也会回来种地，但不会以种地为主要收入来源，近期完全离开农村的农户比例很小。此外，该村也没有村小学和幼儿园，小孩大多在邻村或集镇上就学，也有部分小孩在县城上学。

（三）前齐继村

前齐继村隶属于河南省滑县八里营镇（原八里营乡，2018年10月河南省民政厅批复撤乡建镇），位于八里营镇西北5千米处，距离滑县县城（道口镇）约25千米，距离濮阳市区约45千米，距离鹤壁市区约70千米，距离安阳市区约110千米，距离新乡市区约90千米。该村所处自然村包含3个行政村（前齐继村、西齐继村、后齐继村），前齐继村共有8个生产队358户1081人（见图7-3）。

从农业生产情况来看，该村共有耕地约2200亩，人均耕地2亩，但各生产队（原来的生产队）人均耕地面积差别较大，人均耕地面积多的可达3亩多，少的不到2亩，主要种植农作物为小麦和玉米，基本没有经济作物。耕地自2000年最后一次调整后，至今没有再调整。该村地处平原，土地比较肥沃，正常年景小麦亩产为1100斤（好的年景曾经达到1300~

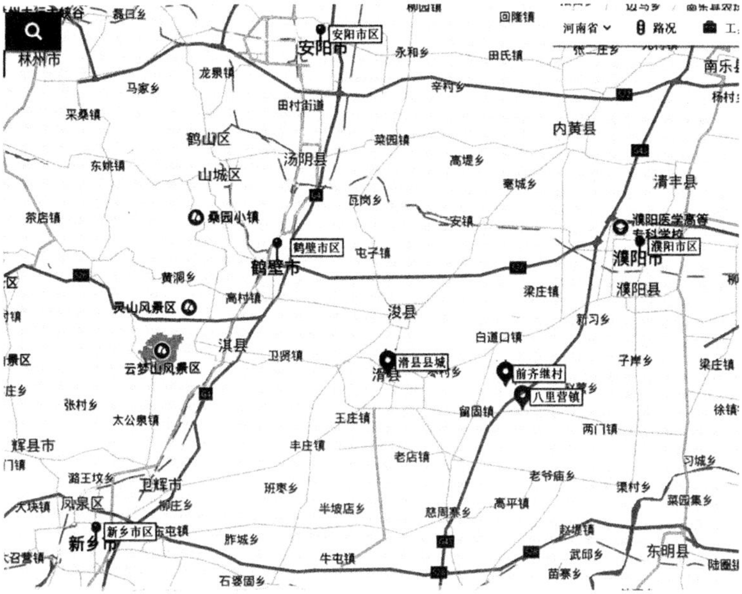

图 7－3　前齐继村地理位置

1400 斤，一般都在 1000 斤以上），玉米亩产为 1000 斤左右（好的年景也能达到 1100～1200 斤），该村小麦品质较好，2018 年小麦售价在 1.2 元/斤左右，玉米以玉米棒销售为主，不单独脱粒，2018 年售价在 0.77 元/斤左右。由于该村人均耕地较多，且土地平整、耕作容易，大多数家庭都有小型机械（家用拖拉机），犁地、播种等以自家小型机械为主，只有收割和秸秆还田普遍采用大型机械（本村就有几台大型收割机、秸秆还田机、旋耕机）。除此之外，灌溉、打药等很少雇工，大多都是各自投入劳动（有些家庭有老弱病残，无法自己劳动的，会雇用劳工进行耕种，但这部分占比很低），因此，该村亩均农业收入相对于贾楼村和大李营村较高，约为 1170 元（不扣除农户投入的劳动）。该村除农业外，家庭很少从事其他第一产业，只有两家正在计划养殖蛋鸭。

从土地流转来看，该村土地流转多发生在本村或亲戚朋友之间，流转价格约为 650 元/亩，流转后绝大多数都还是种植粮食作物；有很少部分流转给了相邻行政村的合作社，流转费用为 1200 元/亩，流转后主要用于经济作物的种植（如桃树、蔬菜等）。总体来看，该村土地流转规模较小，大多数家庭都不愿意放弃种地（有些家庭常年在县城居住或在外务工，但仍自已耕种土地，农忙时回家，不愿意流转），全村近三年流转面积约为200亩，占总耕地面积约10%。该村农业补贴为每年98元/亩，且全部不给转租人，都是直接打到承租人的账户上。从农业经营风险来看，农业自然风险、价格波动和缺乏农业技术及资金是影响农业生产经营收入的主要因素，大多数规避农业生产经营风险选择的是购买农业保险和听天由命。值得提出的是，该村大部分村民都知道农业保险，且最近两三年也都购买了农业保险（2018年没有通知购买，大部分就都还没买，但表示如果通知，都愿意购买）。

从宅基地来看，几乎所有农户都不愿意出售自家宅基地和房屋，即使举家外出打工，或者在外定居的也是如此，房屋闲置现象越来越多。该村在外购房的农户有30多户，其中以在县城（道口）购房为主，有20多户在县城购房主要是由于结婚和孩子上学的需要。未来打算在县城买房的农户越来越多，大多数都是年龄在25~40岁的，在外务工几年积累了一些积蓄，为了能够使孩子获得更好的教育、医疗等资源，会优先选择在县城购房。

从务工情况来看，该村外出务工人员主要以进厂（制造业、电子厂）和建筑为主，其中进厂人员多为20~35岁的青年人，建筑行业多为35~55岁的中年人。其中，建厂务工的主要集中在长三角、珠三角地区，以电子厂为主，有长期和短期务工两种，长期工一年平均回家2~3次，短期工每次务工时间为2~3个月。建筑行业的务工地点大多不固定，都是哪里有活儿去哪里，近几年以省内郑州，省外北京、天津及南方一些城市为主，每年务工时间约6个月（分三季，过完年出去2个月左右，收完小麦出去2个月左右，收完玉米、种完小麦再出去2个月左右）。

从进城意愿来看，由于该村属于平原地区、土地相对比较肥沃，且人均耕地面积也不小，随着农业种植机械化程度的提高，农业生产经营会越来越容易，所以大多数农户表示不会放弃土地，会继续种地，但并不会以种地为主要收入来源。受访者中，年龄较大的人（45 岁以上）进城意愿很弱，表示还是喜欢农村生活，主要原因是习惯了农村生活、农村生活压力小、人与人之间的关系更为融洽等；年轻者则表示喜欢城市生活，因为城市有更好的发展机会，城市里各种基础设施、公共服务体系较好，更重要的是有利于后代的发展。当问及现实中是否有迁往城市的打算时，大部分人都表示没有，主要原因是城市生活成本较高、在城市无法获得足够高的收入。少数现实中有打算迁往城市的受访者，首选也都是迁往县城，这部分人更多的是考虑县城相对于大城市来说生活压力较小，且相对于农村来说，又有好的资源条件，便于后代更好地发展。即使有打算迁往县城，或者说已经在县城或准备在县城买房的农户，在交谈时，他们大多数仍表示不会完全离开农村，不会完全放弃土地（除了交谈时表达出这层意思，在前面的调研中，他们表示不会卖宅基地、不会卖耕地，也能印证这一点）。

此外，由于该村所处自然村包含三个行政村，共计人口约3500 人，人口规模较大，适龄儿童也多，故村中有一所小学和一所幼儿园，小学为公办，幼儿园为民办。小学共计 7 个教学班，302 名学生，其中三年级两个教学班，其余各一个教学班，一至六年级学生数分别为 47 人、49 人、68 人、49 人、50 人、39 人。小学教师由县乡教育部门统一分派，目前共计 13 名教职工，其中来自本村的 5 名，具有高中学历的教师 1 名、大专学历的教师 6 名、本科学历的教师 6 名。幼儿园共有 3 个教学班，4 间教室，110 名学生，学生主要来自本村和周边村庄，学生数量在周边幼儿园中属于规模较大的，幼儿园的教师自行聘任，共计 4 名教师，其中，3 名来自本村，具有高中学历的教师 2 名、大专学历的教师 2 名。

三、平原农区村庄的发展状况描述

（一）农业生产经营状况

从农业生产经营状况看，三个村在人均耕地面积、粮食产量、生产成本和收益等方面有显著差异，但在农业劳动力年龄、农作物种类、土地流转以及面临的农业风险等方面表现出诸多共同特征。

第一，在人均耕地面积方面。贾楼村、大李营村和前齐继村分别为1亩、1亩和2.04亩，前两个村低于河南省和全国人均耕地面积，后者则高于河南省和全国人均耕地面积（根据全国第二次土地调查数据，河南省耕地共计12288万亩，人均耕地面积1.23亩；全国耕地面积共计203077万亩，人均耕地面积1.52亩）（见表7-1）。这种差异使得三个村在农业生产经营方式上有着显著不同，前两个村更为相似，而前齐继村由于农业经营规模稍大，加之土地肥沃、产量较高，在农机的拥有使用、农业保险、家庭收入构成以及对农业的重视程度等方面明显要优于贾楼村和大李营村。

表7-1　调研村庄人均耕地面积情况

村庄	耕地总面积/亩	总人数/人	人均耕地面积/亩
贾楼村	1085	1084	1
大李营村	1080	1085	1
前齐继村	2200	1081	2.04
河南省	122880000	—	1.23
全国	2030770000	—	1.52

实际上，在历经多年的人口变动以及耕地调整后，三个村的户均经营耕地面积差异较大（见表7-2），多的可达20~30亩（实际种植面积最大的达200亩），少的甚至不足1亩（三个村都有实际种植面积为0亩的，这类家庭有两种情况：一是已经在城市定居或者常年外出务工，平时很少回家，承包地转租给亲戚邻居耕种；另一种情况是老人年事已高，失去了种地的能力）。从户均耕地面积区间占比来看（见表7-3、图7-4、图7-5、图7-6），贾楼村和大李营村户均实际种植面积小于5亩的占多数，占比分别为79.31%、75.01%，而前齐继村户均实际种植面积小于5亩的占比为49.66%，这也印证了前面提到的，前齐继农业种植规模相对较大（主要与人均耕地面积多、土地肥沃有关系），对农业的重视程度高于贾楼村和大李营村。但这也在一定程度上影响了土地的流转，根据调研访谈情况，前齐继村相对于贾楼村和大李营村，土地流转意愿不高，大多数农户

都不愿意放弃耕地，而贾楼村和大李营村则有流转耕地的意愿，但很少有人愿意承包，即缺乏承包对象。

表 7－2 调研村庄户均耕地面积情况

村名	户数	耕地面积/亩	户均耕地面积/亩	户均耕地经营面积最大值/亩	户均耕地经营面积最小值/亩
贾楼村	235	1085	4. 62	18/18	0
大李营村	235	1080	4. 60	200/24	0
前齐继村	358	2200	6. 15	30/18	0

注：户均耕地经营面积以实际种植面积和家庭拥有承包地两种情况统计所得。

表 7－3 调研村庄户均耕地面积区间占比情况

村庄	土地经营面积区间	占比（%）
贾楼村	0～2. 5 亩	33. 62
	2. 6～5 亩	45. 69
	5. 1～7. 5 亩	10. 34
	7. 6～10 亩	6. 90
	10. 1 亩以上	3. 45
大李营村	0～2. 5 亩	42. 86
	2. 6～5 亩	32. 15
	5. 1～7. 5 亩	10. 71
	7. 6～10 亩	7. 14
	10. 1 亩以上	7. 14
前齐继村	0～2. 5 亩	26. 90
	2. 6～5 亩	22. 76
	5. 1～7. 5 亩	16. 55
	7. 6～10 亩	21. 72
	10. 1 亩以上	12. 07

注：土地经营面积区间占比情况计算采用的是实际种植面积。

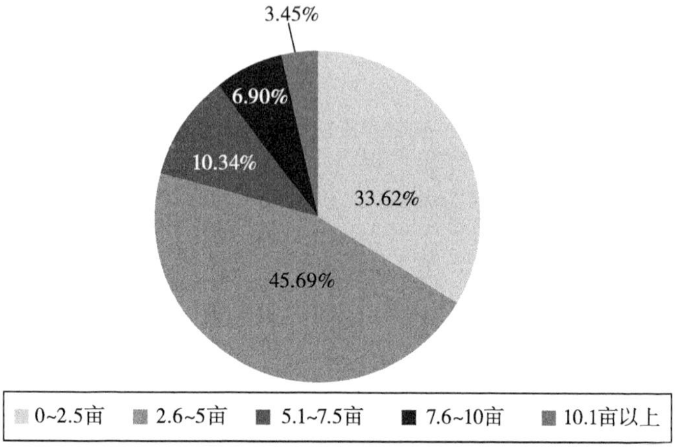

图7-4　贾楼村土地经营面积区间占比情况

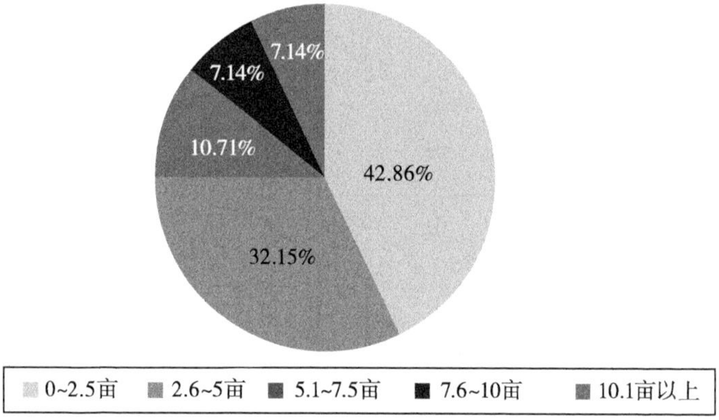

图7-5　大李营村土地经营面积区间占比情况

第二，在农业补贴、粮食产量、生产成本和收益方面。农业补贴都归承租人所有，贾楼村和大李营村的农业补贴为112元/亩/年，而前齐继村的农业补贴为98.8元/亩/年。粮食产量方面，贾楼村和大李营村的情况基本类似，正常年景下，小麦产量为800~900斤/亩，玉米为1000斤/亩，而前齐继村的土地质量较好，粮食产量也较高，正常年景下，小麦产量在1000斤/亩以上（高的可达1300~1400斤/亩），玉米产量也在1000斤/亩以上。由于所处地理位置的不同，三个村在农业生产资料、劳动力成本、灌溉等方面存在明显的差异，这导致了三个村的农业生产收益不同，其

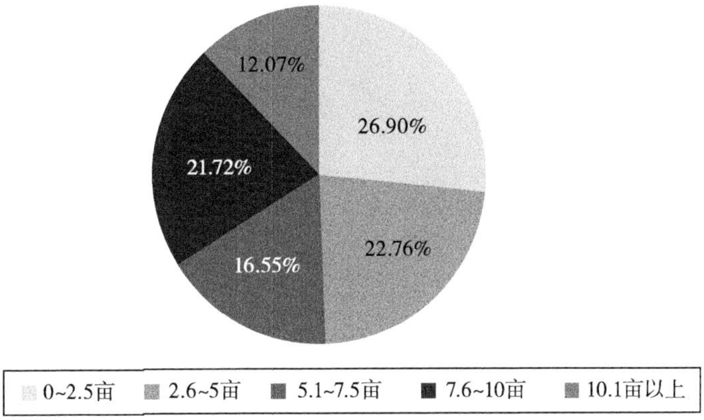

图7－6　前齐继村土地经营面积区间占比情况

中，前齐继村对农业生产的重视程度较高，且注重管理，农业收益相对较高（见表7－4）。

表7－4　调研村庄粮食生产成本收益①　　单位：元

村庄	小麦			玉米			每亩耕地种粮年均纯收益
	每亩总收入	每亩生产投入	每亩纯收益	每亩总收入	每亩生产投入	每亩纯收益	
贾楼村	920	560	360	780	370	410	770
大李营村	1000	580	420	800	480	320	740
前齐继村	1200	490	710	840	380	460	1170

第三，在农作物种类方面。三个村都以种植小麦、玉米为主，但贾楼村的土地属于沙土地，适合花生的生长，因此，该村的夏季作物除玉米外，还会有部分花生的种植，但规模都不大。大李营村和前齐继村几乎全部种植小麦、玉米。主要原因在于，种植粮食作物虽然收益不高，但不愁销路，更重要的是可以使用机械，管理比较容易，不需要太多的人工，而经济作物的管理更为麻烦，需要更多的人工，而且风险更大。前几年三个村均有大户承包土地种植经济作物如山药、果树等，但由于价格波动、销

① 其中，每亩总收入等于每亩粮食总产量乘以平均销售价格，每亩生产成本等于各项生产资料及雇工（机械）投入之和，每亩纯收益等于每亩总收入减去每亩生产成本，此处计算的纯收益实际上是毛利润。

路不畅等原因，经济效益并不好，出现了大户退租现象，农业种植结构重回原来的轨道。

第四，从土地流转状况看。随着工业化、城镇化引致的人口流动和人口老龄化的加速，三个村的土地流转现象越来越多，呈加速趋势。贾楼村由于人均耕地少且土地极为分散，土质一般，愿意租出土地的农户较多，但愿意租入者较少，故该村目前的土地流转规模有限，土地租金比较低廉，其流转费用每年 100～200 元/亩，少的甚至没有租金。大李营村的土地也较为分散，农户流转意愿相对较强，目前有 3 家种粮大户（种植面积分别为 51 亩、160 亩、200 亩），因此，其流转规模相对较大，根据调研数据统计，流转户数占调研户数的 47.62%，其流转费用每年 300～400 元/亩。相比前两个村，前齐继村土地比较肥沃，且户均耕地面积较大，土地流转意愿较弱，且土地流转租金比较高，一般为 600 元/亩，如果租给种植经济作物的，则可达 1000～1200 元/亩。从流转对象看，这三个村的土地流转也大多发生在亲戚邻居或者朋友之间，几乎没有正式的流转合同（只有少数大户流转土地种植经济作物，如种植蔬菜、瓜果的均签有正式的流转合同），三个村的土地也都没有抛荒的现象。而近年来，河南省和全国平均土地流转加速推进，上述三个村中，贾楼村和前齐继村土地流转率明显低于河南省和全国的平均水平（见表 7－5）。

表 7－5　土地流转情况

村庄	调研总户数	土地流转户数	流转户数占比（%）	平均流转费用（元/亩/年）
贾楼村	116	25	21.55	200
大李营村	168	80	47.62	350
前齐继村	290	52	17.93	650
河南省情况	—	—	34.8	600～1000
全国情况	—	—	35.1	1000

资料来源：各村土地流转情况由调研数据整理所得。河南省情况来源于河南省农业厅统计数据，数据截至 2015 年；全国情况来源于智研咨询发布的《2018—2024 年中国土地流转行业运营态势及发展趋势研究报告》，其数据截至 2016 年。

第五，从农业生产经营的风险看，农业生产经营主要面临的风险依次为自然风险（三个村平均占比为53.25%）、价格波动风险（三个村平均占比为45.55%）、缺乏技术和资金（三个村平均占比为16.27%）。从农户采取的应对风险的措施看，三个村在应对农业风险方面的态度和措施有所差异，贾楼村和大李营村基本相同，多数村民选择听天由命，购买农业保险的较少，而前齐继村的多数村民都会选择购买农业保险以规避农业生产风险，村民普遍愿意购买农业保险。具体来看，选择听天由命的占比高达59.93%，选择依靠农业技术基础设施和政府帮助的占比分别为7.88%、8.39%。随着人民生活水平的提高，农民的思想也越来越解放，接受新事物的能力逐渐提升，越来越多的农户开始选择使用较为基础的市场化风险管理工具来降低农业风险，如购买农业保险，本课题组调研的三个村选择购买农业保险的农户平均占比为19.69%，但三个村差别较大，其中，前齐继村由于户均耕地面积较大，农户对农业生产经营的重视程度较高，加上该地区农业保险宣传比较到位，大部分农户都了解或者知道农业保险，也愿意通过购买农业保险来降低农业风险，而贾楼村和大李营村了解农业保险的农户很少，这两个地区对农业保险的重视程度很低。此外，选择使用期货来规避价格风险的几乎没有，调研村庄的农户普遍表示不知道什么是农业期货，也没有听说过（见表7-6、表7-7、图7-7、图7-8）。

表7-6　农业经营所面临的风险分类占比情况　（%）

村庄	农业自然风险	缺乏销售渠道	价格波动	政策变动	缺乏农业技术和资金
贾楼村	60.34	2.59	37.07	2.59	12.07
大李营村	69.05	0	33.33	1.79	18.45
前齐继村	43.10	0%	57.59	1.03	17.24
平均占比	53.25	0.51	45.55	1.54	16.27

表7-7　规避风险措施分类占比　（%）

村庄	靠政府帮助	购买农业保险	靠农业技术和基础设施	期货市场	听天由命
贾楼村	10.34	8.62	9.48	0	61.21

续表

村庄	靠政府帮助	购买农业保险	靠农业技术和基础设施	期货市场	听天由命
大李营村	8.93	1.19	3.57	0.60	51.79
前齐继村	7.59	35.52	10	0	66.21
平均占比	8.39	19.69	7.88	0.17	59.93

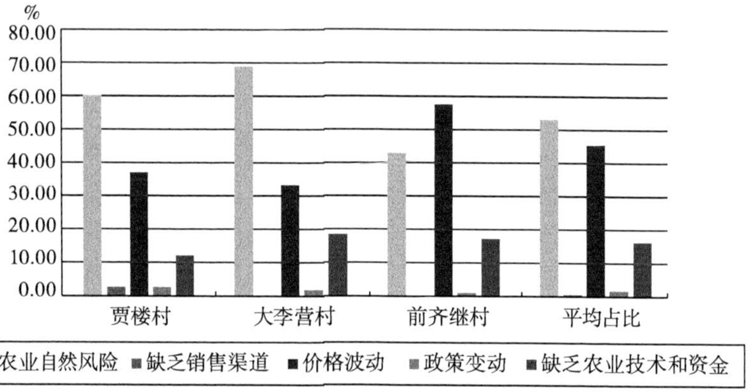

图7－7　农业经营所面临的风险分类占比情况

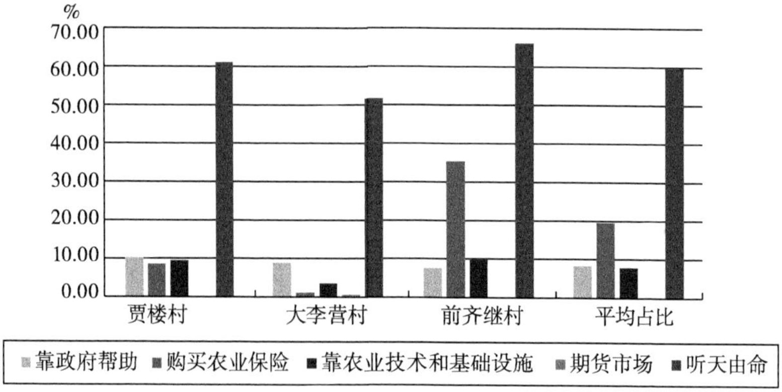

图7－8　规避风险措施分类占比

第六，从农业组织的发展状况看。贾楼村基本没有家庭农场和农民合作社，小农生产是其典型特征，农业社会化服务主要靠个别拥有农机的农户或者跨区作业的农机提供。大李营村有两个大户的经营规模达到了100

亩以上，一个是村支书，主要种植苗木；另一个是普通农户，主要种植粮食。经营30～50亩的还有几家，村内没有合作社，所需的农业社会化服务也是由个别拥有农机的农户或者跨区作业的农机提供。前齐继村的家庭农场和大户也较少，没有农业合作社，据村支书介绍，该村计划筹建农民专业合作社，专门为农户提供农机、技术、生产资料等服务。

（二）宅基地和房屋状况

从宅基地和房屋状况看，三个村的状况基本相同。由于村庄内土地稀缺，三个村已多年不划拨宅基地，多数农户只有一块宅基地（占比分别为73.28%、80.95%、91.38%），面积（包括房屋占地和院落）大致集中在3～7分地，多数宅基地的取得方式是继承或者划拨（见表7－8、图7－9、图7－10、图7－11）。部分村民有两块宅基地，但大多数不是购买所得，而是通过在自家的自留地或置换的土地上建房，时间久了自然变为了宅基地。对于宅基地是否出售的问题，村民普遍不愿意出售自家的宅基地，即使全家在外已经有固定的工作，将来也不打算回乡，宁愿让宅基地闲置也不会将其出售。

表7－8　各村宅基地面积情况

村庄	宅基地面积区间	区间占比（%）
贾楼村	0～2.5分	6.90
	2.6～5分	55.17
	5.1～10分	31.03
	>10分	6.90
大李营村	0～2.5分	0.60
	2.6～5分	69.05
	5.1～10分	26.19
	>10分	4.16
前齐继村	0～2.5分	16.21
	2.6～5分	74.14
	5.1～10分	8.97
	>10分	0.68

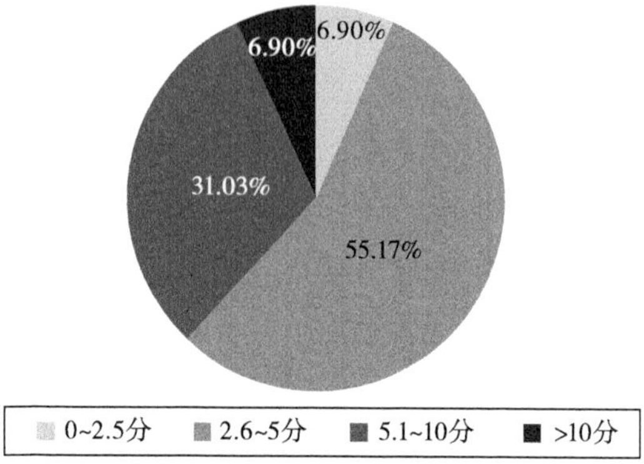

图 7－9　贾楼村宅基地面积区间占比情况

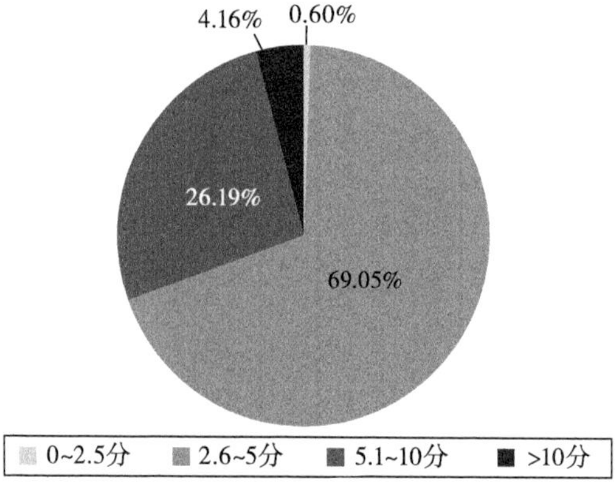

图 7－10　大李营村宅基地面积区间占比情况

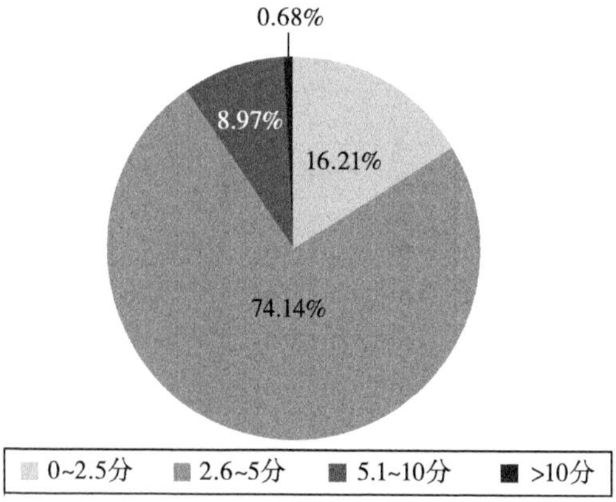

图 7－11　前齐继村宅基地面积区间占比情况

三个村的房屋状况基本一致，分为两种情况：一是近年来年轻一代新建的房子，普遍是二层或者三层楼房，面积大小不等，再加上配房作为厨房或者储物间，多集中在150～300平方米，这类房屋普遍存在房屋使用浪费现象，普通家庭根本居住不满；二是老年人居住的老房子，以瓦房或者平房为主，这些房子多是20世纪八九十年代或21世纪初所建，多数房屋面积在60～150平方米。但由于大多数年轻人常年外出务工，农村的很多房子自然处于闲置状态，加上近年来所建新房大多数为二层或三层楼房，而普通家庭根本住不满，也在一定程度上造成房屋资源的浪费。此外，年轻人外出务工积累几年财富后，也会考虑到邻近的城市，尤其是到县城买房，以满足孩子上学的需要，这类群体逐年增多，也是推动县城房价上涨的重要因素之一。根据调研的三个村庄来看，贾楼村在外购房农户的比例达到30%左右，大李营村和前齐继村也在10%以上，这一趋势越来越明显，并且在外购房的群体中在县城购买的占到80%以上。

表7-9　各村房屋面积情况

村庄	房屋面积区间	区间占比（%）
贾楼村	0～60平方米	9.48
	61～120平方米	31.03
	121～180平方米	21.55
	>180平方米	37.94
大李营村	0～60平方米	1.79
	61～120平方米	30.95
	121～180平方米	28.57
	>180平方米	38.69
前齐继村	0～60平方米	10.00
	61～120平方米	52.76
	121～180平方米	24.83
	>180平方米	12.41

（三）村民生活状况

在村民生活状况方面，虽然所处的地理位置不同，但三个村表现出惊人的一致性。在生活用水方面，三个村村民的饮用水都是自来水，均是经过净化处理过的，但部分村民家里也有水井，除饮用水外其他用水，如洗衣服等会使用水井水，这是因为自来水要收费，而自家的井水则是免费的。村民做饭、取暖多是煤球、煤气、电以及柴草相结合使用，以煤球、煤气为主，年龄稍大的会用柴草，年轻人会较多地使用电做饭和取暖。村民厕所基本是普通旱厕，近年来随着生活水平的提高，越来越多的农户逐渐将厕所改造成了卫生旱厕（自己挖粪池、手动水冲），村里生活垃圾统一收集，村里有垃圾桶，也都有专职保洁员每天打扫村里主干道的卫生、收取运送垃圾。生活污水大多选择就地倾倒，有部分家庭自己建有下水道，但最终也是随地排放了。

（四）家庭构成

从平均每户人口看，贾楼村、大李营村和前齐继村分别为4.61人、4.62人、3.02人（见表7－10），贾楼村、大李营村均高于河南省（3.34人）和全国（3.03人）家庭平均人口数，这反映出农村家庭规模普遍比城市要大，符合我国的现实情况，而前齐继村一直都有孩子成家后要分户的传统，即使是只有一个孩子，在其成家后父母也会选择与孩子分户，因此造成了户均人口较少，略低于河南省家庭平均人口，与全国家庭平均人口基本一致。按人口区间看，每户3～5人的占比最大，与河南省和全国的情况相一致（见表7－11）。

表7－10　各村家庭人口数量情况1

村庄	调研总户数/户	调研户总人口/人	平均人口（人/户）
贾楼村	235	1084	4.61
大李营村	235	1085	4.62
前齐继村	358	1081	3.02
河南省	—	—	3.34
全国	—	—	3.03

表 7－11　各村家庭人口数量情况 2

村庄	家庭人口数	区间占比（%）
贾楼村	1～2 人	22.41
	3～5 人	40.52
	6～8 人	32.76
	9 人及以上	4.31
大李营村	1～2 人	7.74
	3～5 人	55.36
	6～8 人	30.95
	9 人及以上	5.95
前齐继村	1～2 人	31.03
	3～5 人	61.38
	6～8 人	6.90
	9 人及以上	0.69

三个村的家庭结构表现出了一致性。从目前来看，家庭结构分为以下三种类型：一是全老年人，一般由两位老人或一位老人组成，老年人单独居住，居住条件比较简陋，以种地和国家补贴维持生计，生病或者重大支出靠子女。二是中青年家庭，多为 3～5 人，即夫妇二人加孩子，这又分为两种情况：一种是全家外出务工或者经商，子女也在外地上学、务工或者经商，家里房屋闲置或者由父母照看；另一种是青壮年劳动力外出务工，孩子留在家中由老人照看，但已经和老人分家，农忙或过年青年人回家后，老人会回到自己家居住。三是老人与中青年生活在一起的大家庭，一般为 5～8 人甚至更多，普遍状态是老人在家，中年人外出打工，孙子上班或上学，与第二种情况不同的是，老人没有和自己的子女分家，即使子女回来，老人也会与子女一起居住。

从村民的教育状况看，三个村的情况基本相同。60 岁以上以文盲或小学学历为主，接受教育的地点多为本村或本镇，初中及以上学历者较少，大专大学学历者为 0。30～60 岁以初中学历为主，但文盲和小学学历依然占较大比例，高中及以上学历者占比较小，但明显高于 60 岁以上年龄段的人群，接受教育的地点以在本地为主。18～30 岁以下也以初中学历为主，文盲和小学学历的比例明显下降，高中、中专、大专及以上学历者与上述两个年龄段的人群相比明显增多，这与河南省各年龄段的教育情况基本一致（见表7－12、图7－12～图7－16）。

表7－12　调研各村各年龄段受教育情况

（%）

贾楼村	文盲或小学	初中	高中或中专	大专、大学及以上
18～30岁	15.97	31.93	15.13	36.97
30～60岁	44.86	36.76	11.89	6.49
60岁以上	84.27	12.36	3.37	0.00
大李营村	文盲或小学	初中	高中或中专	大专、大学及以上
18～30岁	17.20	44.62	16.13	22.04
30～60岁	47.55	42.94	5.83	3.68
60岁以上	85.00	13.33	1.67	0.00
前齐继村	文盲或小学	初中	高中或中专	大专、大学及以上
18～30岁	12.57	37.72	26.35	23.36
30～60岁	38.18	49.09	9.61	3.12
60岁以上	85.16	10.32	4.52	0.00
18～30岁	15.25	38.09	19.20	27.46
30～60岁	43.53	42.93	9.11	4.43
60岁以上	84.81	12.00	3.19	0.00
河南省总体情况	文盲或小学	初中	高中	大学专科及以上
20～24岁	1.92	39.33	31.80	25.05
25～29岁	2.58	50.82	28.62	17.25
30～34岁	3.95	55.45	24.92	15.13
35～39岁	5.86	58.69	22.73	12.03
40～44岁	10.43	62.26	18.80	8.06
45～49岁	17.02	62.77	14.93	4.92
50～54岁	26.71	57.11	12.62	3.64
55～59岁	35.18	48.36	13.87	2.58
60～64岁	51.17	38.75	8.25	1.78
65岁及以上	74.33	20.12	4.17	1.46

数据来源：河南省总体情况数据为2017年数据，来源于《河南省统计年鉴2018》。

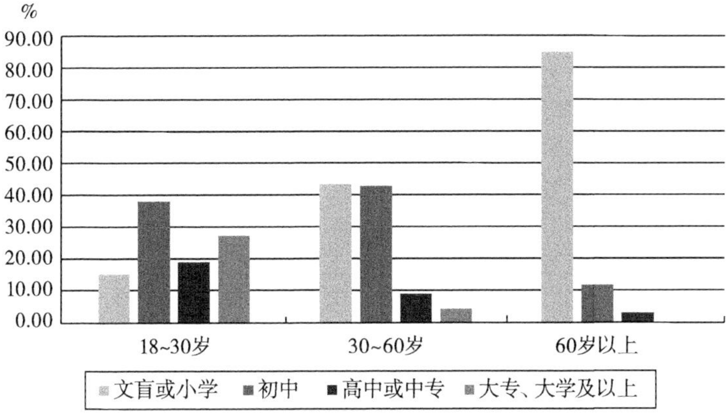

图 7－12 调研的三个村分年龄段平均受教育情况

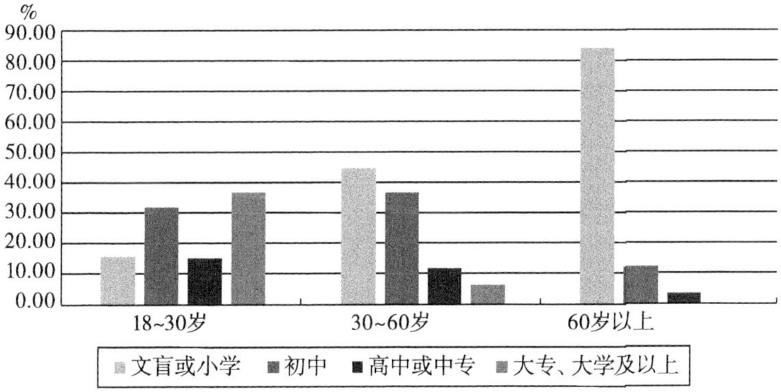

图 7－13 贾楼村分年龄段平均受教育情况

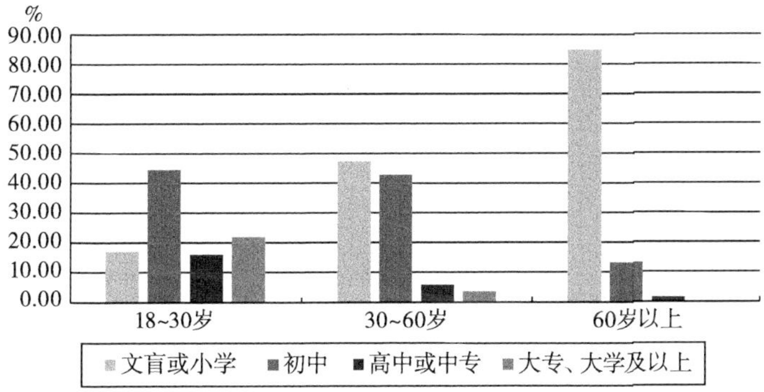

图 7－14 大李营村分年龄段平均受教育情况

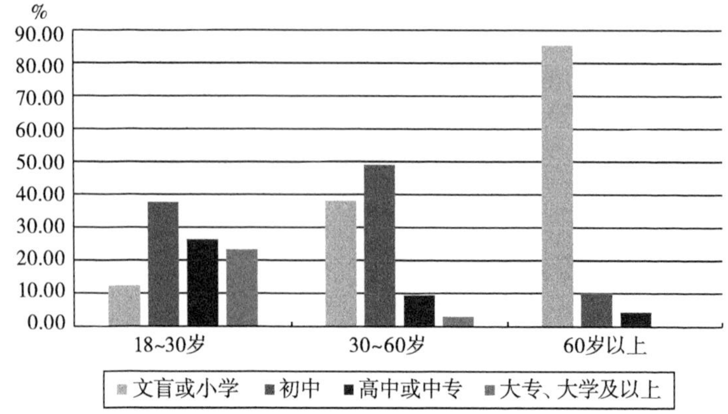

图7－15　前齐继村分年龄段平均受教育情况

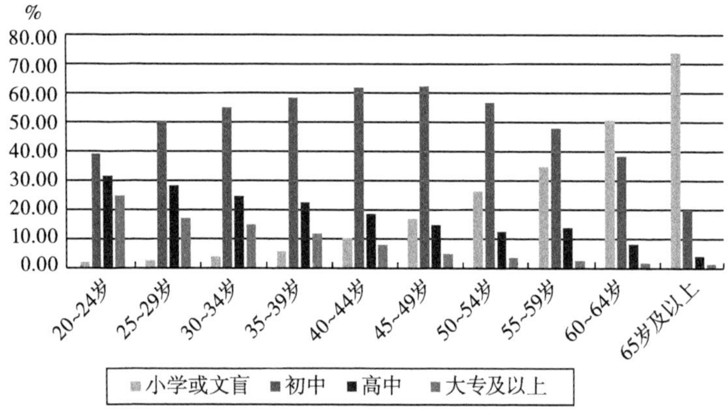

图7－16　河南省分年龄段平均受教育情况

（五）人口流动与务工情况

从人口流动的状况看，三个村的人口流动主要由两部分构成：一是上学后就业，这部分人口流动在总人口流动中所占比重不大，约占10%，人口流动的地域分布较为广泛，总体上以省内为主；从学生就业的职业看，以制造业和第三产业为主，如进入企业从事管理工作、教育、医疗等。二是外出务工，这部分人口流动在总人口流动中占比较大，占85%以上，从务工的工作来源看，自行外出务工的占比较大（三个村平均占比为44.24%，大李营村和前齐继村占比分别达到50%左右），其次是通过熟人介绍外出打工（三个村平均占比为42.83%，贾楼村占比达到57.37%），再次是被用人单位招聘外出务工者。此外，通过自行创业和其他情况就业的占比很小，不到2%（见表7-13、图7-17~图7-20）。

表7-13 各村务工工作来源情况

贾楼村			大李营村			前齐继村			总体情况
务工来源	人数/人	占比（%）	务工来源	人数/人	占比（%）	务工来源	人数/人	占比（%）	平均占比（%）
A	46	24.21	A	152	51.88	A	144	49.66	44.24
B	109	57.37	B	114	38.91	B	108	37.24	42.82
C	9	4.74	C	2	0.68	C	11	3.79	2.85
D	22	11.58	D	20	6.83	D	24	8.28	8.54
E	2	1.05	E	4	1.37	E	2	0.69	1.03
F	2	1.05	F	1	0.33	F	1	0.34	0.52

注：A自行外出务工；B经人介绍外出务工；C被用人单位招聘外出务工；D升学后就业；E创业；F其他情况。

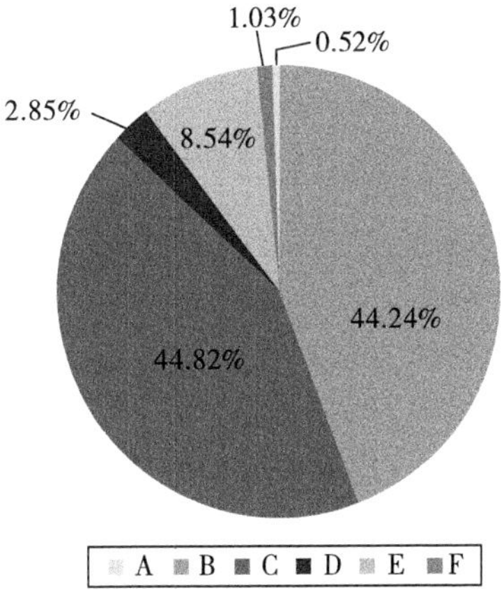

图7-17 调研三个村外出务工工作来源总体分布情况

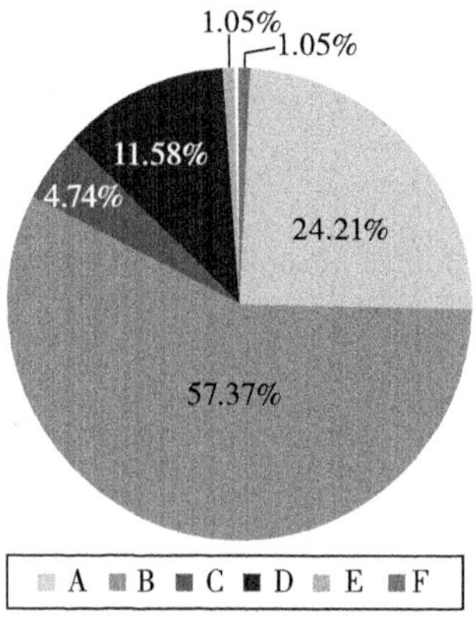

图 7-18 贾楼村外出务工工作来源分布情况

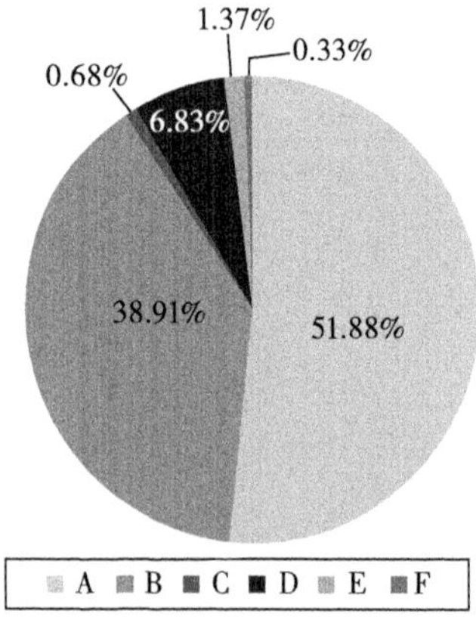

图 7-19 大李营村外出务工工作来源分布情况

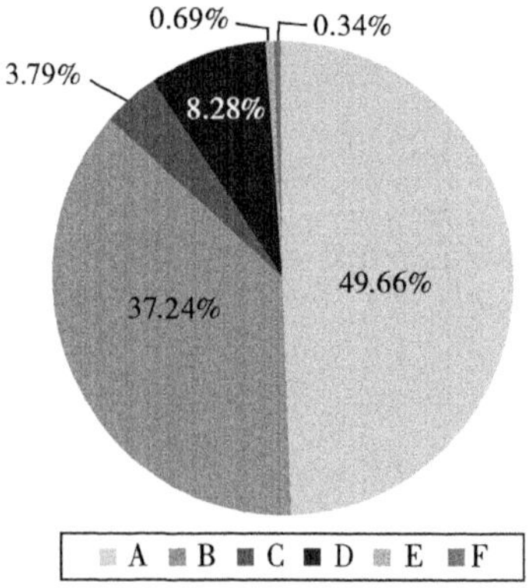

图 7-20 前齐继村外出务工工作来源分布情况

外出务工的类型主要有三种：第一，从事建筑行业，该群体以 40 ~ 60 岁的人群为主。虽然近年来从事该行业的人群数量在下降，但依然占据一定的比例。因为建筑工地的工作繁重且伙食较差，年轻人通常吃不了苦，不愿从事，该行业的地域分布较为分散，务工者基本是哪儿有活就去哪儿，地点不确定，可能一年会去几个地方。由于近年来我国经济下行以及国家对房地产行业调控的收紧，对建筑业影响较大，该行业的工作机会正在减少。第二，进厂打工，这部分人群以年轻人居多，基本在 40 岁以下，因为建筑行业的工作岗位数量逐步在下降，近两年来一些年龄较大者也开始进厂打工，务工地域主要集中在长三角和珠三角地区。近年来随着产业转移的推进，开始有务工者选择临近家乡的工厂打工，从三个村的村民外出务工行业看，从事制造业的主要是这部分人群。第三，从事商业和生活服务业等第三产业，如运输、保安、保洁、保姆、环卫、超市和饭店的服务员等工种。随着我国经济转型发展，这部分人群占比逐渐增多，该行业女性占一定比例，地域分布较为分散。贾楼村、大李营村均有一批人在长三角如上海、杭州、宁波等地跑运输，如果全家外出务工，女性通常会从事一些保洁、服务员等工作。此外，三个村从事商业和商务中介的人员占比分别为 2.43%、1.53%、1.12%（见表 7 - 14、图 7 - 21 ~ 图 7 - 24）。

表 7 - 14　各村庄从业人员工作行业情况

贾楼村工作行业情况			大李营村工作行业情况			前齐继村工作行业情况			总体情况
工作行业	人数/人	占比（%）	工作行业	人数/人	占比（%）	工作行业	人数/人	占比（%）	平均占比（%）
A	105	36.46	A	155	33.77	A	220	41.20	37.47
B	2	0.69	B	2	0.44	B	4	0.75	0.62
C	1	0.35	C	3	0.65	C	3	0.56	0.55
D	36	12.50	D	82	17.86	D	81	15.17	15.53
E	55	19.10	E	94	20.48	E	113	21.16	20.45
F	8	2.78	F	16	3.48	F	12	2.25	2.81
G	0	0.00	G	3	0.65	G	5	0.94	0.62
H	7	2.43	H	7	1.52	H	6	1.12	1.56

续表

贾楼村工作行业情况			大李营村工作行业情况			前齐继村工作行业情况			总体情况
工作行业	人数/人	占比（%）	工作行业	人数/人	占比（%）	工作行业	人数/人	占比（%）	平均占比（%）
I	10	3.47	I	1	0.22	I	4	0.75	1.17
J	3	1.04	J	0	0.00	J	7	1.31	0.78
K	1	0.35	K	2	0.44	K	2	0.37	0.39
L	19	6.60	L	52	11.33	L	28	5.24	7.73
M	6	2.08	M	21	4.58	M	8	1.50	2.73
N	1	0.35	N	1	0.22	N	0	0.00	0.16
O	10	3.47	O	5	1.09	O	11	2.06	2.03
P	6	2.08	P	2	0.44	P	10	1.87	1.41
Q	18	6.25	Q	13	2.83	Q	20	3.75	3.98

注：A 纯农业；B 副业（家庭手工或手工业）；C 乡村旅游；D 制造业；E 建筑（含装修）；F 运输；G 采掘业；H 商业和商务中介；I 教育；J 医疗；K 金融服务；L 生活服务；M 企业白领；N 开办企业；O 个体户；P 公务员或事业单位；Q 零工（非农务工大多时间没有固定的唯一类型工作）。

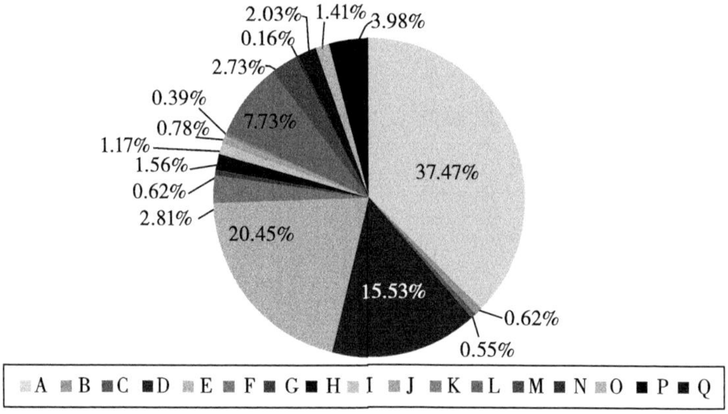

图 7－21　调研的三个村从业人员行业分布总体情况

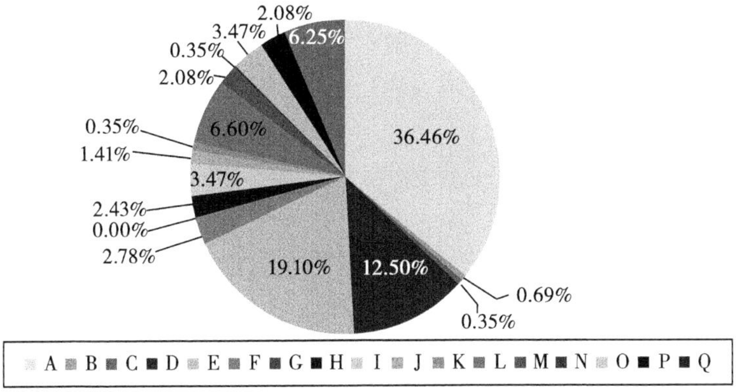

图 7－22　贾楼村从业人员行业分布情况

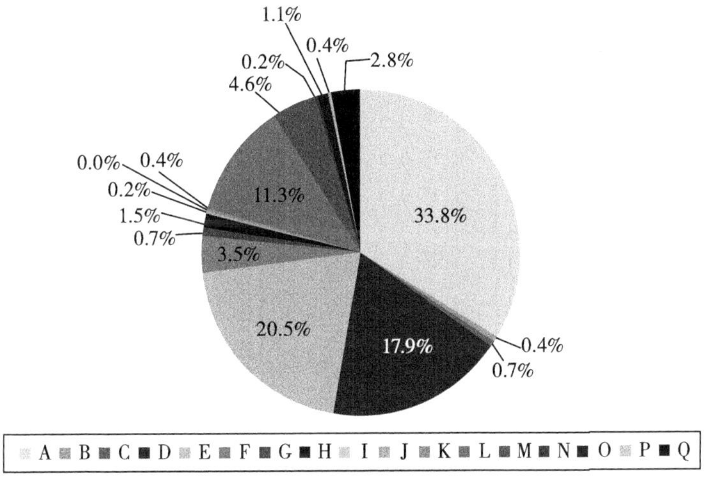

图 7－23　大李营村从业人员行业分布情况

从工作时间来看，进厂打工者一年通常可以工作 10 个月，一天的工作时间基本为 12 个小时；从事建筑业的一年的工作时间为 7～8 个月，一天的工作时间通常为 12 小时左右；从事商业或者生活服务业的则可常年工作，一天的工作时间通常也是 12 小时。从收入情况看，进厂打工者年收入在 3 万～5 万元，从事建筑行业的在 3 万元左右，从事商业或者生活服务业的通常在 2 万～3 万元。

从三个村外出务工者的地域流向看。首先，务工者的地域分布与家乡

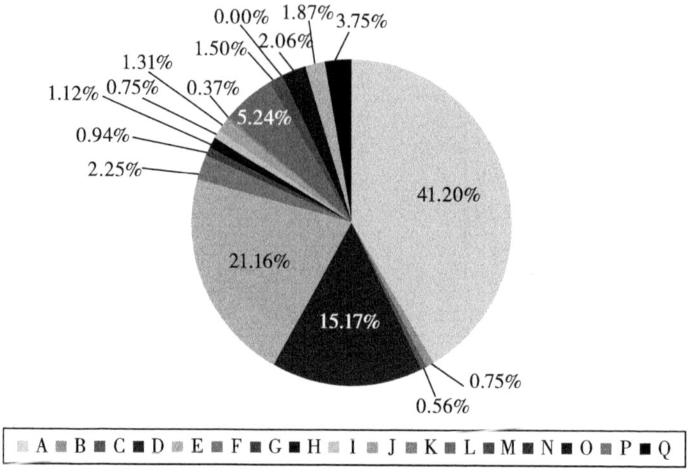

图7－24　前齐继村从业人员行业分布情况

所在地域存在一定的联系。贾楼村和大李营村均属豫东地区，距离长三角地带较近，在长三角一带务工的人比较多，而前齐继村属于豫北地区，距离京津冀较近，有一定比例的人群在上述地区务工。其次，与传统的人脉关系有关。大李营村一直有一批人在山西一带务工，通过传帮带，至今该村仍有相当部分人群在山西务工。最后，城市辐射力的影响。从三个村务工人群的地域分布看，虽然各地区均有分布，但省内的务工地仍以省会郑州为主，而三个村所在的地级市和县城的就业吸纳能力十分有限，这充分说明了大城市的辐射和带动能力远高于中小城市（见表7－15、图7－25～图7－28）。

表7－15　各村务工工作地点情况

贾楼村			大李营村			前齐继村			总体情况
工作地点	人数/人	占比（%）	工作地点	人数/人	占比（%）	工作地点	人数/人	占比（%）	平均占比（%）
A	119	40.61	A	170	36.64	A	250	48.83	42.47
B	5	1.71	B	15	3.23	B	15	2.93	2.76
C	20	6.83	C	19	4.09	C	28	5.47	5.28
D	4	1.36	D	3	0.65	D	10	1.95	1.34
E	5	1.71	E	1	0.21	E	3	0.58	0.70

续表

贾楼村			大李营村			前齐继村			总体情况
工作地点	人数/人	占比（%）	工作地点	人数/人	占比（%）	工作地点	人数/人	占比（%）	平均占比（%）
F	11	3.75	F	5	1.08	F	1	0.20	1.34
G	14	4.78	G	25	5.39	G	58	11.33	7.64
H	0	0.00	H	0	0.00	H	0	0.00	0.00
I	0	0.00	I	0	0.00	I	0	0.00	0.00
J	0	0.00	J	2	0.43	J	2	0.39	0.32
K	6	2.05	K	3	0.65	K	20	3.90	2.29
L	1	0.34	L	0	0.00	L	0	0.00	0.08
M	5	1.71	M	0	0.00	M	1	0.20	0.47
N	29	9.90	N	29	6.25	N	26	5.08	6.62
O	9	3.07	O	14	3.02	O	13	2.54	2.84
P	2	0.68	P	12	2.59	P	27	5.27	3.23
Q	53	18.09	Q	155	33.40	Q	49	9.57	20.25
R	10	3.41	R	10	2.16	R	9	1.76	2.29
S	0	0.00	S	1	0.21	S	0	0.00	0.08

注：A 本村；B 本乡镇；C 本县县城；D 本市其他乡镇；E 本市其他县城；F 本市市区；G 郑州市区；H 郑州县区；I 省内其他地级市下辖乡镇；J 省内其他地级市下辖县区；K 本省其他地级市区；L 外省乡镇；M 外省县城；N 外省一般地级市；O 外省省会城市；P 京津冀；Q 长三角；R 珠三角；S 国外。

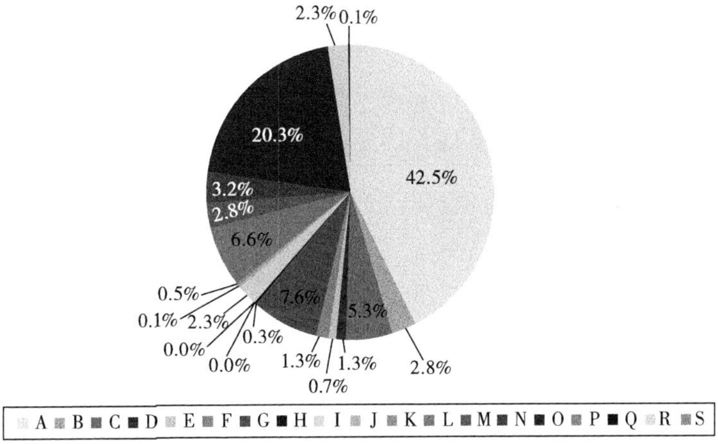

图 7－25 调研三个村的务工工作地点总体分布情况

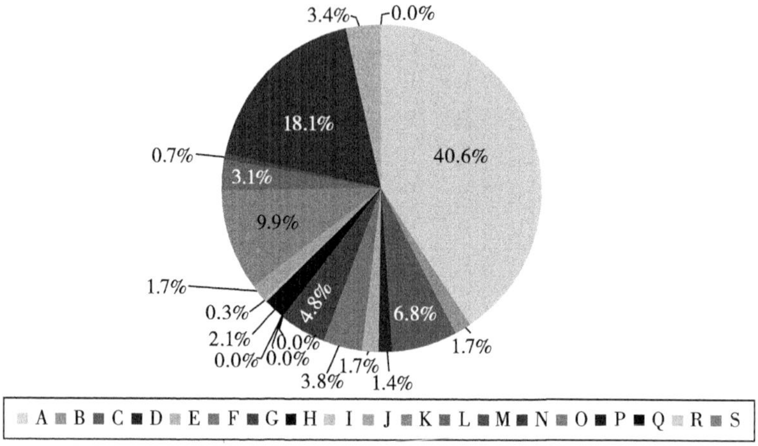

图 7－26　贾楼村的务工工作地点分布情况

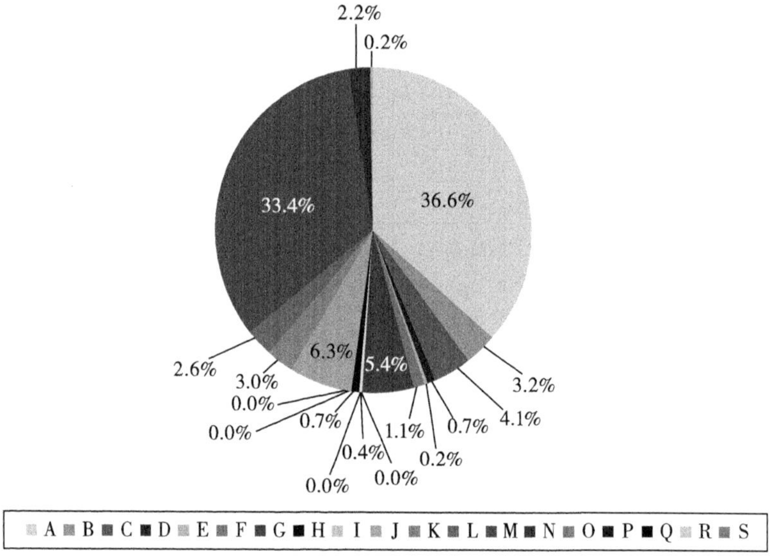

图 7－27　大李村的务工工作地点分布情况

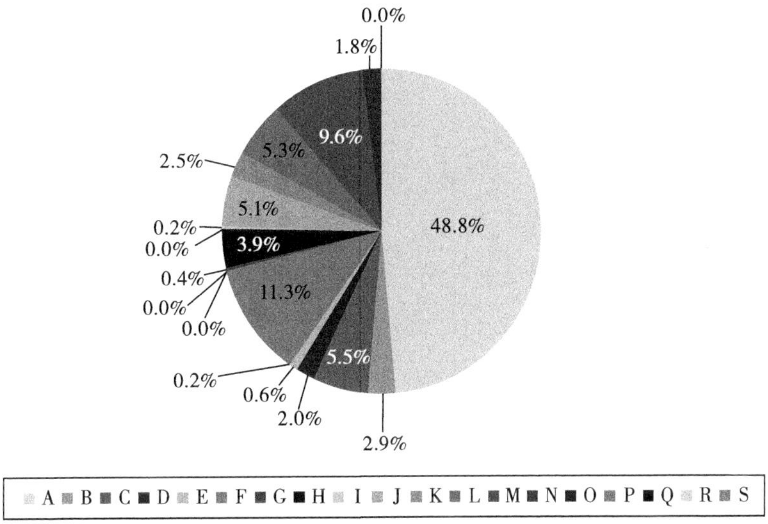

图 7－28　前齐继村的务工工作地点分布情况

（六）家庭收入和财产状况

从家庭总收入来看，贾楼村、大李营村和前齐继村有一定的差别，家庭平均收入分别为 7.18 万元、10.29 万元和 5.18 万元。大李营村和贾楼村人均耕地面积较少，这两个村常年外出务工的人数较多，工作相对比较稳定（进厂务工或从事生活服务业的较多，农忙时也较少回家），而前齐继村人均耕地面积较大，大部分外出务工人员都是季节性务工（即农忙时回家），工作不稳定，以建筑为主。因此，贾楼村和大李营村务工收入明显高于前齐继村的务工收入，又由于目前务工收入占总收入比重较高，这也就使得大李营村和贾楼村的总收入高于前齐继村，这也从侧面印证了经济学上讲的“资源诅咒”现象。

从家庭收入结构来看，除个别家庭外，多数农户的家庭收入由农业经营收入和务工收入构成，从两者的占比看，近年来务工收入所占比例持续增加（见表 7－16、图 7－29）。三个村的情况均是如此，务工收入占家庭总收入的比重均超过 80%，来自农业的收入则持续下降且不稳定。由于三个村均属平原农区，农业收入依然占有一定比例，尤其是对前齐继村来说更是如此，该村由于土质较好、粮食产量较高，加上人均耕地面积稍大，农业收入占更重要的位置，这会影响人们在务工工种、进城意愿等方面的选择。此外，对于年龄较大的农户而言，由于无法外出务工，农业收入在其总收入中占比更大，如果缺少了这一块收入，仅靠国家发放的补贴，生活将十分艰难。随着我国老龄化程度的提高，农业在老年农户中的重要性将十分显著，是农民养老体系的一个重要方面，同时，随着社会的发展和进步、人们收入水平的提高，农业不仅是一种收入的来源渠道，而且可以成为一种生活方式，在维持农村社会稳定、构建和谐社会方面发挥着重要作用。

表 7－16　调研村庄务农收入和务工收入占比情况　（%）

村庄	务农收入占比	务工收入占比
贾楼村	10.00	90.00
大李营村	12.65	87.35
前齐继村	18.91	81.09

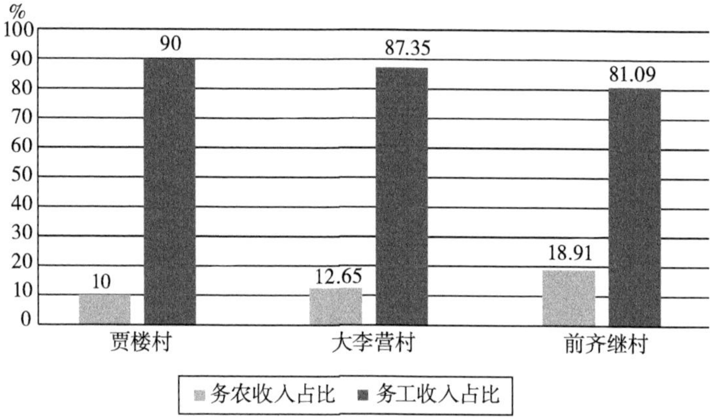

图 7－29　调研村庄务农收入和务工收入占比情况

从农户家庭收入层级看，家庭收入的户均差别较大，收入低的仅有几千元，而收入高的可达 20 万～30 万元，由此可见目前农户之间的分化已经十分严重。长期以来，我们一直在关注和重点讨论城乡之间的差距，但很少有人关注农村内部的差距，农户的分化使得农村不再是同质性的，异质性因素的影响日益增加，这对各种政策的实施会产生重要影响（见表 7－17、图7－30～图 7－33）。

表 7－17　各村不同家庭收入占比情况

村庄	家庭总收入区间	区间占比（%）
贾楼村	0 万～2 万元	32. 76
	2 万～5 万元	25. 00
	5 万～10 万元	24. 14
	>10 万元	18. 10
大李营村	0 万～2 万元	8. 93
	2 万～5 万元	25. 00
	5 万～10 万元	38. 69
	>10 万元	27. 38
贾楼村	0 万～2 万元	32. 76
	2 万～5 万元	25. 00
	5 万～10 万元	24. 14
	>10 万元	18. 10
前齐继村	0 万～2 万元	24. 48
	2 万～5 万元	33. 10
	5 万～10 万元	33. 79
	>10 万元	8. 63
平均情况	0 万～2 万元	21. 23
	2 万～5 万元	28. 59
	5 万～10 万元	32. 71
	>10 万元	17. 47

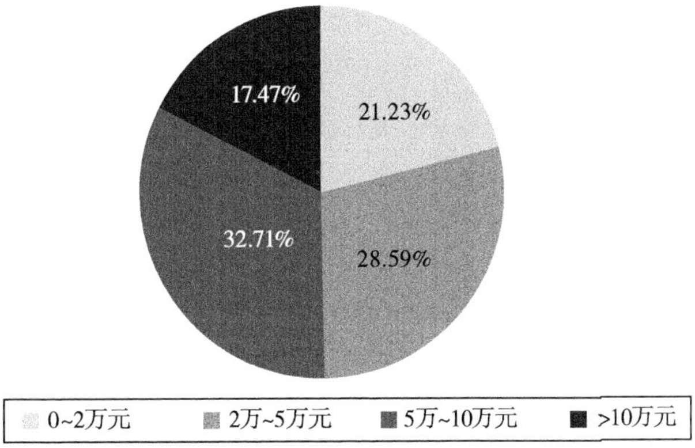

图 7－30　调研的三个村家庭平均收入情况

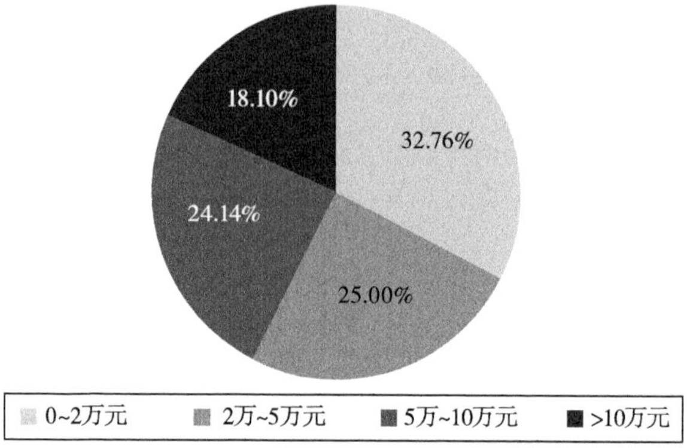

图 7－31　贾楼村家庭平均收入情况

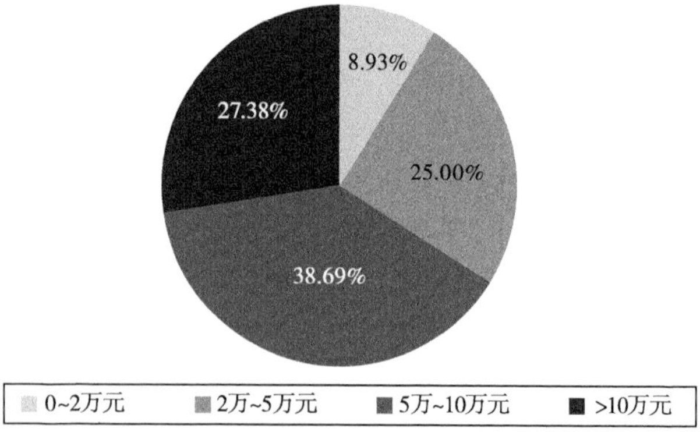

图 7－32　大李营村家庭平均收入情况

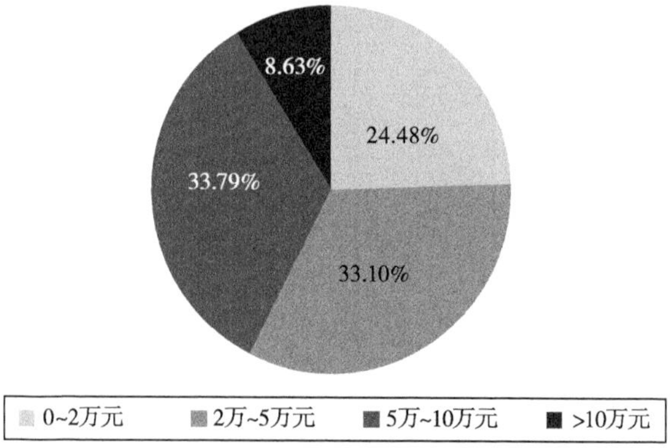

图 7－33　前齐继村家庭平均收入情况

在收入增加的同时，农户的支出也在不断增加，在对农户的访谈中发现，多数农户的收支大体相抵，仅有少数农户每年都有结余。从不同农户的家庭收入与支出看，正常年景下，有外出务工能力的年轻人通常收入大于支出，每年会有一定结余。老年人由于无法外出务工，仅靠农业收入和国家的补贴，再加上看病等支出，大多处于收不抵支的状态。总体来看，农户的主要支出集中在孩子上学、建房、看病以及婚丧嫁娶等方面，农业生产资料等支出不占主要地位。

从对土地及房屋的估值来看，由于没有市场行情，多数农民无法估算自己土地和房子的价值。几乎所有的农户对此问题都较为敏感，表示不会考虑出售自己的土地和房屋，即使闲置也是如此。

三个村的农户借款情况基本一致。多数农户有或者曾经有过借款，借款渠道多是亲戚、邻居或者朋友，基本没有通过银行或其他渠道借款的，原因是银行借款要支付利息，农民无力或者不愿承担这笔支出，或者没有向银行借款的渠道。而借款的主要原因集中在建房、婚丧嫁娶、看病、上学等方面，出于生产方面的借款几乎没有。

三个村的家庭财产状况基本相似（见表7－18）。从车辆拥有状况来看，随着生活水平的提高及家用汽车价格的降低，三个村越来越多的家庭购买了小汽车，这一比例都已经超过了20%（特别是年轻人中基本40%以上的人都有汽车），且大部分家庭都有摩托车或电动车（很多家庭不止一辆）作为代步工具。使用太阳能热水器的较多，占比超过了50%，老年人家庭普遍没有空调和电脑，大部分年轻人家庭都拥有空调和电脑。手机的使用情况是，年轻人普遍使用智能手机，大多使用了3～5年，手机中普遍安装了微信和支付宝，但其他金融类的软件较少使用，老年人基本使用老年机，多数农户会将资金存在银行里。

表7－18　各村拥有其他家庭财产的户数占调研总户数的比例　（%）

村庄	汽车	摩托车或电动车	太阳能热水器	空调	电脑
贾楼村	26.72	91.38	51.72	43.97	28.45
大李营村	21.43	89.88	57.14	49.40	23.21
前齐继村	23.10	83.45	51.38	55.86	41.38
平均情况	23.34	86.93	53.13	51.57	33.45

（七）进城意愿

由于我们调研的主要对象是老年人，对于进城意愿一项并没有出现我们想象中多数人愿意进城的情况，而是普遍愿意生活在农村，选择愿意进城的比例还不到30%，主要原因在于，农村生活成本低、压力小，城市生活成本高又不容易找到合适的工作，买不起房子，所以普遍不愿意进城（见表7－19、表7－20、图7－34、图7－35）。但对年轻人而言情况可能不是如此，根据调研团队成员在农村生活的经历及周边亲朋好友对进城选择的实际情况来看，年轻人普遍愿意生活在城市，但由于城市生活成本较高，在城市如果没有足够的收入，无法真正留在城市，很多年轻人表示会为了子女后代考虑（尤其是子女的教育），在积累了一定财富后会优先选择生活压力相对较小的县城买房，并且现实中，调研的三个村庄均有在县城买房的家庭，这一趋势也更加明显（如贾楼村在县城买房户数占总户数的20%左右，大李营村和前齐继村在县城买房的户数也占总户数的10%左右）。对是否结束种地，多数村民都表示只要有能力就会一直种下去，甚至表示下一代也会考虑回来种地，主要原因是在城市买不起房子，找不到合适的工作，不可能一直待在城市。但根据调研统计数据来看，35岁以下的家庭成员中，未来会选择继续种地的比例仅不到1/3，并且35岁以下家庭成员中，有1/3左右的人可能会选择离开农村常年在外务工，这部分群体有相当比例的人已经不懂得怎么种地了，未来这部分群体将是进城的主力（见表7－21、图7－36）。

表7－19　理想生活地点占比情况　（%）

村庄	理想在城市生活人数占比	理想在农村生活人数占比
贾楼村	23.28	76.72
大李营村	20.83	79.17
前齐继村	32.75	67.25
平均占比	26.88	73.12

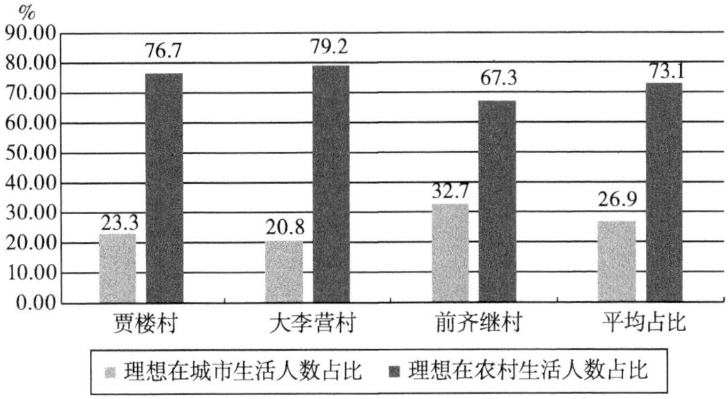

图 7－34 调研村庄理想生活地点占比情况

表 7－20 各村农民进城意愿及其影响因素 （%）

村庄	有往城市搬迁计划户数占比	由于喜欢习惯农村生活不愿搬迁占比	由于在城市无法获得高收入不愿搬迁占比	由于城市生活成本高不愿搬迁占比
贾楼村	15. 52	43. 10	43. 97	51. 72
大李营村	14. 29	32. 74	52. 38	54. 17
前齐继村	18. 62	39. 31	38. 62	40. 34
平均占比	16. 44	37. 50	42. 98	45. 89

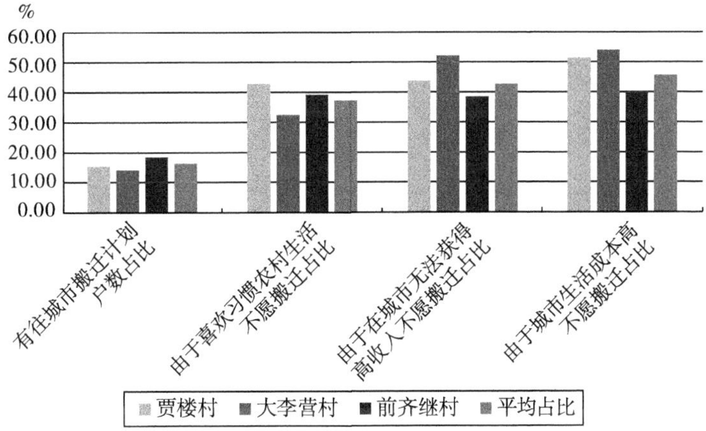

图 7－35 各村农民进城意愿及其影响因素

表 7－21　调研村庄 35 岁以下成员未来种地情况　（%）

村庄	35 岁以下成员继续种地比例	35 岁以下成员不以种地为主要收入来源比例	35 岁以下成员会离开农村的比例
贾楼村	33.73	80.95	43.21
大李营村	25.48	97.52	35.90
前齐继村	17.47	98.73	20.93
三个村平均情况	22.23	92.4	33.35

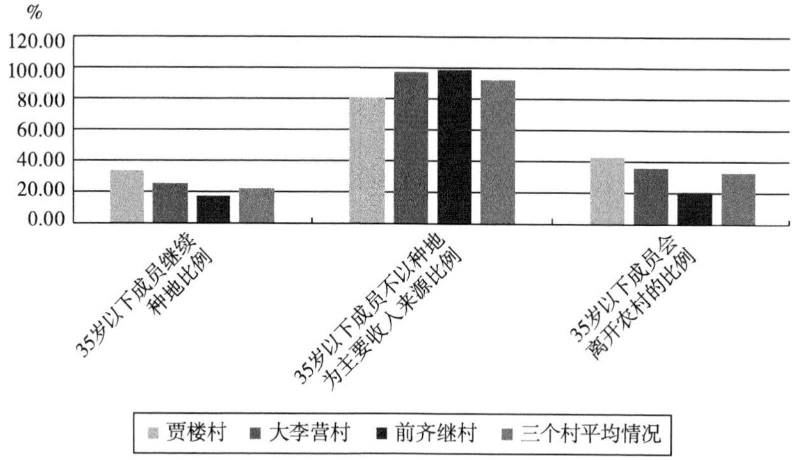

图 7－36　调研村庄 35 岁以下成员未来种地情况

四、河南省平原农区乡村发展道路选择

如上所述，对于远离城镇的平原农区的村庄来说，发展中存在很多相似之处。但除耕地外，缺乏经济发展所需的其他资源，所以“乡村振兴”之路必须根据资源禀赋条件，采取适合当地发展的政策，稳步推进乡村振兴。

第一，引导人口流动，扩大外出务工途径，推进农民工市民化进程。目前，人口流动日益频繁，务工收入占农民家庭收入的比重越来越高。对于远离城镇的平原农区的村庄而言，由于缺乏其他资源，加之人口众多，农业经营规模较小，缺乏经济发展所需的基础，可通过鼓励村民以各种形式进城务工逐步减少农民，同时推动农民工市民化，这是这类村庄进一步发展的基础。具体政策层面，着力加强对农民工的职业技能培训，通过各种途径引导其外出务工。充分利用国家的“阳光雨露”工程，强化对农民工的技能培训，为其外出务工提供技术基础。同时，政府通过各种途径加强与经济发达地区和本地用工单位之间的联系，把剩余农业劳动力转移出去。

第二，规范土地流转，培育新型农业经营主体。远离城市的平原农区村庄耕地资源相对宽松，适于种粮，这类村庄是保障国家粮食安全的基础。随着工业化、城镇化的快速推进，这类村庄的土地流转现象日益频繁，但普遍不规范。因此，政府应建立起土地流转市场和规范的土地流转程序，引导农民签订正式的土地流转合同以替代目前的口头承诺。通过土地流转，着力培育一批家庭农场或者种粮大户，在此基础上，引导成立农民合作社，把农民合作社培育成农业社会化服务的主要提供者。政策层面，政府可通过建立土地流转中心的方式加强土地流转信息的交流以及规范土地流转程序。加大对家庭农场、农民合作社等的支持力度。利用国家对新型农业主体的政策倾向，整合各类支农资金，集中支持一批家庭农场和农民合作社。

第三，探索小农户与现代农业的连接机制。虽然工业化、城镇化的发展带动了人口流动，但在可预见的将来，小农依然是我国农业经营的主体，平原农区尤其如此，这是我们必须正视的现实，因此，如何把广大的小农导入现代农业是一个大课题。在目前的情况下，可通过发展各类农业社会化服务体系，积极探索小农户与现代农业的连接机制。根据各地特点，探索适合当地的土地托管模式，借助村庄组织、农民合作社、供销社等把分散的小农组织起来以获得规模效益，同时强化基础设施建设。农村基础设施建设是乡村振兴的基础，也是小农户在农业生产经营中面临的突出难题，政府可通过整合现有的各种惠农政策，通过项目的形式加强基础设施建设，如村庄和农田的道路、灌溉以及电力等。

第四，推动农业供给侧结构性改革，积极推进农业结构调整。平原农区的村庄应利用丰富的农业资源，在种粮的同时，利用粮食和秸秆资源，积极发展养殖业，推动种养结合，发展生态循环农业。在农业供给侧结构性改革的大背景下，在保障粮食安全的前提下，积极调整农业生产结构，以市场需求为导向，大力发展本地特色农产品，并借助互联网拓展销售市场。同时，发展农产品加工业和农产品流通业，实现一、二、三产业的融合。

第五，加大各类农业支持补贴力度。平原农区的村庄以种粮为主，为保障国家粮食安全做出了突出贡献，获得更多的农业补贴理所应当。目前，应着力整合现有的各类农业补贴，有针对性地补贴种粮农民；在新增农业补贴中，要向这类村庄和地区倾斜；创新农业支持政策和方式，积极引导农民使用市场化的避险方式，如农业保险和衍生工具，政府提供相应的保费和期权费补贴。

课题组成员：蔡胜勋、李少楠、柴森、孙博恩、吴亚伟、孟彦林

第八章　整村分析报告三

——基于和庄村、徐沙沃村和程村的整村调查

一、调研概况

（一）地理位置

鹤壁市浚县和庄村位于城郊，距离县城 18 千米，距离鹤壁市区 30 千米，距离郑州市区约 110 千米，属于典型的平原地区，周围有曾经可以灌溉的人工渠。濮阳市台前县徐沙沃村位于城郊，距离县城 15 千米，距离濮阳市区 90 千米，距离郑州市区约 290 千米，靠近黄河。三门峡市义马县程村距离县城 10 千米，距离三门峡市区 60 千米，距离郑州市区 185 千米，属于典型的丘陵地区，耕地以潮土为主，周围存在可用于灌溉的河流。

（二）人口情况

鹤壁市浚县和庄村共有 243 户，1060 人，其中外出务工人员为 30 人，占总人数的 2. 8%，但是目前没有转非农户口的人以及不存在全家迁出的情况。民族以汉族为主。第一大姓为和姓，第二大姓为王姓，第三大姓为张姓，调研 203 户，其中和姓 81 户，王姓 13 户，张姓 20 户。濮阳市台前县徐沙沃村共有 226 户，1006 人。其中外出务工人员 10 人，占总人数的 1%，转非农户口为 28 人，但是没有全家迁出的情况。第一大姓为刘姓，第二大姓为何姓，第三大姓为杨姓，调研 136 户，其中刘姓 98 户，何姓 25 户，杨姓 4 户。三门峡市义马市程村共有 350 户，1750 人，其中外出务工人员 1000 人，占总人数的 57%，转非农户口为 100 人，并没有全家迁出的情况。第一大姓为郭姓，第二大姓为张姓，第三大姓为乔姓，调研 161 户，其中郭姓 60 户，张姓 14 户，乔姓 19 户。

（三）基础设施和公共服务

鹤壁市浚县和庄村无村小学。有一个卫生室，面积约为150平方米，有3个医生。濮阳市台前县徐沙沃村无村小学，无村卫生室。三门峡市义马市程村有村幼儿园，其中教室3间，学生15人，共有老师3名；无村小学。有村卫生室，面积约为150平方米，有1名医生。

（四）耕地和宅基地

鹤壁市浚县和庄村共有耕地1700亩，都是属于基本农田保护，宅基地面积150亩，人均宅基地面积0.34亩。濮阳市台前县徐沙沃村共有耕地720亩，在2018年被征收了27亩，宅基地面积90.4亩，人均宅基地面积0.4亩。三门峡市义马县程村共有耕地948.5亩，都是属于基本农田保护。

二、人口分布：年龄结构合理，性别比例失衡值得关注

（一）年龄结构较为合理，“人口红利”逐渐消失

本次调研共得到问卷500份，其中农户500户，共有1822人，其中共有男性959人，女性863人。具体如表8－1所示。

表8－1　人口性别年龄分布情况

男性	人数/人	占比（%）	女性	人数/人	占比（%）
0～16岁	208	21.69	0～16	194	22.48
16～65岁	630	65.69	16～65	548	63.50
65岁以上	121	12.62	65以上	121	14.02
总计	959	100.00	总计	863	100.00

我们统计的人口主要属于16～65岁这个年龄段。关于劳动力就业，除了非农就业，还存在农业就业，即从事种植、养殖等。其中，60～65岁这个年龄段的人群，是目前农村从事农业生产的主要劳动力，青壮年劳动力多数从事非农就业。从我们的调研数据中不难发现，现在农村的青壮年劳动力即使留在本地，也是从事非农就业，普遍不参与农业劳动，从事务农的主体还是50～65岁这个年龄段的人群。

究其原因，主要有三个方面：第一，机会成本问题。从事务农活动的

收入较低，很多青壮年劳动力不愿意在农业上花费时间。第二，务农意愿问题。我们的调研对象大多是中老年女性，这个人群在被问及孩子的务农情况时，部分反映孩子本身对务农没有兴趣。第三，农业生产技术的进步。因为我们调研的村庄都是豫东平原，主要的农作物种植是小麦、玉米或者大豆。而这些农作物的种植，尤其是小麦的种植，机械化程度非常高，从耕地、播种到收割、销售，几乎全程都可以实现机械化，并且是雇用的机器耕作，因此老年人就可以完成整个生产过程。

根据统计发现，调研得到的样本中，男性人数为 959 人，占比为 52.6%，女性人数为 863 人，占比为 47.4%。按照年龄段进行统计发现，16～65 岁男性占比为 65.69%，65 岁以上男性占比为 12.62%；而 16～65 岁女性占比为 63.5%，65 岁以上女性占比为 14.02%。65 岁以上人口占比为 13.3%，人口抚养比为 54.7%，少儿抚养比为 34.1%，老年抚养比为 20.5%。理论界一般将人口抚养比小于或者等于 50% 的时期称为人口机会窗口期，在窗口期关闭之前，劳动力供给充足，社会负担相对较轻，有利于经济的快速发展。从我们调查的情况来看，样本的人口抚养比为 54.6%，大于人口机会窗口期规定的 50%，故不存在一定的人口红利。

（二）农村性别比例失衡，需要引起重视

性别比问题是这次调研中发现的主要问题。根据国家统计局的数据，2016 年年末，中国的男性人口为 70815 万人，女性人口为 67456 万人，总人口性别比为 104.98（以女性为 100）。而从全国的出生人口性别比来看，最近几年一直处在下降态势，但是从河南省的户籍人口性别比来看，2007 年以来人口性别比一直处于上升趋势（具体见图 8－1、图 8－2）。

而且从我们的调研结果来看，无论哪个年龄段，男女比例都明显失衡。之所以出现这种情况，主要是因为：第一，我们的调研对象绝大多数都是在家的老年人，在叙述家庭成员时，受农村传统文化的影响，会习惯性地忽略掉出嫁的女儿，关注的多是家中儿子的状况。第二，调研的时候，在涉及人口时，由于计划生育、不信任访问者等原因，调研对象会有意识地瞒报一些信息。第三，城市产业链低端服务业使女性就业空间扩

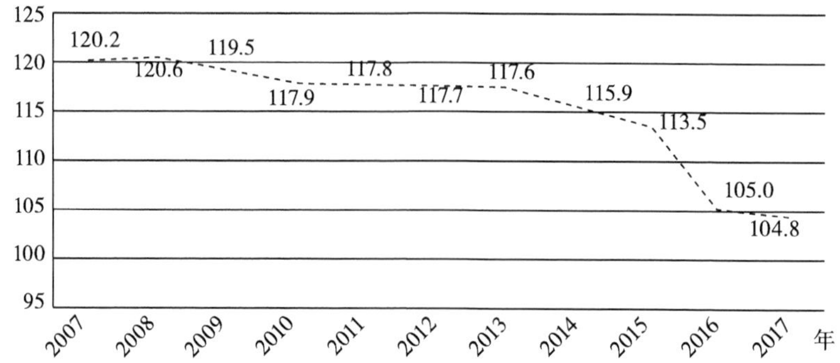

图 8－1　出生人口性别比（全国）

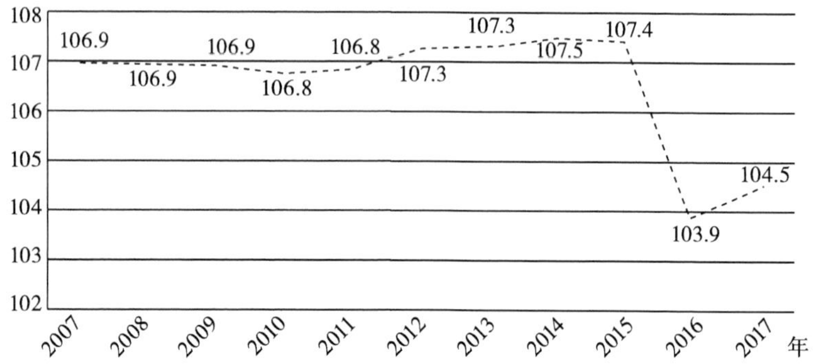

图 8－2　户籍人口性别比（河南）

大，女性一旦出来上学或打工，很少有再回到农村的情况。第四，虽然调研存在一定的误差，但是根据我们观察到的现象，农村的男女性别比例失衡确实很严重，尤其是 40～50 岁的中年男性明显过多，部分还是单身，这部分人群外出打工年龄较大，而且由于历史原因，普遍学历较低，没有一技之长，是目前农村中需要重点关注的人群。

表 8－2　调研三个村的性别比状况

年龄段	性别比
0～16 岁	107
16～65 岁	115
65 岁以上	100
总计	111

（三）性别比例失衡造成的社会现象——艰难的农村婚嫁市场

农村人口性别比例失衡问题，不仅反映在调研数据之中，从农村目前存在的一些现象中也可以得到佐证，如最为典型的农村婚嫁市场。

在淮阳李集村的调研中我们发现，如果家中男性要婚配，房子是必备的，除房子之外，还需要花费至少15万元。而且随着村里部分农户逐渐富裕起来，由此带来的彩礼问题愈加严重，如“一动不动”，其中“一动”指的是汽车，“不动”指的是房子。根据调研访谈，由于李集村距离县城较近，房子问题并不是特别突出，只要在娶媳妇的时候盖房子就行，很多偏远地方的农民不仅要在当地盖房，还需要在县城买商品房，房子问题更为突出。这个现象不仅在淮阳县李集村存在，在郸城县万楼村与浚县和庄村同样有所体现，尤其是彩礼问题，从调研中我们了解到，彩礼至少需要36000元，88000元比较常见，但一般没有超过10万元的。即使这样，和农民的收入比较起来，彩礼的压力也是比较大的，有部分男性人口因为经济原因未能结婚。在上蔡刘楼村也存在这种情况，彩礼在3万～9万元不等，结婚花费在20万元左右。

高额的彩礼导致农村中有很多男性人口未有婚配，或者为了婚配而借债。根据我们的不完全统计，在上蔡刘楼村调研的200户中，未婚的男性户数加上配偶已经去世的男性户数有30～40户，占比达到两成。此外，还有不少人为了婚配负债累累，而且在调研当中还存在一些现象，就是婚配债务主要由父母承担，而结婚的孩子并不承担债务，由此导致的家庭矛盾屡见不鲜。

对于彩礼来说，根据调研中了解到的情况，一般有三种考虑：第一，为了女方家庭男性的婚配。第二，为了实现财产所有权的转移。第三，攀比心理。由于农村人口性别比例失衡问题的存在，如果女方家里有哥哥或者弟弟的话，也需要相应的彩礼钱，这样女方婚配获得的彩礼在很大程度上就成为哥哥或者弟弟的彩礼钱。另一种是为了实现财产所有权的转移。女方父母会将男方的彩礼全部交给女儿，对于经济条件比较好的家庭，还会再添一部分，作为小家庭的财产。通过彩礼实现了财产支配权的转移，一方面，保护了女方在未来家庭中的地位；另一方面，提高了离婚成本，客观上促进了家庭的稳定。另外，与收入差距较大也有一定的关系。近年来，随着劳动力的流动，农村逐渐出现了较为明显的收入两极分化的现象，一些先富裕起来的农户盖起了楼房、买了汽车等，而攀比心理的存在，使得在结婚的时候，往往会要求房子、车子等，再加上不菲的彩礼。随着农村收入差距的拉大，如果不采取一定的引导措施，这种情况可能会演变得更为严重。

消费者的偏好往往指特定的人群对事物的态度，这种态度一般来讲是比较稳定的。根据不同的偏好，可以将市场设定为不同的细分市场，同样，商品也可以根据不同的需求偏好，设计出不同价格弹性的商品。然而，这些都是基于消费者偏好稳定的视角，消费者偏好一旦发生改变，随之所选择的环境也会重新设定。农村艰难的婚嫁状况，显然是由于城镇化进程的不断推进，大多数的青年劳动力进城务工，接受城市文明，享受城市生活，形成城市化消费偏好，如对房子、汽车等耐用消费品的消费偏好。但是，目前我国还正处于乡镇发展不平衡、不充分阶段，农村收入水平低于城镇居民，消费偏好又是呈刚性的，便出现需求偏好与供给的错配。

三、劳动力流动：基于就业、收入来源呈就业地城镇化

（一）本地就业远大于外出就业，劳动力流动首要考虑成本收益差值

对于劳动力流动来说，首先我们选取16～65岁的人群，剔除工作地点为NH的无效值之后，得到有效数据796人。具体分布如表8－3所示。

表8－3　工作地点分布情况

工作地点	人数	占比（%）
A	298	37.44
B	43	5.40
C	87	10.93
D	8	1.00

续表

工作地点	人数	占比（%）
E	28	3.52
F	22	2.76
G	68	8.54
H	2	0.25
I	1	0.12
J	5	0.63
K	37	4.65
L	15	1.89
N	89	11.18
O	21	2.63
P	31	3.90
Q	27	3.40
R	14	1.76
总计	796	100.00

注：A 本村；B 本乡镇；C 本县县城；D 本市其他乡镇；E 本市其他县城；F 本市市区；G 郑州市区；H 郑州县区；I 省内其他地级市下辖乡镇；J 省内其他地级市下辖县区；K 本省其他地级市市区；L 外省乡镇；M 外省县城；N 外省一般地级市；O 外省省会城市；P 京津冀；Q 长三角；R 珠三角。

本次调研选取的三个村在地理位置上都离县城较远，主要还是以农业为主，但本村内还是存在一些家庭式作坊，在乡镇和县城存在一些小中型企业，可以在很大程度上吸收本地的劳动力，所以从表 8－3 可以看出，选择在本地就业的比例比较高，在本村就业的比例达到了 37.44%，到本乡镇和本县县城就业的比例也达到了 16.33%，总体占比超过了 50%，而从全国层面来看，本地就业的劳动人口仅占 40% 左右，外出务工的劳动人口达到 60%。

由于调研选取的三个村庄在地理位置上都比较接近县城，而且是产业集聚区所在地，具有一定的特殊性，可以发现在本村就业的比例比较高，达到了 37.44%，到本乡镇和本县县城就业的比例也达到了 16.33%，也就是说，在附近就业的占比已经超过 50%。而从全国层面来看，近两年本地就业的劳动人口仅占40%左右，外出务工的劳动人口达到60%（见表8－4、表8－5）。

表8－4　劳动人口务工地点（全国）　（%）

年份	外出劳动人口比例	本地劳动人口比例
2009	63.25	36.75
2010	63.31	36.69
2011	62.75	37.25
2012	62.21	37.79
2013	61.76	38.24
2014	61.40	38.60
2015	60.85	39.15
2016	60.11	39.89

数据来源：Wind数据库

表8－5　外出农民工省外所占比重　（%）

年份	全国	东部	中部	西部
2009	51.20	20.40	69.40	59.10
2010	50.30	19.70	69.10	56.90
2011	47.10	16.60	67.20	57.00
2012	46.80	16.30	66.20	56.60
2013	46.60	17.90	62.50	54.10
2014	46.80	18.30	62.80	53.90
2015	45.90	17.30	61.10	53.50
2016	45.30	17.80	62.00	52.20

数据来源：Wind数据库

从表8－4、表8－5中的数据可以发现，我们调研的农村劳动人口的超五成都集中在本地就业，而全国的农村劳动人口就业地仅有四成在本地。而从外出劳动人口省内外比重来看，全国的农村外出劳动力省外就业比重超过了45%，其中中西部比重都比较高，西部省外就业比重超过了50%，中部地区比重更是超过了60%，而且比重都呈进一步扩大趋势，而东部地区省外就业比重仅17%左右。造成这种现象的原因和中国的区域间经济发展结构有关，东部地区由于各种原因，经济发展较快，产业较多，可以容纳大量的外来务工人员，而中西部发展暂时还比较落后，产业较少，所以本省内能容纳的劳动人口有限。但是结合本次调研的数据来看，和全国的数据还是有一定差别的，仅有24.76%选择去省外打工，这主要和我们此次调研选择的地点和省内经济的发展有关，乡镇企业和省内各种产业的兴起，吸收和容纳了更多的外出务工劳动力，所以我们调研的数据和全国的数据有些偏差。

从调研的结果也可以看出，近几年由于产业集聚区的发展，有农村劳动人口回流的现象。通过与村民的交流发现，现在人们也比较在意劳动收入成本差值，虽然东部地区比较发达，务工收入较高，但是生活花销也比较大，当省内的产业发展之后，东部地区的高净收入优势已不再，再加上在外地务工的各种不便和压力，所以更多的人选择回到本地就业。所以外出务工成本收益差值成为村民是否选择外出务工的首要考虑因素。

原来一些学者认为选择外出务工的主要动因是东部地区的高收入和更好的发展机会，但是基于上面的分析，考虑到外出务工面临的经济成本、家庭成本、社交成本，外出务工的高收入优势已不再，受“父母在，不远游”传统思想的影响，在本地务工成为农民一个不错的选择，这是需要我们以后重点关注的。

（二）就业行业选择与经济结构、社会网络存在密切关系

我们把通过调研1822人的务工行业情况得到的数据进行统计梳理，得到图8－3、表8－6。从中可以看出，我们调研的对象当中从事纯农业生产的达到了12.57%，而在非农就业中，建筑业（含装修）占比8.02%，打零工占比8.02%，生活服务业占比将近4%，这几类是农民最主要的非农就业。而从全国层面来看，制造业比例最高，达到了30%，建筑业次之，占将近20%。

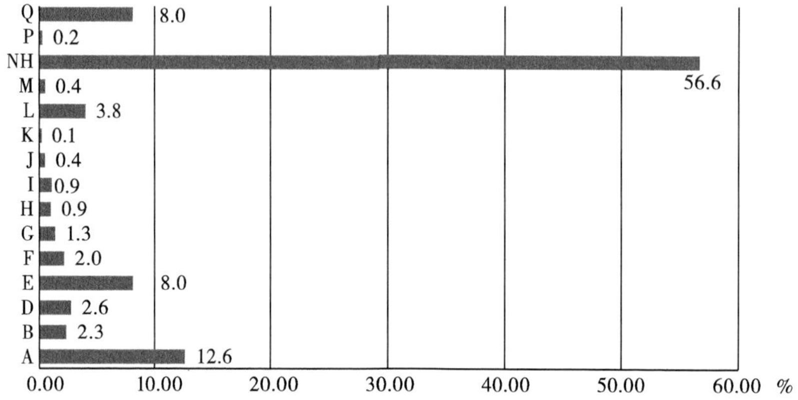

图 8－3　工作行业分布情况

注：A 纯农业；B 副业（家庭手工或手工业）；C 乡村旅游；D 制造业；E 建筑（含装修）；F 运输；G 采掘业；H 商业和商务中介；I 教育；J 医疗；K 金融服务；L 生活服务；M 企业白领；N 开办企业；O 个体户；P 公务员或事业单位；Q 零工；学生、未就业为 NH。

表 8－6　农民工行业分布　（%）

年份	制造业	建筑业	交通运输、仓储和邮政业	批发零售业	住宿餐饮业	居民服务和其他服务业
2008	37.20	13.80	6.40	9.00	5.50	12.20
2009	36.10	15.20	6.80	10.00	6.00	12.70
2010	36.70	16.10	6.90	10.00	6.00	12.70
2011	36.00	17.70	6.60	10.10	5.30	12.20
2012	35.70	18.40	6.60	9.80	5.20	12.20
2013	31.40	22.20	6.30	11.30	5.90	10.60
2014	31.30	22.30	6.50	11.40	6.00	10.20
2015	31.10	21.10	6.40	11.90	5.80	10.60
2016	30.50	19.70	6.40	12.30	5.90	11.10

数据来源：Wind 数据库。

调研结果与全国数据有所差别，从此次的调研情况来看，主要是基于以下三点原因：第一，此次调研的村庄位置比较偏远，周边制造业企业比较少，主要是一些小型家庭式作坊，但是现在房地产行业火热，建筑业发展快速，可吸收容纳的劳动工人也比较多，所以我们调研的数据中从事建筑业的比重比较大，而零工大部分从事的也都是建筑行业，如果去除从事农业和没有 NH 数据，结果与全国水平还是差不多的，但是从事制造业的比重比较低。第二，从调研数据中可以看出，选择在乡镇及村里就业的占了很大比重，而选择留在附近工作的大部分都是从事农村旧房改造，所以在本次调研中建筑业占比比较高。第三，农村外出劳动人员由于没有技术，就业选择渠道有限，只能从事一些技术含量比较低的行业，这是我们以后需要关注的重点，应该更加重视农村外出务工人员的就业培训。

中国社会组织结构以传统的思想为基础，讲究“仁义礼智”和“忠孝义勇”，重视“德行”的重要性，正是基于这种“德行”的价值判断，使得中国人很注重集体主义的文化特征。在市场经济转型过程中，以一个浓厚的集体主义文化为积淀，特别是对典型的内陆农业区而言，乡亲关系的维系和联接尤为重要。

（三）务工收入普遍偏低，人均收入趋于平均化

由于涉及收入情况，在调研的时候获得准确的数据比较困难，被调研的人不愿回答，整理之后总共得到有效数据 583 个，整理如表 8－7 所示。

表 8－7　收入状况

工资收入/元	数量	占比（%）
1000 ~ 10000	59	10. 10
10000 ~ 20400	102	17. 5
20400 ~ 30000	167	28. 64
30000 ~ 40000	118	20. 24
40000 ~ 50000	93	15. 95
50000 ~ 60000	22	3. 80
60000 ~ 70000	8	1. 37
70000 ~ 90000	7	1. 20
90000 ~ 150000	5	0. 86
150000 ~ 300000	2	0. 34

从我们的统计数据来看，调研的农民工的年收入平均数为 33877 元，中位数为 30000 元，折合月均收入分别为 2823 元和 2500 元。从占比角度

来看，有超过 75% 的人年收入在 40000 元以下，折合月收入为 3333 元。仅有 3.77% 的人年收入在 60000 元以上，折合月收入在 5000 元以上。

根据《2017 年农民工监测调查报告》，2017 年，外出务工农民工月均收入 3805 元，比上年增加 233 元，增长 6.5%；本地务工农民工月均收入 3173 元，比上年增加 188 元，增长 6.3%。本地务工农民工月均收入比外出务工农民工低 5632 元，两者的增速差不多。

分地区来看，在东部地区务工的农民工月均收入 3677 元，比上年增加 223 元，增长 6.4%；在中部地区务工的农民工月均收入 3132 元，比上年增加 224 元，增长 7.7%；在西部地区务工的农民工月均收入 3331 元，比上年增加 199 元，增长 6.4%；在东北地区务工的农民工月均收入 3254 元，比上年增加 191 元，增长 6.2%。在中部地区务工的农民工月均收入增速分别比在东部、西部和东北地区务工的农民工高 1.3 个、1.3 个和 1.5 个百分点。

从两类数据对比中可以发现，调研对象的月均收入要低于国家统计的月均收入。这主要和务工地点有关，因为我们调研的对象中，务工地点有 60% 都在本地，而中部地区，尤其是县城的务工收入相对来说是比较低的，这也就导致了我们调研数据得到的月均收入要低于国家层面的监测结果。此外，中部地区务工的农民工月均收入为 3132 元，而我们的调研中，有 75% 以上的人的月均收入在 3333 元以下，比较接近。如果考虑到这里的务工人员还包括本地的包工头等明显高于一般务工人员收入的情况，如调研数据中有 17 人的年均收入在 10 万元以上，则会导致一定的偏差。

不仅如此，在调研当中，由于调研人员的经验不够，对村民进行调研时难免会有隐瞒、低报收入的现象，这主要和调研人员在这一方面的积累不够有关。

即使存在一定的调研误差，我们也可以看到，在农村，农民工的务工收入是普遍偏低的，绝大多数人的年收入都不到 4 万元。超过 9 万元的仅占 1.2%，可以看出高收入人群还是比较少的，但是考虑到瞒报的情况，这个数据可能会更高一点。但从整体来看，这个数据与上一年差距还是比较大的，可能与调研地点也有关，整体上这个数据还是趋于平均化的。

（四）农民工外出转移数量增速稳中有升

对所调研的1822人从事务农情况进行整理统计，如见表8－8、图8－4所示。

表8－8 参与务农情况统计

参与务农情况	人数/人	占比（%）
A	708	38.86
B	548	30.08
C	38	2.08
D	528	28.98
合计	1822	100.00

注：A不参与；B农忙时回家帮忙；C经常在家务农；D全程参与。

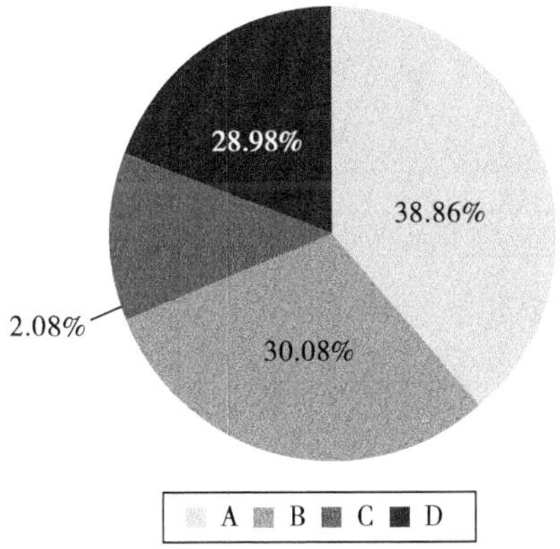

图8－4 务农情况统计分析

注：A不参与；B农忙时回家帮忙；C经常在家务农；D全程参与。

从表8－8、图8－4中可以看出，现在农村不参与务农的比例较高，达到了39%，而全程参与的比例仅有29%，从这个比例可以看出，随着农业生产技术的提高和农业制度的改革，农村中确实已经解放了大量的劳动力。从另一个角度来看，农业剩余劳动力较为有限，现在转移出来的劳动力已经比较多了。

结合全国的情况来看，国家统计局的数据表明，2015年农民工转移数量的增量部分继续下滑，从2010年的1245万人下滑到了2015年的350万人，从另一个数据来看，农民工外出打工人数基本处于零增长，最高802万人，2015年为63万人。从农民工转移的数量来看，明显和2015年城镇化的1.3%不吻合。根据《2017年农民工监测调查报告》可知，2016年农民工总量达到28652万人，比上年增加481万人，增长1.7%，增速比上年加快0.2个百分点。其中，本地农民工11467万人，比上年增加230万人，增长2.0%；外出农民工17185万人，比上年增加251万人，增长1.5%，增速较上年增长1.2个百分点（见图8-5）。

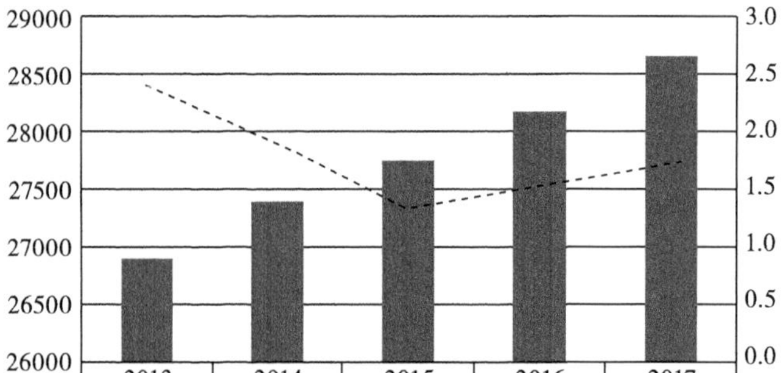

	2013	2014	2015	2016	2017
规模/万人	26894	27395	27747	28171	28652
---- 增速（%）	2.4	1.9	1.3	1.5	1.7

图8-5　全国农民工增量及增速

数据来源：《2017年农民工监测调查报告》。

2017年，中国外出务工人员中15~64岁的占比为74.2%，测算农村劳动力为4.2亿人，而2016年的农民工总量达到2.8亿人，占比达到67%，估算完全参与务农，从事第一产业的比例在25%（注：25%=（100%-67%）×74.2%）。根据我们调研的统计数据，全程参与务农的占比为29%，稍高于全国数据。

从全国层面来看，2013—2017年，农民工的绝对规模是在增长的，但是增速正在趋于平稳，这说明从农业中转移劳动力的速度后劲不足。这种情况的出现，一方面是因为边际递减效应，农业劳动力转移的规模越大，再从中转移出来的难度也就越大；另一方面是因为中国的经济发展环境和经济结构的变化，2015年开始进行供给侧结构性改革，注重供给结构和质量，无形中使中国的劳动力成本也在迅速上升，并且以前东部沿海地区劳动力密集型企业开始向东南亚转移，东部地区经常出现“用工荒”，而且中国特殊的土地制度也导致了沿海劳动力工资的提升，进一步降低了沿海吸纳农村劳动力的能力。

四、宅基地退出意愿低，且所建房屋面积呈大户型趋势

（一）宅基地退出意愿普遍较低

从宅基地的数量来看，剔除掉无效数据之后，共有498份有效数据，其中有91.57%的家庭只有一处宅基地，7.83%的家庭有两处宅基地（见表8－9、图8－6）。

表8－9　宅基地数量

宅基地数量	数量/户	占比（%）
1块	456	91.57
2块	39	7.83
3块	3	0.60
总计	498	100.00

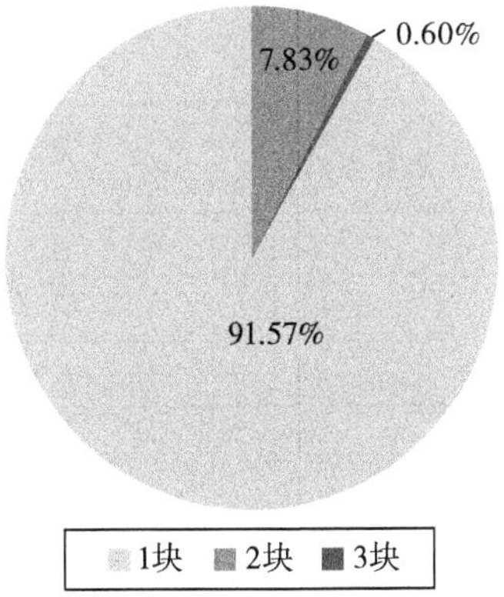

图8－6　宅基地数量

根据本次调查的三个村庄宅基地情况，像台前的徐沙沃村和义马的程村，这些地方普遍一户至少有一块宅基地，从获得时间来看，宅基地主要是在20世纪80年代初和90年代初获得。从间隔时间来看，有63.64%的第二

处宅基地都是同一年得到的，而有将近 15.15% 的宅基地是在第一处宅基地获得 19 年甚至更长时间之后获得的，根据了解到的情况，主要是有部分家庭在孩子长大之后，村里还会划拨第二块宅基地（见表 8－10～表 8－13）。

表 8－10　宅基地（第一处）

宅基地（第一处）时间	数量/块	占比（%）
12 年以下	16	3.46
12～17 年	21	4.55
17～22 年	31	6.71
22～27 年	29	6.28
27～32 年	63	13.64
32～37 年	55	11.90
37 年以上	247	53.46
总计	462	100.00

表 8－11　宅基地（第二处）

宅基地（第二处）时间	数量/块	占比（%）
30 年以下	11	32.35
30～50 年	21	61.76
50 年以上	2	5.89
总计	34	100.00

表 8－12　间隔时间

间隔时间	数量/块	占比（%）
19 年以上	5	15.15
0～18 年	7	21.21
0 年	21	63.64
总计	33	100.00

表 8－13　宅基地面积

宅基地面积（分——十分之一亩）	数量/块	比例（%）
2～3 分	150	30.18
3～4 分	265	53.32
4～5 分	33	6.64

续表

宅基地面积（分——十分之一亩）	数量/块	比例（%）
5～7分	36	7.24
7～9分	12	2.41
9分以上	1	0.21
总计	497	100.00

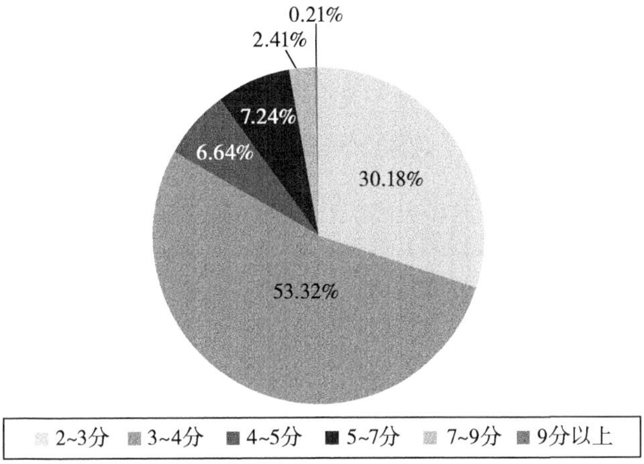

图8－7　宅基地面积

从宅基地面积的统计可以看出，宅基地面积主要分布在2～4分区间内，占比达到了八成以上，折算成面积的话在134～267平方米之间（见图8－7）。

表8－14　宅基地出售意愿

宅基地出售意愿	数量/块	占比（%）
A	4	0.8
B	496	99.2
合计	500	100.00

从宅基地出售意愿来看，99.2%的村民都不愿意出售宅基地，远远高于其他有关宅基地退出研究文献的结果（见表8－14），这可能有以下五方面原因。

第一，禀赋效应现象。根据禀赋效应理论，卖者把失去物品看作损失，把得到金钱看作受益。由于损失比等量受益使人们的心理感受更加强烈，为避免损失带来痛苦，卖者倾向于提高卖价，而买者倾向于降低买价，从而导致禀赋效应。产权的拥有方倾向于把产权价值看得较重，在放弃产权时要求获得的补偿会较高。在调研当中，农民的土地产权私有的观念较强，普遍把宅基地看作自己的私有财产，对于国家法律规定的相应的权利，如所有权、使用权、处置权和收益权并没有具体的认知概念。

第二，问卷设计问题。我们问卷中的问题较为直接，调研对象普遍表达出不愿意退出的意愿。在访谈中，我们曾经尝试变换问法，如“给你多少钱，你愿意退出宅基地”，很多调研对象表示给多少钱都不卖等。改变问法的效果并不明显。

第三，调研对象选取存在偏差。因为农村劳动力基本上都外出务工，所以我们的调研对象普遍是40 岁以上的中老年人。宅基地对于他们而言是生活的基本保障，而出售宅基地对于他们来说意味着保障的不确定性，因此，不愿意出售的意愿比较普遍。调研对象的偏差会使我们得到的结果也会有一定的偏差。如果调研对象是外出务工的青年人，相信调研得到愿意退出的比例会比较高。

第四，宅基地的数量和保障功能。因为调研的农户家庭普遍只有一处宅基地，如果退出就意味着还需要另寻住处，如在县城买房等。对于农民来说，购买成本和生活成本都很高，因此普遍不愿意退出仅有的一处宅基地。农户在普遍只有一处宅基地的情况下，基于保障功能的考虑，对宅基地的看重程度很高，普遍不愿意退出。

第五，乡土情结。虽然已经进入现代社会，但人们还是受到传统思想的影响，“安土重迁”的情结在中原大地比较严重。这种乡土情结会对人们的宅基地退出选择产生重要的阻碍。

（二）房屋建筑面积一定程度上的两极化——艰难的婚嫁市场和农村养老以及收入分化的体现

从房屋面积占比来看，122 平方米以下的房屋占到 49%，而 122 平方米以上的房屋达到 51%。从两端分布来看，有 3% 的房屋面积达到 305 平方米以上，有 2% 的房屋面积在 61 平方米以下，存在一定程度的两极分化现象（见表 8－15、图 8－8）。

表 8－15　房屋面积

房屋面积/平方米	数量/间	占比（%）
61 以下	10	2.02
61～122	233	46.98
122～183	86	17.34
183～244	141	28.33
244～305	11	2.31
305 以上	15	3.02
总计	496	100.00

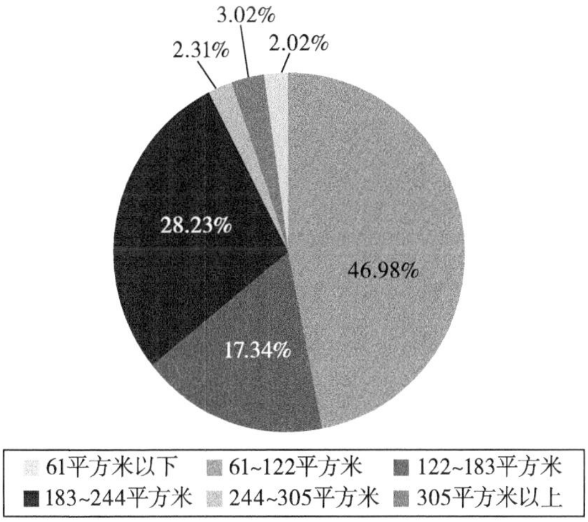

图 8－8　房屋面积占比

国家统计局在官网发布了一篇题为《居民收入持续较快增长 人民生活质量不断提高》的文章称，2016 年全国居民人均住房建筑面积为 40.8 平方米。细分城乡来看，2016 年城镇居民人均住房建筑面积为 36.6 平方米，农村居民人均住房建筑面积为 45.8 平方米。从所调研的情况来看，人均住房建筑面积达到了 40 平方米以上。

表 8-16　建造成本

宅基地建造成本/元	数量/块	占比（%）
37000 以下	218	51.42
37000～74000	84	19.81
74000～111000	63	14.86
111000～148000	26	6.13
148000～185000	26	6.13
185000～222000	4	0.94
222000 以上	3	0.71
总计	424	100.00

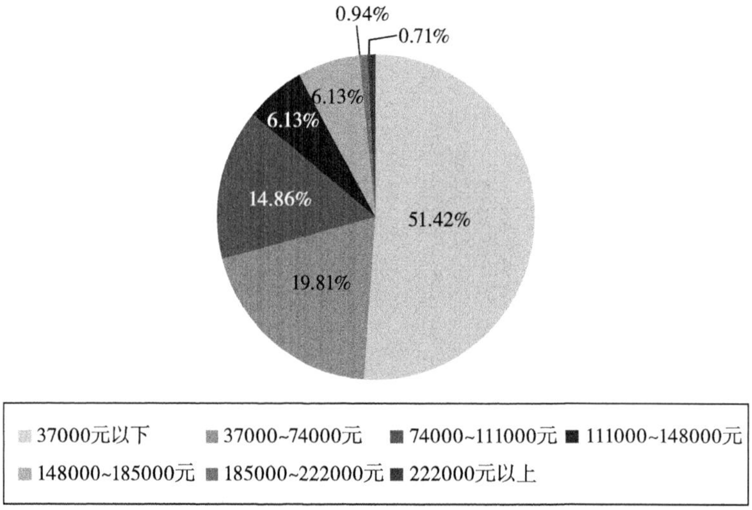

图 8-9　建造成本

从建造成本来看，51%的家庭房屋建造成本在 37000 元以下，九成以上的建造成本都低于 22 万元（见表 8-16、图 8-9）。但是因为我们的调研仅仅是搜集房屋当时的建造成本，并没有搜集建筑时间，因此对于结果的解释会有一定的偏差，在此基础上，我们引入房屋的单位建造成本，根据单位建造成本猜测房屋的建筑时间，看是否可以解释房屋面积的两极化现象。

表 8－17　单位面积建造成本

单位面积建造成本/元	数量/块	占比（%）
180 以下	156	36.79
180～360	116	27.36
360～540	64	15.09
540～720	53	12.50
720～900	12	2.83
900 以上	23	5.43
总计	424	100.00

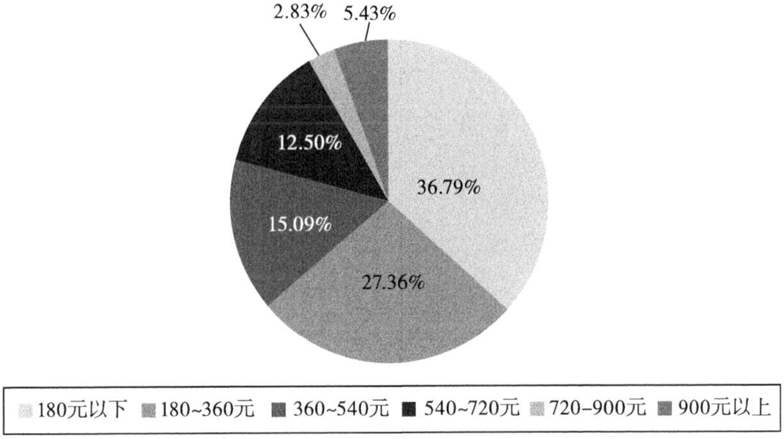

图 8－10　单位面积建造成本

从单位面积建造成本来看，36% 的单位面积建造成本低于 180 元，有 27% 的单位面积建造成本在 180～360 元，有 5% 以上的单位建造成本要大于 900 元。因为农村建房主要是依靠农村自己的施工队，而施工队在收取费用的时候主要是以面积来收取，再加上原材料成本等因素，而这些成本因素和时间有着密切关系，因此，我们可以将单位面积建造成本和房屋面积综合起来考虑，推测出房屋建造时间，进而尝试解释房屋面积的两极化现象。

我们对房屋面积和单位面积建造成本进行分析后发现，36% 的房屋单位建造成本在 180 元以下，49% 的房屋面积在 122 平方米以下，5% 的房屋单位建造成本在 900 元以上，而 3% 以上的房屋面积在 305 平方米以上，结合访谈，我们发现村里的很多 120 平方米以下的房子主要是过去建造的，而新建的房子面积普遍比较大，很多都是为了娶媳妇用的。过去的小的老房子主要是老年人为了避免家庭矛盾而居住的。从这个意义上讲，农村一定程度的房屋面积两极化现象和艰难的婚嫁市场以及农村养老有一定的关系。

课题组成员：李燕燕、纪鸿超、刘珂卿、李震坤、蒋长富、和灵果

第九章　整村分析报告四

——基于龙园村、平王宋村和西明义村的整村调查

2018 年 12 月，河南大学中原发展研究院整村调研第四课题组先后对南阳内乡县湍东镇龙园村、平顶山汝州市寄料镇平王宋村、许昌鄢陵县陈化店乡西明义村进行了入户访谈和问卷调查。三个村农户总数分别为 676 户、326 户和 422 户，调研组分别走访了 248 户、200 户和 149 户，进行入户访谈和问卷调查，共获得 596 份问卷。

一、调研村庄总体情况

（一）内乡县湍东镇龙园村

龙园村属于平原地区，已经与内乡县城区连成一体，距离南阳市区 60 千米，全村 676 户，3586 人，本村劳动人口多数在本县务工经商，外出务工人员约 200 人（见图 9－1、图 9－2）。全村总面积 2500 亩，绝大多数村民已经不再种地。由于已经与县城连成一体，村民主要在县城就业、在村里居住，生活成本低、收入与生活均比较稳定，村里的基础设施建设与公共服务均比较好，通路、通电、通水（自来水）、通网，垃圾污水统一收集统一处理，村民厕所以水冲式卫生厕所为主，但是不通天然气，没有集中供暖。村小学有 8 间教室、11 名教师、6 个年级 270 名学生，本村适龄儿童 70% 在本村就读。村幼儿园 2 所，一所公办、一所民办，公办幼儿园有 5 间教室、6 名教师、100 名儿童。村卫生室总面积 80 平方米，有村医 1 名，35 岁，高中学历，为子承父业。

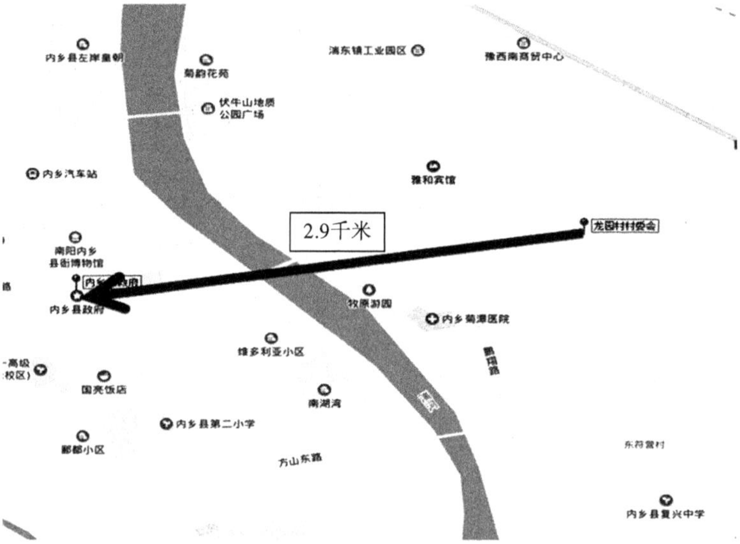

图 9－1　龙园村地理位置 1

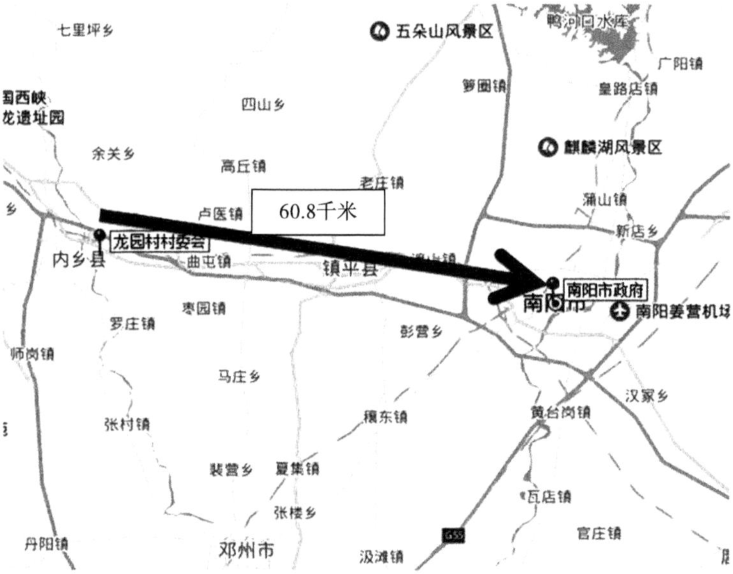

图 9－2　龙园村地理位置 2

（二）汝州市寄料镇平王宋村

平王宋村为典型的山村，距离汝州市区 27 千米、60 分钟车程，全村

326户，1324人，外出务工人员约280人（见图9－3）。全村总面积2万亩，其中耕地950亩，林地1.6万亩，由于耕地已流转给九龙山景区，绝大多数村民不再种地，村里青壮年劳动力多外出就业。由于居住分散，村里基础设施与公共服务较差，进村道路为水泥路，个别村民组尚不通路，需要步行上山，饮用水水源为自建小水库，通过管道送到村民家中，有些村民组不通水需要挑水，通电、通网，垃圾污水就地排放、没有统一处理，村民厕所以普通旱厕为主，不通天然气，没有集中供暖。村小学为小型教学点，有2间教室、2名教师、2个年级6名学生，本村适龄儿童绝大多数不在本村就读。村卫生室总面积90平方米，有村医1名，53岁，高中学历，从医30年，主要收入来源为国家补贴。

图9－3　平王宋村地理位置

（三）鄢陵县陈化店乡西明义村

西明义村为平原地区，距离鄢陵县城10千米、许昌市区19千米，全村422户，1774人，外出务工人员500左右，其中全家迁出约60户（见图9－4）。全村总面积2929亩，耕地2229亩，全村土地多数种植苗木，近年来卖不出去、效益不好，村民已经不再种地，绝大多数青壮年劳动力外出或者在附近的温泉和建业打工。花都温泉、建业地产用了本村土地，不少村民在这两家企业上班，由于本地就业、在村里居住，生活成本低、收入与生活均比较稳定，村里的基础设施建设与公共服务均比较好，通路、通电、通水（自来水）、通网，生活垃圾统一收集统一处理，生活污水自排，村民厕所以卫生旱厕为主，不通天然气，没有集中供暖。村小学为小型教学点，有 6 间教室、9 名教师、4 个年级 61 名学生，本村适龄儿童在本村就读的不到一半。村卫生室 2 个，总面积 150 平方米，有村医 2 名，分别为 44 岁、53 岁，均为大专学历。

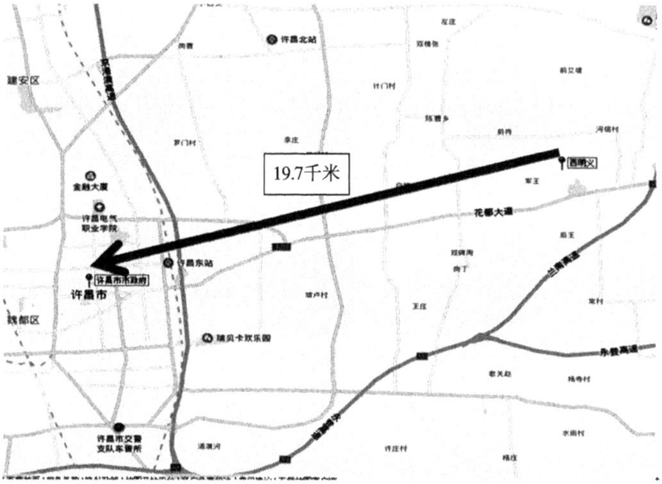

图 9－4　西明义村地理位置

二、调研村庄的发展特征

（一）农业生产经营状况

龙园村属于城中村，原有耕地 2229 亩，经过多次征迁后仅剩 30 亩基本农田，多数村民已经不再直接从事农业生产经营活动。

平王宋村是山区村，村域面积大但耕地面积少，全村 326 户 1324 人仅有 950 亩耕地，户均 2.9 亩，人均 0.72 亩。由于九龙山景区的开发，全村耕地基本上全部流转给了景区，多数村民已经不再从事农业生产经营活动（少数村民在山上开垦小块荒地自己种菜）。由于景区经营不善，多数村民近几年没有获得土地流转收入。

西明义村是平原村，有676户3596人，1020亩耕地，户均1.5亩，人均0.28亩。由于处于鄢陵花木产区，多数村民均把自家的地种成了苗木。苗木生产周期长，前几年形状较好的苗木已经卖出去，目前地里剩下的多是树形不好的，由于市场行情不好，卖不出去，村民基本上没有了来自土地的收入，也不再投入时间和精力对地里的苗木进行管理。

总体上看，三个村多数村民基本上都已经不再从事农业生产经营或者已经不在农业生产经营上投入时间和精力，但原因不同：龙园村是因为已经没有可以耕种的土地；平王宋村是因为将土地流转给了景区；西明义村是因为种上了缺乏流动性的苗木，不需要继续投入时间和精力。获得的收益也不同：龙园村村民获得了每亩5万元左右的耕地补偿；平王宋村约定的是每亩每年500元流转收入，但据村民反映，景区经营状况不好，已经好几年没有拿到钱了；西明义村部分村民土地已经被征收，获得了每亩5万元左右的耕地补偿，部分村民种上了苗木，但目前没有收入。

三个村的典型状况为我们分析人口流动提供了一个视角，即在由于各种原因导致农民不用花费时间和精力从事农业生产的情况下（实际上就是农民不种地了会怎么样），由于土地获得的收入或者补偿不同、区位不同、就业门类与收入不同，农村劳动力会向何处流动，到何处就业？

（二）宅基地和房屋面积

龙园村为城中村，村内土地稀缺，已多年不划拨宅基地，91%的农户有1处宅基地，9%的农户有超过1处宅基地。宅基地面积（包括房屋占地和院落）大多为3～6分，其中3～3.5分占56.8%，4～6分占26.7%。多数宅基地的取得方式是继承；房屋结构多为二层以上楼房，没有低于100平方米的，超过300平方米的达到41.7%（见表9－1、表9－2）。

平王宋村地处山区，适于建房的土地有限，村内也早已不再划拨宅基地，87.6%的农户有1处宅基地，12.4%的农户有超过1处宅基地。宅基地面积（包括房屋占地和院落）大多为 3 ~ 4 分，占 56.5%。该村的房屋多为瓦房或者平房，楼房极少，建筑面积低于 100 平方米的高达 39.2%，超过 300 平方米的仅有 18.3%（见表 9 - 1、表 9 - 2）。

由于土地紧张，西明义村也早已不再划拨宅基地，85.2% 的农户有 1 处宅基地，14.8% 的农户有超过 1 处宅基地。该村宅基地面积相对较小，低于 3 分的高达 47%，高于 3 分的仅有 18.4%；从房屋结构看，该村年轻一代的房子以楼房为主（二层或者三层），老人则以瓦房或者平房为主，建筑面积在 0 ~ 100 平方米、110 ~ 180 平方米、200 ~ 280 平方米、300 平方米以上四个区间段较为均衡（见表 9 - 1、表 9 - 2）。

从宅基地看，三个村绝大多数村民（91%、87.6%、85.2%）只有一处宅基地，农村不再为村民批建新的宅基地已经成为常态；从房屋面积看，三个村存在较大差异。龙园村属于城中村，经济情况较好，其房屋面积在 200 平方米以上的高达 71.1%，300 平方米以上的达到 41.7%；而平王宋村经济条件最差，其房屋面积在 200 平方米以上的只有 32.7%，300 平方米以上的只有 18.3%；西明义村经济状况居中，房屋面积也居中，200 平方米以上的为 42.3%，300 平方米以上的为 21.5%。

表 9 - 1　各村宅基地面积情况

村庄	宅基地面积区间/分	区间占比（%）
龙园村	1 ~ 2.5	10.8
	3 ~ 3.5	56.8
	4 ~ 6	26.7
	7 ~ 10	5.7
平王宋村	1.2 ~ 2.5	16.3
	3 ~ 4	56.5
	5 ~ 7	16.3
	>8	10.9
西明义村	1.5 ~ 2.6	47.0
	3	34.2
	3.5 ~ 5	13.4
	6 ~ 8	5.4

表 9－2　各村房屋面积情况

村庄	房屋面积区间/平方米	区间占比（%）
龙园村	0～100	0.0
	100～200	28.9
	200～280	29.4
	>300	41.7
平王宋村	0～100	39.2
	100～180	28.1
	200～280	14.4
	>300	18.3
西明义村	0～100	34.2
	110～180	23.5
	200～280	20.8
	>300	21.5

（三）家庭人口构成

从平均每户的人口看，龙园村、平王宋村和西明义村分别为 3.88 人、3.25 人、5.28 人，西明义村的户均人口较高；其中每户 3～5 口人的家庭占比最高，分别为 46.98%、39.50% 和 67.34%（见表 9－3、表 9－4）。

表 9－3　各村家庭人口数量情况 1

村庄	调研总户数/户	调研户总人口/人	平均人口（人/户）
龙园村	248	963	3.88
平王宋村	200	650	3.25
西明义村	149	787	5.28

表 9－4　各村家庭人口数量情况 2

村庄	家庭人口数/人	区间占比（%）
龙园村	1～2	8.05
	3～5	46.98
	6～8	38.26
	9 及以上	6.71

续表

村庄	家庭人口数/人	区间占比（%）
平王宋村	1～2人	46.00
	3～5	39.50
	6～8	13.50
	9	1.00
西明义村	1～2	16.94
	3～5	67.34
	6～8	14.11
	9	1.61

（四）村民教育状况

从教育状况看，三个村各年龄段受教育总体情况大体一致。

60岁以上人口以文盲或小学学历为主，占67.72%，接受教育的地点多为本村或本镇，初中及以上学历者较少，大专、大学学历者只占0.49%（见图9－5）。

30～60岁人口以初中学历为主，占55.80%，但文盲和小学学历依然占30.83%，高中及以上学历者占13.37%，明显高于60岁以上人口（5.77%），接受教育的地点同样以在本村或本镇为主（见图9－5）。

18～30岁人口也以初中学历为主，占45.42%，文盲和小学学历的比例明显下降，占10.69%，相比之下，高中或者中专学历者，大专、大学及以上学历者与上述两个年龄段的人群相比明显增多，分别占19.57%和24.32%（见图9－5）。

比较三个村，西明义村的受教育程度要好于其余两个村，平王宋村的受教育程度最低（见表9－5、图9－6～图9－8）。

表9－5　三个村庄各年龄段各种学历人口占比　（%）

平王宋村	文盲或小学	初中	高中或中专	大专、大学及以上
18～30岁	19.78	48.35	18.68	13.19
30～60岁	46.43	44.64	7.14	1.79
60岁以上	79.64	17.96	1.80	0.60

续表

西明义村	文盲或小学	初中	高中或中专	大专、大学及以上
18～30 岁	4. 35	39. 13	21. 74	34. 78
30～60 岁	16. 72	60. 06	17. 65	5. 57
60 岁以上	55. 65	33. 91	9. 57	0. 87
龙园村	文盲或小学	初中	高中或中专	大专、大学及以上
18～30 岁	7. 93	48. 78	18. 29	25. 00
30～60 岁	29. 35	62. 69	6. 22	1. 74
60 岁以上	67. 86	27. 68	4. 46	0. 00
平均情况	文盲或小学	初中	高中或中专	大专、大学及以上
18～30 岁	10. 69	45. 42	19. 57	24. 32
30～60 岁	30. 83	55. 80	10. 34	3. 03
60 岁以上	67. 72	26. 52	5. 28	0. 49

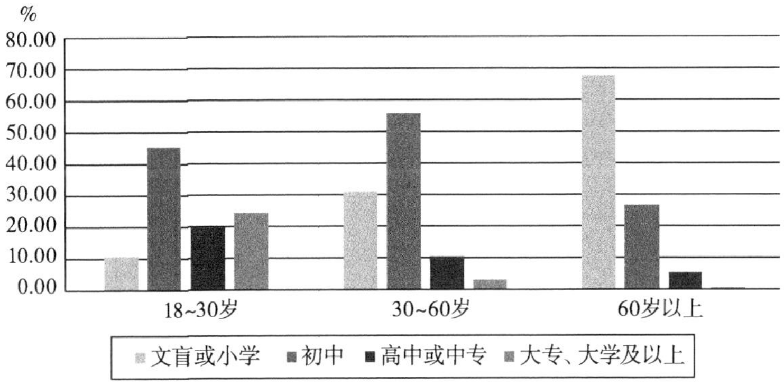

图 9－5　调研的三个村分年龄段平均学历情况

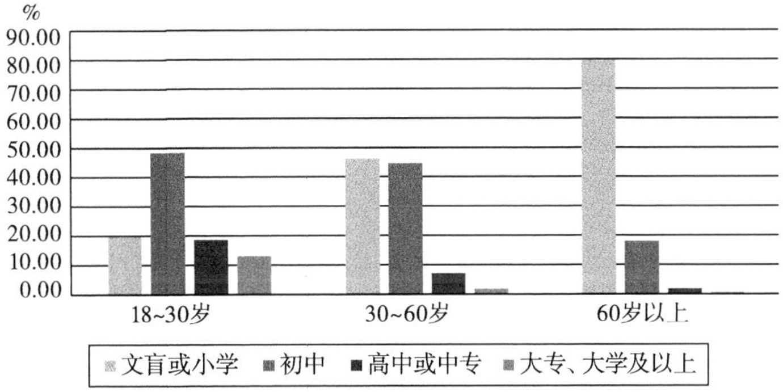

图 9－6　平王宋村分年龄段学历情况

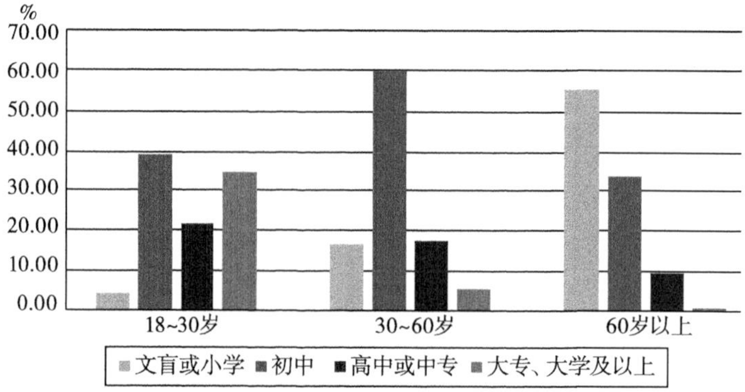

图9－7　西明义村分年龄段学历情况

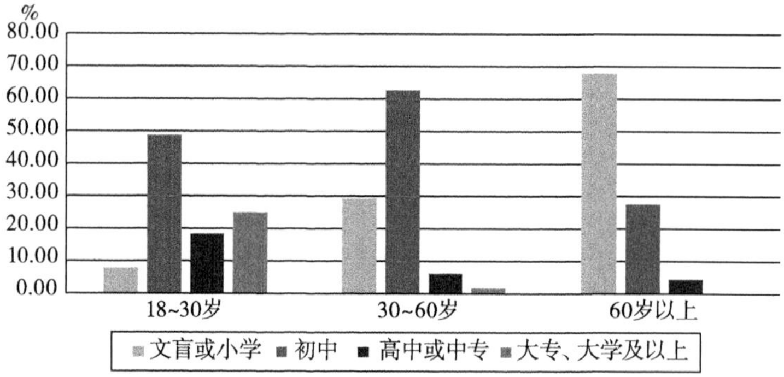

图9－8　龙园村分年龄段学历情况

从小学在读学生就读地点来看，平王宋村共有54名小学在读学生，就读地点在本村的只有6名，占11.11%，而西明义村就读地点在本村的为73.60%，龙园村就读地点在本村的为69.53%（见表9－6）。综合来看，三个村在读小学生在本乡镇（包括本村、邻村和镇区）就读比例分别为62.96%、80%、75%，本地就读仍然是就学的主要渠道。

表9－6　三个村庄目前小学在读学生就读地点占比　（%）

村	本村	本镇	本县城	本市（除本县城）	郑州	省外	其他
平王宋村	11.11	51.85	5.56	11.11	3.71	1.85	14.81
西明义村	73.60	6.40	4.00	5.60	4.80	0.80	4.80
龙园村	69.53	5.47	3.13	3.13	1.56	0.78	16.40

（五）人口流动与务工情况

1. **人口流动总体状况**

人口流动主要由两部分构成：

第一，务工转移。这部分人口在总的人口流动中占较大比重，约占58.90%。从务工工作来源看，自行外出务工的占46.70%，通过熟人介绍外出打工的占4.62%，被用人单位招聘外出务工者占2.22%。

第二，上学后就业。总体来看，这部分人口流动在总人口流动中所占的比重不大，其中上大学的占比为17.34%，三个村的情况基本一致。从人口流动的地域看，地域分布较为广泛，就业地和上学所在地关系较为密切，总体上以省内为主。从所从事的职业看，以第三产业为主，如教育、医疗、公务员等。

第三，自行创业和其他情况，这部分约占1.87%。

2. **外出务工情况**

外出务工的主要类型有：

第一，总体来看，三个村占比最高的是从事生活服务业，达到24.35%。三个村从事生活服务业的人员占比分别为23.20%、18.33%和31.60%（见表9-7）。

表9-7　各村庄务工行业情况

平王宋村工作行业情况			西明义村工作行业情况			龙园村工作行业情况			总体情况
工作行业	人数/人	占比（%）	工作行业	人数/人	占比（%）	工作行业	人数/人	占比（%）	平均占比（%）
B	0	0.00	B	9	3.00	B	2	0.74	1.59
C	1	0.80	C	0	0.00	C	5	1.86	0.87
D	9	7.20	D	29	9.68	D	24	8.92	8.93
E	10	8.00	E	66	22.00	E	71	26.40	21.18
F	8	6.40	F	10	3.33	F	5	1.86	3.32
G	5	4.00	G	7	2.33	G	1	0.37	1.87
H	2	1.60	H	6	2.00	H	1	0.37	1.30
I	6	4.80	I	9	3.00	I	3	1.12	2.59

续表

平王宋村工作行业情况			西明义村工作行业情况			龙园村工作行业情况			总体情况
工作行业	人数/人	占比（%）	工作行业	人数/人	占比（%）	工作行业	人数/人	占比（%）	平均占比（%）
J	2	1.60	J	9	3.00	J	1	0.37	1.73
K	1	0.80	K	3	1.00	K	2	0.74	0.86
L	29	23.20	L	55	18.33	L	85	31.60	24.35
M	7	5.60	M	2	0.67	M	5	1.86	2.02
N	0	0.00	N	0	0.00	N	2	0.74	0.29
O	21	16.80	O	12	4.00	O	14	5.21	6.77
P	9	7.20	P	4	1.33	P	12	4.46	3.60
Q	15	12.00	Q	79	26.33	Q	36	13.38	18.73

注：A 纯农业；B 副业（家庭手工或手工业）；C 乡村旅游；D 制造业；E 建筑（含装修）；F 运输；G 采掘业；H 商业和商务中介；I 教育；J 医疗；K 金融服务；L 生活服务；M 企业白领；N 开办企业；O 个体户；P 公务员或事业单位；Q 零工（非农务工大多时间没有固定的唯一类型工作）；学生、未就业填 NH。

从受教育程度来看，从事生活服务业人员的学历以初中为主，占比为65.68%；其次是高中，占比为15.38%；大专以上最少，占比为4.73%。三个村差别不大（见表9－8）。

表9－8　三个村庄从事生活服务业人员学历状况　（%）

村庄	小学	初中	高中	大专以上
平王宋村	17.24	65.52	13.79	3.45
西明义村	16.36	61.82	18.18	1.82
龙园村	4.71	68.24	14.12	7.06
总体情况	10.65	65.68	15.38	4.73

注：各行数据各占比加总不为1，是因为没有包括所有选项的比例。

从生活服务业人员就业地点看，三个村整体比例最高的是本县县城，占比为28.4%。龙园村为城中村，在生活服务业从业人员本地就业的比例高达43.53%、而平王宋村为山村，生活服务业从业人员以外省就业为主，占比为55.17%（见表9－9）。

表9-9　三个村庄从事生活服务业人员就业地状况　（%）

	本村	本镇	本县县城	本市市区	郑州	省外
平王宋村	13.79	3.45	3.45	17.24	3.45	55.17
西明义村	9.09	23.64	18.18	5.45	5.45	20.00
龙园村	10.59	1.18	43.53	14.12	4.71	22.35
总体情况	10.65	8.88	28.40	11.83	4.73	27.22

注：各行数据占比加总不为1，是因为没有包括所有选项的比例。

第二，总体占比第二的就业行业是建筑业，占21.18%。三个村外出务工人员从事建筑行业的比例分别为8%、22%和26.39%（见表9-7）。从年龄结构来看，建筑业从业人员年龄占比最高的是40~50岁，占44.53%；50岁以上，占27.01%；30~40岁，占26.28%；30岁以上从事建筑业的比例很低，为7.3%（见表9-10）。

表9-10　三个村庄从事建筑业人员年龄状况　（%）

	50岁以上	40~50岁	30~40岁	25~30岁
平王宋村	40.00	40.00	20.00	0.00
西明义村	25.76	43.94	16.67	9.09
龙园村	22.54	39.44	32.39	5.63
总体情况	27.01	44.53	26.28	7.30

注：各行数据占比加总不为1，是因为没有包括所有选项的比例。

从受教育程度看，从事建筑业人员的学历也是以初中为主，占比为70.07%；其次是小学，占比为21.77%；高中以上占比为5.44%；大专以上为0。数据显示受教育程度越高，从事建筑业的比例越低（见表9-11）。

表9-11　三个村庄从事建筑业人员学历状况　（%）

	小学	初中	高中	大专以上
平王宋村	20.00	80.00	0.00	0.00
西明义村	30.30	62.12	6.06	0.00
龙园村	14.08	76.06	5.63	0.00
总体情况	21.77	70.07	5.44	0.00

注：各行数据占比加总不为1，是因为没有包括所有选项的比例。

第三，制造业是总体占比第四的行业。三个村从事制造业的占比分别为7.20%、9.67%、8.92%（见表9－7）。从年龄结构看，制造业从业人员年龄占比最高的是30～40岁、25～30岁，均为30.65%，25～40岁占比合计达到60.3%（见表9－12）。

表9－12　三个村庄从事制造业人员年龄状况　（%）

	50岁以上	40～50岁	30～40岁	25～30岁	25岁以下
平王宋村	11.11	22.22	44.44	22.22	0.00
西明义村	20.69	20.69	27.59	17.24	13.79
龙园村	0.00	12.50	29.17	50.00	8.33
总体情况	11.29	17.74	30.65	30.65	9.68

注：各行数据占比加总不为1，是因为没有包括所有选项的比例。

从受教育程度来看，从事制造业人员的学历也是以初中为主，占比为66.13%；其次是高中，占比为19.35%；大专以上占比为8.06%；小学占比为3.23%。数据显示在工厂打工的以初中、高中为主，制造业比建筑业学历要求高（见表9－13）。

表9－13　三个村庄从事制造业人员学历状况　（%）

	小学	初中	高中	大专以上
平王宋村	0.00	77.78	22.22	0.00
西明义村	6.90	62.07	20.69	6.90
龙园村	0.00	66.67	16.67	12.50
总体情况	3.23	66.13	19.35	8.06

注：各行数据占比加总不为1，是因为没有包括所有选项的比例。

从制造业就业人员就业地点来看，三个村整体比例最高的是省外，占比为33.87%；其次为郑州市，占比为30.65%。这说明本地制造业不发达，创造的就业机会少（见表9－14）。

表9－14　三个村庄从事制造业人员就业地状况　（%）

	本村	本镇	本县县城	本市市区	郑州	省外
平王宋村	0.00	33.33	0.00	0.00	22.22	44.44
西明义村	13.79	17.24	10.34	13.79	17.24	27.59
龙园村	4.17	0.00	0.00	8.33	50.00	37.50

续表

	本村	本镇	本县县城	本市市区	郑州	省外
总体情况	8.06	12.90	4.84	9.68	30.65	33.87

注：各行数据占比加总不为1，是因为没有包括所有选项的比例。

第四，从外出务工者总体地域流向看，在本县的占比最高，为20.91%；其次是本镇、本村，分别为19.22%、16.22%；最后是本市、郑州，分别为7.14%、6.62%（见表9－15）。

表9－15　各村务工工作地点情况

平王宋村			西明义村			龙园村			总体情况
工作地点	人数/人	占比（%）	工作地点	人数/人	占比（%）	工作地点	人数/人	占比（%）	平均占比（%）
A	25	15.73	A	44	13.84	A	56	19.12	16.22
B	41	25.79	B	99	31.13	B	8	2.73	19.22
C	11	6.92	C	76	23.90	C	74	25.26	20.91
D	6	3.77	D	15	4.72	D	6	2.05	3.51
E	0	0.00	E	0	0.00	E	1	0.34	0.13
F	15	9.43	F	14	4.40	F	26	8.87	7.14
G	11	6.92	G	16	5.03	G	24	8.19	6.62
H	1	0.63	H	0	0.00	H	1	0.34	0.26
I	0	0.00	I	3	0.94	I	0	0.00	0.39
J	0	0.00	J	7	2.20	J	6	2.05	1.69
K	8	5.03	K	7	2.20	K	48	16.38	8.18
L	2	1.26	L	1	0.31	L	3	1.02	0.78
M	0	0.00	M	2	0.63	M	4	1.37	0.78
N	18	11.32	N	6	1.89	N	9	3.07	4.29
O	7	4.40	O	11	3.46	O	9	3.07	3.51
P	7	4.40	P	3	0.94	P	3	1.02	1.69
Q	5	3.14	Q	8	2.52	Q	13	4.44	3.38
R	2	1.26	R	6	1.89	R	2	0.68	1.30

注：A本村；B本乡镇；C本县县城；D本市其他乡镇；E本市其他县城；F本市市区；G郑州市区；H郑州县区；I省内其他地级市下辖乡镇；J省内其他地级市下辖县区；K本省其他地级市区；L外省乡镇；M外省县城；N外省一般地级市；O外省省会城市；P京津冀；Q长三角；R珠三角；S国外。

第五，从学历与从业人员的工作行业情况来看，小学学历人员从事纯农业的比例最大。这也符合我们的常规观念，学历较低只能从事简单易做的行业。从表9－16中可以明显看出，本科以下学历从事的行业较为集中，从事纯农行业占比最大，尤其是小学学历占比为43.50%，本科及本科以上学历所从事的行业比较分散，这与所学专业及择业选择较多有关（见表9－16、图9－9）。

表9－16　学历与从业人员工作行业情况

	小学		初中		高中		大学	
工作行业	人数/人	占比（%）	人数/人	占比（%）	人数/人	占比（%）	人数/人	占比（%）
A	87	43.50	136	24.42	32	26.89	6	9.52
B	0	0.00	10	1.79	1	0.84	0	0.00
C	1	0.50	5	0.89	0	0.00	1	1.59
D	5	2.50	41	7.36	11	9.24	6	9.52
E	32	16.00	90	16.16	7	5.88	1	1.59
F	2	1.00	17	3.05	4	3.36	1	1.59
G	1	0.50	6	1.08	1	0.84	0	0.00
H	1	0.50	8	1.44	1	0.84	1	1.59
I	0	0.00	2	0.36	6	5.04	10	15.87
J	0	0.00	3	0.54	5	4.20	6	9.52%
K	1	0.50	4	0.72	1	0.84	4	6.35
L	26	13.00	118	21.18	20	16.81	9	14.29
M	0	0.00	3	0.54	4	3.36	7	11.11
N	0	0.00	2	0.36	0	0.00	0	0.00
O	4	2.00	31	5.56	9	7.57	3	4.76
P	0	0.00	10	1.80	8	6.72	8	12.70
Q	40	20.00	71	12.75	9	7.57	0	0.00

注：A纯农业；B副业（家庭手工或手工业）；C乡村旅游；D制造业；E建筑（含装修）；F运输；G采掘业；H商业和商务中介；I教育；J医疗；K金融服务；L生活服务；M企业白领；N开办企业；O个体户；P公务员或事业单位；Q零工（非农务工大多时间没有固定的唯一类型工作）；学生、未就业填NH。

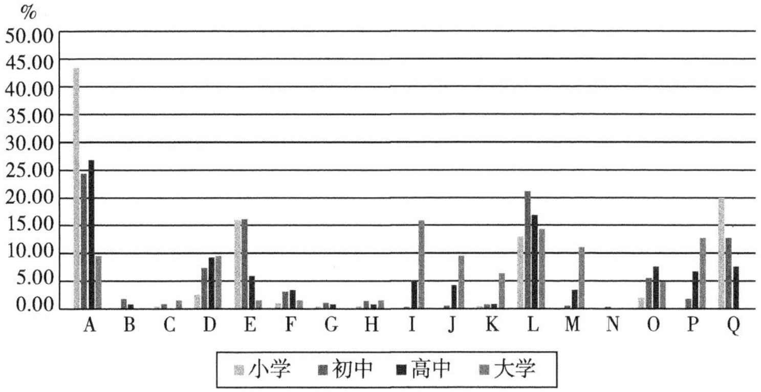

图 9－9　学历与从业人员行业情况分析

第六，从学历与从业人员工作地点情况来看可以分成两部分。一是本科以下学历，这部分人员在本村及本县内工作占比为50%以上，因为学历低不能在大城市找到高收入的工作，无法满足正常的日常开销，更无法在大城市买房娶妻生子，所以选择离家近的工作地。二是本科及本科以上学历，这些人员在获得高学历后，有获得高收入的机会，他们的选择地点较广，从表9－17中的数据来看，本科及本科以上学历在本县县城就业占达到22.22%，这些人员主要从事公务员及事业单位。其中，在本市市区及郑州市区占比分别为14.28%和12.70%，在获得高学历后他们选择离开农村到城市生活，与北、上、广、深相比，本市市区及郑州对他们的吸引力更大一些（见表9－17、图9－10）。

表 9－17　学历与从业人员工作地点情况

	小学		初中		高中		大学	
工作地点	人数/人	占比（%）	人数/人	占比（%）	人数/人	占比（%）	人数/人	占比（%）
A	125	48.64	182	32.50	50	38.46	9	14.29
B	53	20.62	71	12.68	14	10.77	3	4.76
C	29	11.28	100	17.86	18	13.84	14	22.22
D	5	1.95	15	2.68	3	2.31	1	1.59
E	0	0.00	1	0.18	0	0.00	0	0.00
F	5	1.95	34	6.07	10	7.69	9	14.28

续表

工作地点	小学		初中		高中		大学	
	人数/人	占比（%）	人数/人	占比（%）	人数/人	占比（%）	人数/人	占比（%）
G	3	1.17	34	6.07	12	9.23	8	12.70
H	0	0.00	2	0.36	0	0.00	0	0.00
I	1	0.39	1	0.18	0	0.00	1	1.59
J	4	1.56	6	1.07	1	0.77	0	0.00
K	11	4.28	47	8.39	4	3.08	2	3.17
L	0	0.00	6	1.07	0	0.00	1	1.59
M	0	0.00	4	0.71	0	0.00	2	3.17
N	6	2.33	16	2.86	6	4.61	7	11.11
O	8	3.11	15	2.68	2	1.54	1	1.59
P	1	0.39	6	1.07	5	3.85	1	1.59
Q	6	2.33	12	2.14	5	3.85	1	1.59
R	0	0.00	8	1.43	0	0.00	3	4.76

注：A 本村；B 本乡镇；C 本县县城；D 本市其他乡镇；E 本市其他县城；F 本市市区；G 郑州市区；H 郑州县区；I 省内其他地级市下辖乡镇；J 省内其他地级市下辖县区；K 本省其他地级市区；L 外省乡镇；M 外省县城；N 外省一般地级市；O 外省省会城市；P 京津冀；Q 长三角；R 珠三角；S 国外。

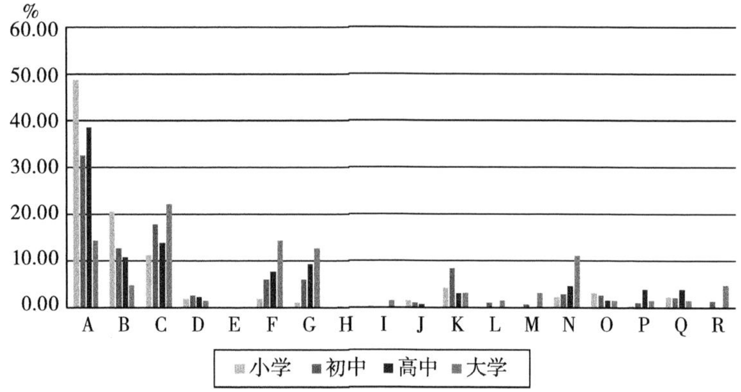

图 9－10　学历与从业人员工作地点情况分析

（六）家庭收入和家庭财产状况

从平均家庭收入来看，平王宋村、西明义村和龙园村分别为 3.17 万元、7.01 万元和 3.78 万元，西明义村的家庭收入明显高于另两个村。原因可能是西明义村靠近县城，且旁边的花都温泉为村民提供了很多工作岗位，同时，村民种植的花卉也有一定的收入，而平王宋村地处大山深处，几乎没有农业经营收入，务工收入构成全部家庭收入，无法外出务工者如老年人的生活基本靠老年补助（100元/月），故家庭收入较低（见表9－18）。

从家庭收入结构看，除个别家庭外，多数农户的家庭收入由两部分构成：农业经营收入和务工收入，从二者的构成比例看，近年来务工收入所占比例持续增加，从三个村的情况看，务工收入占家庭总收入的比重平均在94.64%，三个村的务工收入占比分别为96.09%、92.28%和95.55%。来自农业的收入则持续下降且不稳定，如龙园村、平王宋村和西明义村基本没有农业经营收入（见表9－19、图9－11）。

从农户家庭收入层级看，0～2万元的收入占比37.76%，2万～5万元的占比为34.95%，5万～10万元的占比为20.59%，大于10万元的占比为6.70%。家庭收入的户均差别较大，高的可达50万元/年，低的仅2000元/年（见表9－20、图9－12～图9－15）。

表9－18　各村户均家庭收入情况　　单位：元

村庄	总收入	调研户数	平均家庭年收入	最大值	最小值
平王宋村	6143290	200	31666	480000	2400
西明义村	9330100	149	70151	500000	2000
龙园村	9149930	248	37810	180000	2800

表9－19　各村家庭收入结构情况　　（%）

村庄	农业收入占比	务工收入占比
平王宋村	0.10	96.09
西明义村	0.91	92.28
龙园村	2.06	95.55
平均占比	1.02	94.64

注：农业收入占比＝农业总收入/家庭总收入；务工收入占比＝务工总收入/家庭总收入。

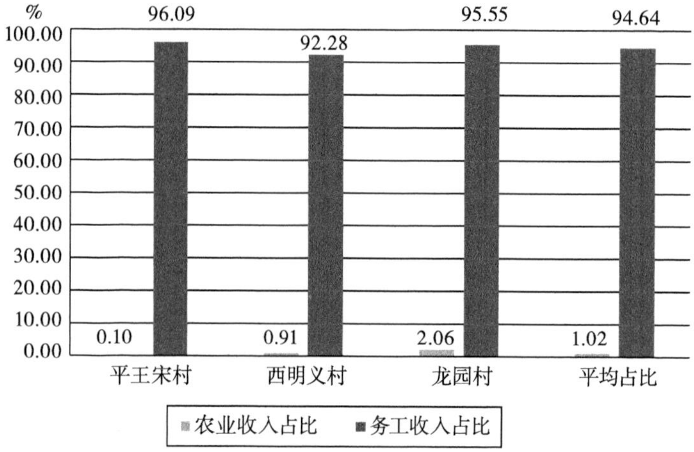

图 9－11　各村家庭收入结构情况

表 9－20　各村不同家庭收入占比情况

	家庭总收入区间	区间占比（%）
平王宋村	0～2 万元	62.50
	2 万～5 万元	24.50
	5 万～10 万元	9.00
	>10 万元	4.00
西明义村	0～2 万元	26.18
	2 万～5 万元	23.49
	5 万～10 万元	36.24
	>10 万元	14.09
龙园村	0 万～2 万元	24.60
	2 万～5 万元	56.85
	5 万～10 万元	16.53
	>10 万元	2.02
平均情况	0～2 万元	37.76
	2 万～5 万元	34.95
	5 万～10 万元	20.59
	>10 万元	6.70

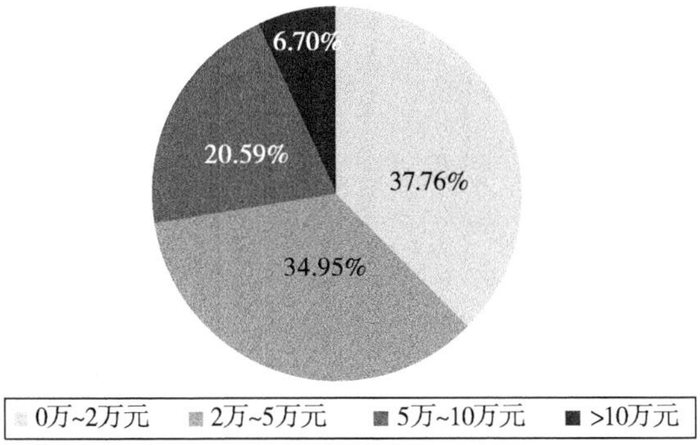

图 9－12　调研的三个村家庭平均收入情况

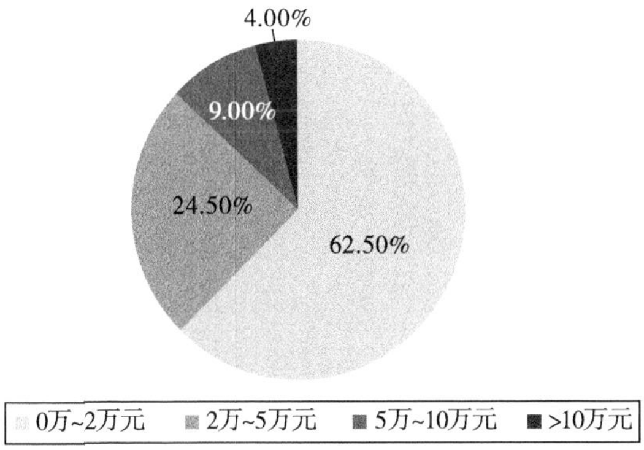

图 9－13　平王宋村家庭收入情况

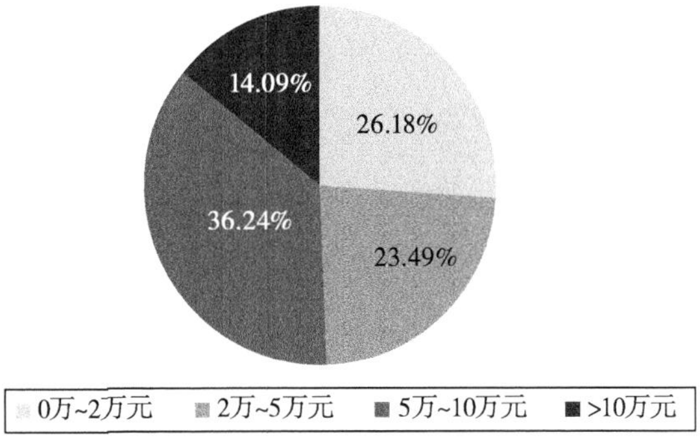

图 9－14　西明义村家庭收入情况

从家庭主要劳动力受教育程度来看，随着家庭主要劳动力受教育程度的提高，农户家庭的总收入也在提高，从调研的三个村庄的平均情况

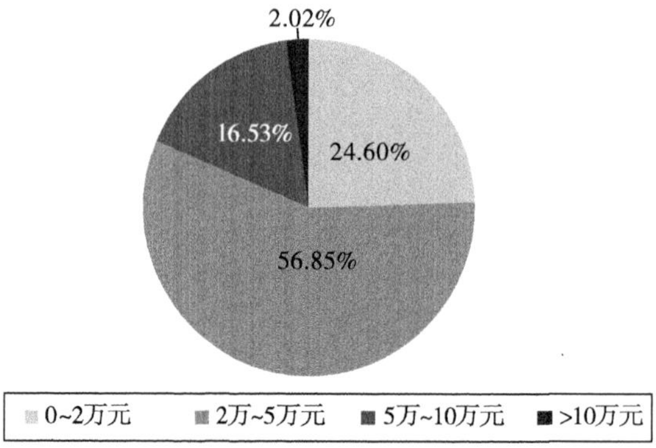

图 9－15 龙园村家庭收入情况

来看，家庭主要劳动力中受教育程度为文盲或小学的农户家庭总收入为 0～2 万元的占比为 72.26%，2 万～5 万元的占比为 23.36%，5 万～10 万元的占比为 1.46%，大于 10 万元的占比为 2.92%；家庭主要劳动力中受教育程度为初中的农户家庭总收入为 0～2 万元的占比为 25.71%，2 万～5 万元的占比为 49.29%，5 万～10 万元的占比为 22.50%，大于 10 万元的占比为 2.50%；家庭主要劳动力中受教育程度为高中或中专的农户家庭总收入为 0～2 万元的占比为 20.00%，2 万～5 万元的占比为 32.94%，5 万～10 万元的占比为 30.95%，大于 10 万元的占比为 16.47%；家庭主要劳动力中受教育程度为大专、大学及以上的农户家庭总收入为 0～2 万元的占比为 11.11%，2 万～5 万元的占比为 41.27%，5 万～10 万元的占比为 34.92%，大于 10 万元的占比为 12.70%（见表 9－21、图 9－16～图 9－19）。

表 9－21 各村不同家庭主要劳动力受教育程度占比情况

村庄	学历	家庭总收入			
		0～2 万元	2 万～5 万元	5 万～10 万元	>10 万元
平王宋村	文盲或小学	81.18	12.94	2.35	3.53
	初中	52.44	35.37	9.75	2.44
	高中或中专	35.00	25.00	30.00	10.00
	大专、大学及以上	0.00	50.00	33.33	16.67

续表

村庄	学历	家庭总收入			
		0～2 万元	2 万～5 万元	5 万～10 万元	>10 万元
西明义村	文盲或小学	63.64	27.27	0.00	9.09
	初中	17.86	32.14	46.43	3.57
	高中或中专	5.56	25.00	38.89	30.55
	大专、大学及以上	10.71	17.86	50.00	21.43
龙园村	文盲或小学	56.10	43.90	0.00	0.00
	初中	13.38	64.09	20.42	2.11
	高中或中专	27.59	48.27	20.69	3.45
	大专、大学及以上	13.79	62.07	20.69	3.45
平均情况	文盲或小学	72.26	23.36	1.46	2.92
	初中	25.71	49.29	22.50	2.50
	高中或中专	20.00	32.94	30.59	16.47
	大专、大学及以上	11.11	41.27	34.92	12.70

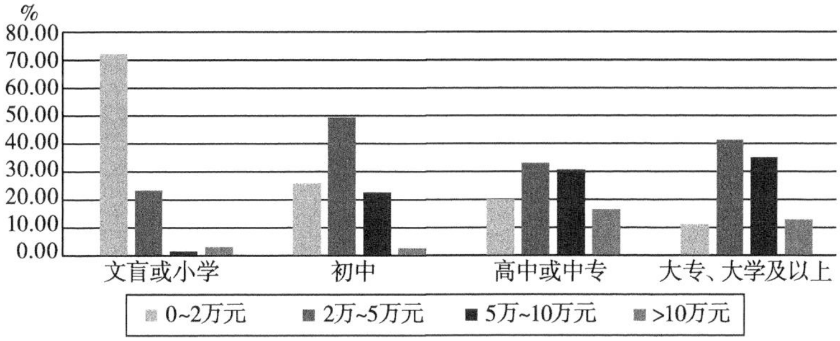

图 9－16　三村家庭主要劳动力受教育平均情况

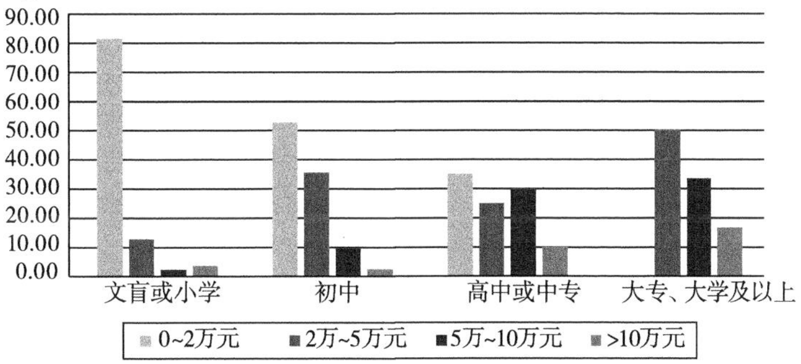

图 9－17　平王宋村家庭主要劳动力受教育情况

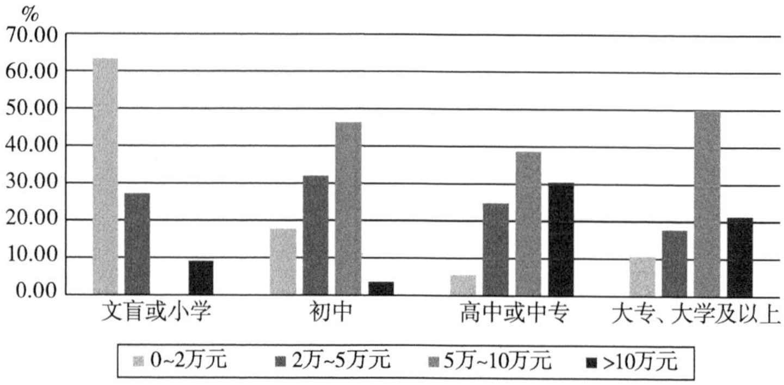

图 9－18　西明义村家庭主要劳动力受教育情况

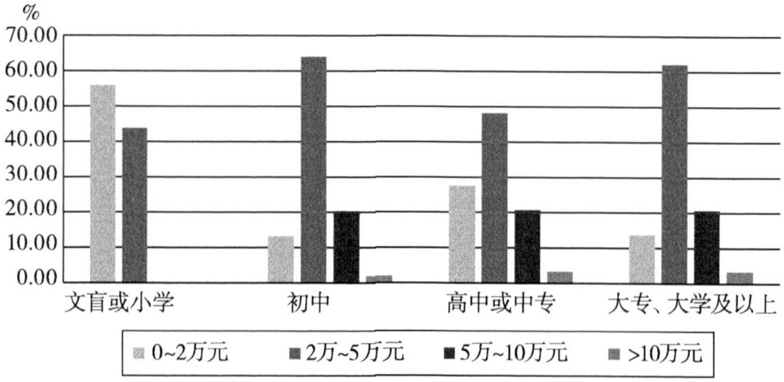

图 9－19　龙园村家庭主要劳动力受教育情况

与此同时，农户的支出也在不断增加，在对农户的访谈中发现，多数农户的收支大体相抵，仅有少数农户每年都有结余。从不同农户的家庭收入与支出来看，有外出务工能力的年轻人对农业经营收入的依赖不断降低，但对无务工能力者（60 岁以上以及病残者）来说，农业依然发挥着重要的就业和社会保障功能，一旦失去农业收入，老年人的生活将陷入困境。

从对土地及房屋的估值看，由于没有市场行情，多数农民无法估算自己土地和房子的价值。根据访谈中极少的例子可大致估算出耕地的价值在 3 万～5 万元/亩，宅基地在 1 万～2 万元/分，房屋大体在 30 万～40 万元（200 平方米）（以西明义村为例）。

从农户借款情况看，三个村的情况基本一致。多数农户有或者曾经有过借款经历，借款渠道多是亲戚、邻居或者朋友，基本没有通过银行或其他渠道借款的，原因是银行借款要支付利息，农民无力或者不愿承担这笔支出。大多数农户借款的原因是生活方面的，如建房、婚丧嫁娶、看病、上学等，访谈中仅发现1户花卉种植专业户和7户准备创业的农户的借款是出于生产方面的原因。

至于家庭财产，从农户的汽车拥有量看，西明义村的比重最高，占比为42.95%；平王宋村最低，占比为12.50%；龙园村的占比为18.95%。从目前的情况看，西明义村和龙园村大部分家庭都有摩托车或电动车（很多家庭不止一辆）作为代步工具，平王宋村拥有摩托车或电动车的农户占比达22.00%，但地形不同的村，拥有的车辆类型明显不同，如平王宋村地处丘陵地带，农户多使用摩托车而不是电动车（因为摩托车的动力足，更适于山地骑行），西明义村和龙园村的农户则更多使用电动车。西明义村和龙园村大部分家庭有热水器，占比分别为59.73%和63.31%，而平王宋村有热水器的家庭较少，占比为12.50%。三个村的空调拥有量有明显差异，西明义村由于临近县城，村民的生活习惯更接近城市居民，拥有空调的农户占比达81.88%，而平王宋村和龙园村则分别为15.00%和58.74%，明显低于西明义村。从农户的电脑拥有量看，西明义村的比重最高，占比为54.36%、平王宋村最低，占比为10.00%；龙园村占比为43.54%（见表9-22、图9-20）。

表9-22　各村拥有其他家庭财产的户数占调研总户数的比例　（%）

村庄	汽车	摩托车	热水器	空调	电脑
平王宋村	12.50	22.00	12.50	15.00	10.00
西明义村	42.95	95.30	59.73	81.88	54.36
龙园村	18.95	93.55	63.31	58.47	43.54
平均情况	24.80	70.28	45.18	51.78	35.97

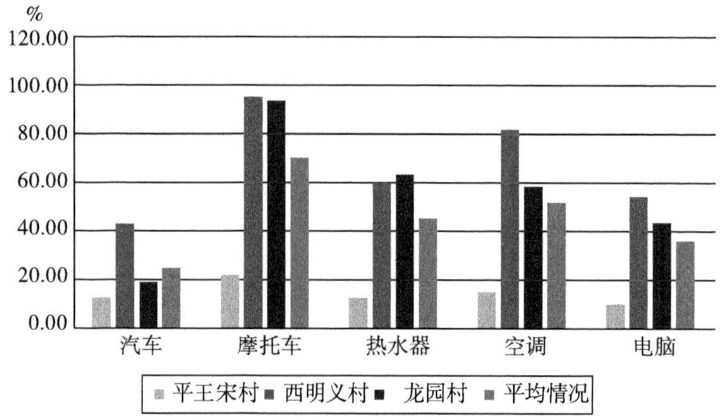

图 9－20　各村拥有其他家庭财产占比情况

农户的家庭财产结合家庭主要劳动力受教育程度可以看出，家庭主要劳动力受教育程度为小学及以下的农户拥有汽车的占比为 4.32%，拥有电脑的占比为 5.76%，这与他们的学历以及财产状况有很大的关系，低学历无法获得高的收入，因此他们的家庭财产也比较少，远远低于表 9－22 中的平均情况。家庭主要劳动力受教育程度为初中、高中或中专的农户家庭财产情况与表 9－22 中的平均情况差不多，说明调研的三个村庄中家庭主要劳动力受教育程度为初中、高中或中专的家庭基本可以达到村里的平均生活状态。家庭主要劳动力受教育程度为大专、大学及以上的家庭财产拥有占比远远超过表 9－22 中的平均情况，且很多家庭拥有汽车、电脑的数量等不止一个，这说明随着受教育程度的增加，人们也更加注意生活的舒适度，拥有的家庭财产数量也在不断增加（见表 9－23、图 9－21）。

表 9－23　家庭财产拥有比重与家庭主要劳动力受教育程度的情况

学历	家庭财产				
	汽车	摩托车	热水器	空调	电脑
文盲或小学	4.32	41.01	17.27	17.99	5.76
初中	20.89	74.32	49.66	51.37	36.64
高中或中专	39.36	84.04	60.64	72.34	59.57
大专、大学及以上	45.59	91.18	67.65	79.41	57.35

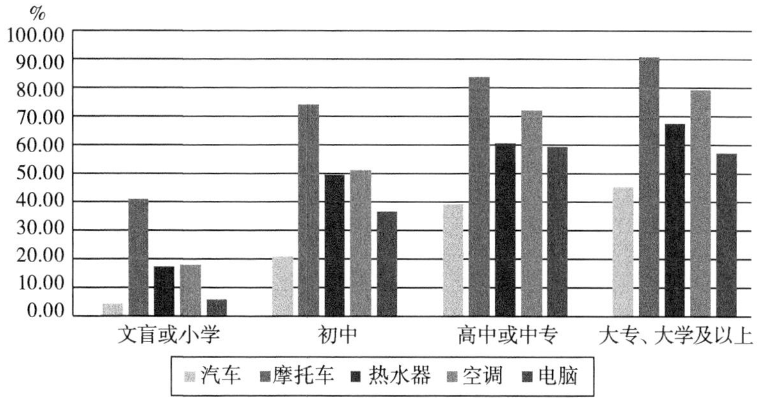

图 9－21 家庭财产拥有比重与家庭主要劳动力受教育程度的情况

（七）进城意愿

从进城意愿上看，三个村进城意愿的差距显著，其中，西明义村毗邻县城，享受城市提供的医疗、教育等方面的公共服务较为便利，而且西明义村旁的花都温泉酒店方便了本村居民就业，因而西明义村居民希望生活在农村的人数占比较高。

从理想的生活地点来看，西明义村理想在农村生活的人数占比为76.92%，远高于平王宋村的42.00%和龙园村的57.89%（见表9－24）。

从是否有搬迁到城市的计划看，仅有11.12%的农户表示有搬迁计划，平王宋村位于大山深处，交通不便，经济实力较为薄弱，虽然理想生活在城市的人数显著高于西明义村和龙园村，但受制于现实的经济压力，有计划搬迁到城市的人数占比为8.50%，低于西明义村的14.77%和龙园村的10.08%。从不愿搬迁到城市的原因看，习惯农村生活、无法在城市获得高收入、城市生活成本高的占比分别为26.56%、64.96%、74.94%，反映了大部分理想生活地在城市的村民，因为城市的生活压力而没有制订搬迁计划。对于是否结束种地，三个村的耕地大多被企业或政府征走，因而年轻人继续种地的意愿不强，但大多数老年人表示只要有地、有能力，就会继续种下去（见表9－22、表9－25、图9－23）。

表 9－24　理想生活地点占比情况　（%）

村庄	理想在城市生活人数占比	理想在农村生活人数占比
平王宋村	58.00	42.00
西明义村	23.08	76.92
龙园村	42.11	57.89
平均占比	41.06	58.94

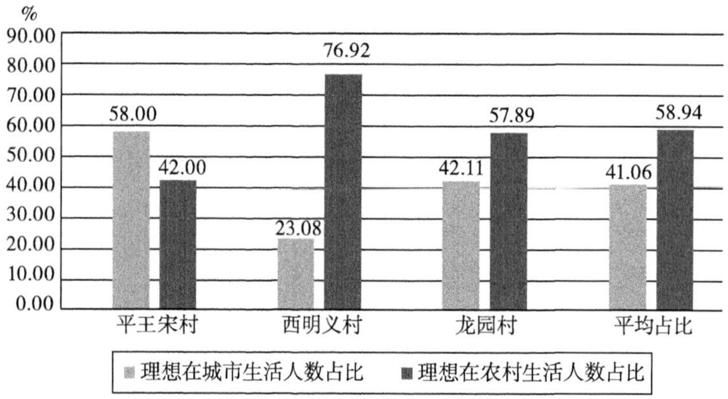

图 9－22　理想生活地点占比情况

表 9－25　各村农民进城意愿及其影响因素　（%）

村庄	有往城市搬迁计划户数占比	由于喜欢习惯农村生活不愿搬迁占比	由于在城市无法获得高收入不愿搬迁占比	由于城市生活成本高不愿搬迁占比
平王宋村	8.50	29.12	69.78	76.92
西明义村	14.77	33.08	62.31	65.38
龙园村	10.08	17.49	62.78	82.51
平均占比	11.12	26.56	64.96	74.94

从受教育状况来看（各个村受访者平均年龄比较大，学历在大专、大学及以上的人数都不足5人，其中，平王宋村受访者学历都在高中及以下，因此大学、大专及以上学历者不作为重点分析对象）。从平均情况来看，学历为文盲或小学、初中、高中或中专有往城市搬迁计划占比依次为7.19%、12.94%、19.79%，随着受教育程度的升高，有搬迁计划的户数增多。习惯农村生活不搬迁的户数随着受教育程度的提升存在不断减少的趋势，主要是因为受访者受教育程度越高，对农村生活的依赖程度越小，

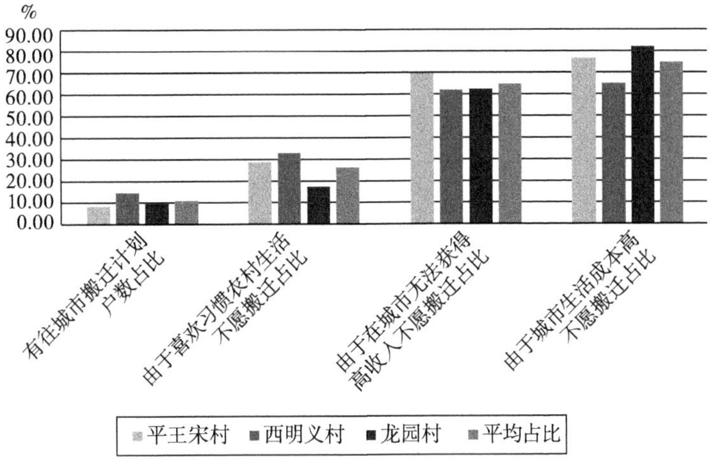

图 9－23　各村农民进城意愿及其影响因素

而因在城市无法获得足够高的收入、城市生活成本高不愿搬迁与受教育程度的关系则与此趋势相反。从三个村分别来看，三个村进城意愿的受教育程度分布差别还是比较显著的，其中龙园村初中学历因为在城市无法获得高收入不愿搬迁占比为 68.75%，远远大于由于城市生活成本高不愿搬迁的占比（7.81%），因为龙园村紧挨城市，村民生活大部分已融入城市，生活成本与城市差别不大，而平王宋村因为地处大山深处，受访者学历普遍偏低，其中拥有高中或中专学历不足 1/10，并没有表现出明显的随受教育程度的提升有搬迁计划者增多的趋势（见表 9－26、图 9－24、图 9－25、图 9－26、图 9－27）。

表 9－26　三个村庄各进城意愿各种学历人口占比　（%）

平王宋村	文盲或小学	初中	高中或中专	大专、大学及以上
有往城市搬迁计划户数占比	4.24	13.04	10.00	0.00
由于喜欢习惯农村生活不愿搬迁占比	29.20	47.46	22.22	0.00
由于在城市无法获得高收入不愿搬迁占比	69.91	71.19	66.67	0.00
由于城市生活成本高不愿搬迁占比	76.11	77.97	77.78	0.00
西明义村	文盲或小学	初中	高中或中专	大专、大学及以上
有往城市搬迁计划户数占比	13.95	15.28	7.69	0.00
由于喜欢习惯农村生活不愿搬迁占比	38.46	31.15	37.50	0.00

续表

西明义村	文盲或小学	初中	高中或中专	大专、大学及以上
由于在城市无法获得高收入不愿搬迁占比	43.59	67.21	62.50	100.00
由于城市生活成本高不愿搬迁占比	56.41	68.85	62.50	100.00
龙园村	文盲或小学	初中	高中或中专	大专、大学及以上
有往城市搬迁计划户数占比	3.37	10.49	41.67	50.00
由于喜欢习惯农村生活不愿搬迁占比	30.23	10.94	14.29	0.00
由于在城市无法获得高收入不愿搬迁占比	52.33	68.75	85.71	50.00
由于城市生活成本高不愿搬迁占比	25.58	7.81	57.14	100.00
平均情况	文盲或小学	初中	高中或中专	大专、大学及以上
有往城市搬迁计划户数占比	7.19	12.94	19.79	16.67
由于喜欢习惯农村生活不愿搬迁占比	32.63	29.85	24.67	0.00
由于在城市无法获得高收入不愿搬迁占比	55.28	69.05	71.63	50.00
由于城市生活成本高不愿搬迁占比	52.70	51.54	65.81	66.67

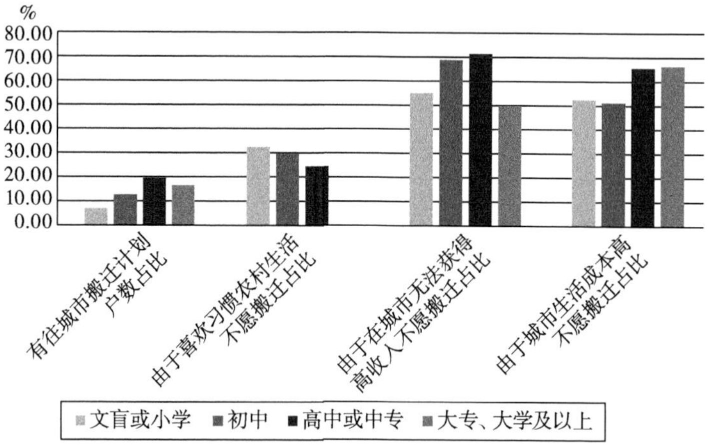

图 9－24　调研的三个村分进城意愿各平均学历情况

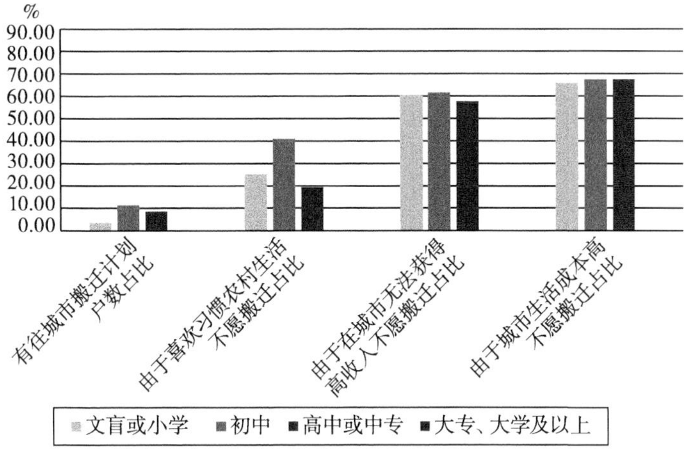

图 9－25 平王宋村分进城意愿各学历情况

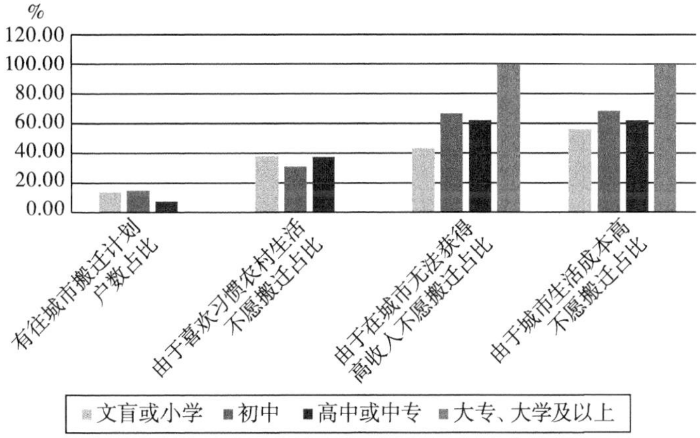

图 9－26 西明义村分进城意愿各学历情况

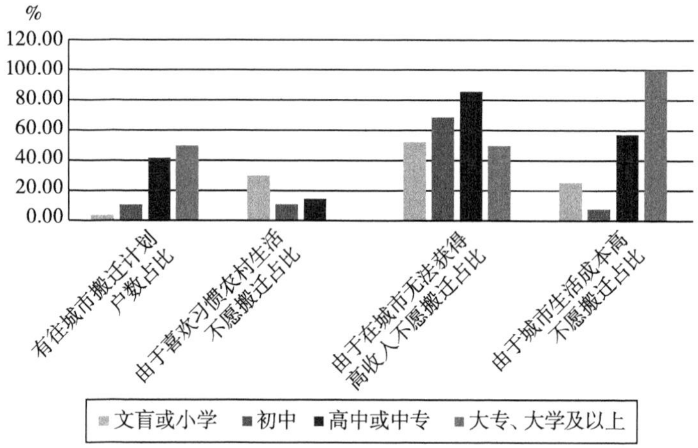

图 9－27　龙园村分进城意愿各学历情况

课题组成员：宋伟、朱世欣、李甜、安燕娇、陈明明、罗振华

第十章　整村分析报告五

——基于王庄村、陈庄村和小尚村的整村调查

一、总体概述

2018 年 12 月，河南大学中原发展研究院整村调研第二组先后赶赴安阳内黄县王庄村、开封市通许县陈庄、焦作市中站区小尚村调研。共获得调研问卷 562 份，其中王庄村 205 份，小尚村 178 份，陈庄村 178 份。这三个村距离城市都不远，其中距离最远的王庄村距县城 10 千米，小尚村基本上和焦作市衔接，出村庄就是焦作城市规划范围。村庄人口和经济结构与周边企业带来的就业机会密切相关，三个村庄中小尚村附近就有两个制造企业，吸纳了大量村里非农就业人口，因此该村外出打工的人数最少；通许陈庄村距离县城 1 千米，人均耕地面积也相对高于其他两个村，村民除到县城打工之外，还在村里种植蔬菜等经济作物向城市销售。

安阳市里和王庄村县里的工业企业处于转型过程中，因此村民在当地工作的机会相对少，大部分年轻人到外地找工作，农忙时才回家帮忙。由于该村位于河南省北部地区，气候较为寒冷，村里剩余劳动力有限，人均 5 分地也大多种植费工夫少、附加值低的小麦和玉米，在外工作的人员从事建筑和运输行业较多，两个行业收入都相对较高，但工作环境存在一定的危险性。

整体上，三个村居民收入来源有限，在外工作以短工为主，过年或农忙时回家几个月，然后外出重新找工作，在外工作基本没有“五险一金”等劳动保障；在本地工厂工作相对稳定一些，条件好的如小尚村企业还给职工上保险。当地居民更偏向于在本地或外地打工，这可能也是由于被访

人员年龄偏大，多数表示自己和子女都没有创业的打算，缺乏资金和技能是主要原因。调研地农民虽然年收入不高，但是家庭车辆、电器购买相对齐全，这种现象与“家电下乡”政策和村民之间相互影响有关。村里垃圾收集、道路建设、饮水卫生也基本得到保障，总体上人居环境方面需要进一步提升的是厕所改造和村下水道修建。

二、内黄县楚旺镇王庄村调研情况

2018 年 12 月 14—17 日，第二组赴河南省安阳市内黄县楚旺镇王庄村进行入户调研，王庄村位于安阳市内黄县西北方向，距离县城 10 千米，该村共 480 户，1970 人左右。此次调研共获得问卷 205 份，根据调研情况调研报告如下。

（一）农业生产状况

该村土地属沙土地，人均耕地面积 5 分左右，主要种植的农作物是小麦、玉米。正常年份小麦和玉米的亩产量均为 800 ~ 900 斤。平均出售价格小麦大约 1.04 元/斤，玉米 0.82 元/斤。

1. 农业生产成本

小麦的情况如下：种子 73 元/亩。化肥在 130 ~ 150 元/袋，肥料约需要 140 元/亩。一季约打农药 2 ~ 3 次，农药包括拌种、除草、除虫，每亩 40 元左右。每年需灌溉 2 ~ 3 次，每次每亩约需 15 元，每亩灌溉约需 40 元，其中 14.19% 的家庭选择雇用人工或者机械来浇灌，85.81% 选择自己浇灌。耕种每亩需 60 元，90.97% 的农户雇用耕种，9.03% 的家庭自己耕种。收割雇工 60 元/亩，92.26% 的农户选择雇用，7.74% 的农户自己收割。雇工费用每亩合计 157.74 元（见表 10 – 1）。

表 10 – 1　农作物种植成本和收益

种类	种子	化肥	农药	灌溉	耕种	收割	总成本	总收入	净收益
小麦（元/亩）	73	140	40	40	60	60	413	884	471
玉米（元/亩）	47	131	40	40	36	107	401	697	296

玉米的成本状况如下：种子 47 元/亩。化肥 130 ~ 150 元/袋，化肥平

均价格131元/亩。农药40元/亩。灌溉成本40元/亩，其中有15%左右的农户会雇用人工或者机械，85%左右的农户会选择自己灌溉。耕种成本约36元/亩，其中约80.95%的农户会选择雇用人工或者机械来耕种，19.05%的农户会选择自己耕种，玉米收割成本平均107元/亩，其中90.20%的农户会选择雇用机械或人工，9.8%的农户会选择自己收割。种植玉米平均每亩雇用费用合计153.90元。

化肥平均价格138.65元/亩，当地有13.73%的农户会使用复合肥，86.28%的农户会使用氮肥；农业总投入平均814.29元/亩，总收入1581元/亩，净收益767元/亩。

2. **农村土地情况**

农业补贴为每年112元/亩，且全部属于土地租出人所有。该村没有农业合作社。当地目前有28.78%的农户存在土地流转（见表10－2），71.22%的家庭未发生土地流转，且94%的农户将土地流转给本村的3位种粮大户，租金平均为434元/亩/年，6%左右的土地流转发生在亲戚、邻居中。近两年，村内年轻力壮的人更多选择外出打工，进而土地流转较前两年有所增多，多半租入的也是零散的田地，相对租金也有所降低。

表10－2　王庄村土地流转情况

村庄	调研总户数	土地流转租出户数	流转租出户数占比（%）	平均流转费用（元/亩/年）
王庄村	250	59	28.72	434.36

如表10－3所示，该村愿意流转承包地的农户数量远远低于不愿意流转承包地的，即大部分农户还是想自己种地，土地是农业收入的最基本来源。如表10－4所示，预计该村35岁以下的成员仅有25.56%左右会结束种地，但却预计有55.56%的35岁以下的人会离开农村，这说明即使离开农村也有很大一部分人希望不会结束种地，反映了该地村民对土地很有感情。这可能与村庄周围就业机会少有关，村民觉得土地收入是一种生活保障。

表 10-3　是否愿意流转承包地

是否愿意流转承包地	比例（%）
愿意	28.12
不愿意	71.88

表 10-4　35 岁以下的人是否会结束种地

35 岁以下的人是否会结束种地	比例（%）
结束	25.68
不结束	74.32
35 岁以下的人是否会离开农村	比例（%）
会	55.56
不会	44.44

如表 10-5 所示，农业风险集中于自然风险占 85.1%，其次是价格波动风险占 29.6%。王庄村遇到农业生产危机更多（60%）选择的是听天由命（见表 10-6），选择靠政府帮助的比例也相对较高（33.3%），选择购买农业保险、靠农业技术和基础设施的相对较低。关于购买保险意愿，调研时该村村民大多表示购买农业保险偿付率低，还有部分村民称不知道怎么购买保险，这种现象说明该村居民对规避农业风险缺乏认识，保险偿付水平也需要进一步提高。另外，选择期货市场措施来规避风险的比例最低，这可能与农产品期货市场在国内尚不发达、农民对期货市场不了解有关。

表 10-5　王庄村农业经营所面临的风险分类占比

风险分类	农业自然风险	缺乏销售渠道	价格波动	政策变动	缺乏农业技术和资金
占比（%）	85.1	3.4	29.6	0.7	3.2

表 10-6　王庄村规避风险措施分类占比

规避风险措施	靠政府帮助	购买农业保险	靠农业技术和基础设施	期货市场	听天由命
占比（%）	33.3	18.2	12.7	1.2	60.0

（二）宅基地与房屋状况

多数（81.90%）农户拥有一处宅基地，少数拥有两处或者三处宅基地，这些宅基地大都是划拨和继承得到的。如表 10 –7 所示，该村宅基地平均面积为 4. 13 分，2. 5 ~5 分比例为 63. 73%，5 ~10 分比例为 29. 02%。该村房屋平均面积是 188. 45 平方米，大于 180 平方米占比为 41. 27%，60 ~120 平方米的比例也较高，为 34. 39%。该村新建房屋大都是两层楼，平均费用约 15 万元。大部分居民不愿出售自己的宅基地，表示没有宅基地就没有住的地方了，在调研样本中仅有一家愿意出售自己的宅基地。该村宅基地很少有空置，并且即使是空置，由于不能对宅基地进行合理估值，村民也不愿意对外出售。

调研样本中，有 3. 41%（7 家）的比例在县城买房，户均面积是 120 平方米左右，均价 33. 83 万元。1. 95%（4 家）在市区买房，0. 48%（1 家）在郑州市区内有房。

表 10 –7　宅基地房屋面积区间比例

宅基地面积情况/分	区间比例（%）	房屋面积区间/平方米	区间占比（%）
1 ~2. 5	7. 25	0 ~60	4. 24
2. 5 ~5	63. 73	60 ~120	34. 39
5 ~10	29. 02	120 ~180	20. 10
>10 分	0	>180	41. 27

（三）务工与人口流动情况

从人口流动的角度来看，该村主要是 19 ~50 岁的居民外出打工，并且外出打工男性人数远远高于女性，一般男性在外打工，女性在家照看老人和小孩。调查的 246 个样本中，有 10. 7% 的村民在本县、本乡镇工作（见表 10 –8），但因为周边没有什么企业，他们基本从事建筑业、生活服务业或者打零工。4. 5% 的人口在本市市区工作，5. 3% 的人口在郑州及周边县区工作。36% 的居民在省外工作，工作多集中于京津冀、外省省会城市。工作行业多集中在制造业、建筑业以及生活服务业；其中，制造业占外出务工的 10. 4%，建筑业行业占比为 23. 2%，从事生活服务行业的占比为 12%，其他行业占比大都在 10% 以下（见表 10 –9）。有 3 位村民在国外工作。外出务工时间平均 10 个月左右，建筑业一年外出务工平均 8 个月。外出工作9.5小时/天。该村外出工作平均一年回家3次左右。如表10－10所示，王庄村的年工资水平大多都集中在2万～4万元。

表10－8　务工人员工作地点分布

地点	人数/人	比重（%）
本村	155	41.4
本乡镇	12	3.2
本县县城	28	7.5
本市其他乡镇	5	1.3
本省其他县城	3	0.8
本市市区	17	4.5
郑州市区	18	4.8
郑州县区	2	0.5
省内其他地级市下辖乡镇	1	0.3
省内其他地级市下辖县区	3	0.8
本省其他地级市区	16	4.3
外省乡镇	4	1.1
外省县城	2	0.5
外省一般地级市	22	5.9
外省省会	28	7.5
京津冀	47	12.6
长三角	7	1.9
珠三角	1	0.3
国外	3	0.8

表10－9　务工行业分布情况

行业	数量/人	占比（%）
纯农业	111	29.6
副业（手工业）	3	0.8
旅游业	1	0.3
制造业	39	10.4
建筑	87	23.2
运输	23	6.1

续表

行业	数量/人	占比（%）
采掘业	2	0.5
商业和商务中介	16	4.3
教育	3	0.8
医疗	1	0.3
金融服务	4	1.1
生活服务	45	12.0
企业白领	3	0.8
开办企业	1	0.3
个体户	11	2.9
公务员或事业单位	11	2.9
零工	14	3.7

表 10－10　工资水平区间比例

年工资水平/元	区间比例（%）
0～1 万	1.25
1 万～2 万	15.00
2 万～3 万	25.00
3 万～4 万	31.25
4 万～5 万	16.25
5 万～6 万	11.25

该村基本全家都在家生活的家庭类型比较多，占 43.9%（见表 10－11），其次是老人和儿童在家，外出务工人员农忙时回家占 21.5%。整体来看，长期在外的家庭很少。

表 10－11　王庄村家庭类型占比　（%）

A 整体长期在外，很少回家	B 老人在家，外出务工人员农忙时回家	C 老人在家务农，外出人员几乎不回村	D 老人和儿童在家，外出务工人员农忙时回家	E 老人和儿童在家务农，外出人员几乎不回村	F 基本全家都在农村生活
2.44	15.12	12.20	21.46	4.89	43.89

随着年龄的降低，小学以下学历比例越来越低，18～30 岁的文盲比例

远远小于31～60岁的文盲比例（见表10－12），这与国家施行九年义务教育体制有关。另外，从目前的趋势来看，家长们更重视孩子的教育水平，大专、大学及以上学历的人口在不断增多。

表10－12 各年龄阶段学历人口占比

王庄村	合计人数/人	文盲或小学（%）	初中（%）	高中或中专（%）	大专、大学及以上（%）
18～30岁	82	18.29	53.66	13.41	14.64
31～60岁	237	32.07	56.12	8.86	2.95
60岁以上	51	76.47	17.65	5.88	0.00

从调研的情况来看，王庄村不像小尚村距离市区近、周围工厂多，也没有陈庄的人均耕地面积多，家庭收入来源多集中于外出务工，近两年来，做生意的家庭也逐渐增多。由于该村外出务工比例较高，务工人员在务工过程中遭遇工伤的家庭相较其他两个村庄多。

（四）收入状况及家庭财产

从收集的数据来看，如表10－13所示，王庄村的家庭收入户与户之间差距较大，总收入大于10万元的有27户，总收入小于1万元的也有36户。该村一些家庭收入相对较高，主要是因为家里有人长期在外边务工或者做生意，而总收入少的家庭一般外出务工人数少，劳动力都在家务农。

表10－13 家庭收入分类

类别/元	数量/户	比例（%）
总收入≤1万	36	17.91
1万<总收入≤2万	14	6.97
2万<总收入≤3万	19	9.45
3万<总收入≤4万	20	9.95
4万<总收入≤5万	23	11.44
5万<总收入≤10万	62	30.85
100000<总收入	27	13.43

家庭支出最多的项目如表10－14所示，有治疗疾病、孩子上学以及日常生活开支，比例分别达到26.40%、27.92%、30.96%，调研过程中发

现，生重病的人的家庭不少，并且家中只要有一人生重病，一年收入的50%左右就要花在治疗疾病上。

表 10-14　家庭支出最多项目分析

家庭支出最多项目	数量/户	比例（%）
治疗疾病	52	26.40
结婚	8	4.06
建房/购房	4	2.03
孩子就学	55	27.92
农业生产投资	15	7.61
非农业生产投资	2	1.02
日常生活开支	61	30.96

从调研样本来看，王庄村21.95%的家庭有汽车；86.34%的家庭有电动摩托车，平均每户2辆；42.93%的家庭有热水器；70.24%的家庭有电脑。6.12%的家庭联了互联网，网费平均为687.54元/年（见表10-15）。

表 10-15　家用产品购买情况

种类	汽车	摩托车	热水器	电脑	空调
数量/台	45	178	88	145	144
占比（%）	21.95	86.36	42.93	70.24	69.9

该村近两年有34.76%的人员有借贷需求，借款金额相差巨大，最高100万元，最低300元。借贷周期基本都在5年以内，如表10-16所示，借款用途主要是治疗疾病，其次是结婚、建房、购房，以及非农生产投资，仅有1.67%的借款用于日常生活开支。

表 10-16　借款用途

借款用途	A 治疗疾病	B 结婚	C 建房/购房	D 孩子就学	E 农业生产投资	F 非农生产投资	G 日常生活开支
比例（%）	28.33	18.33	16.67	16.67	0	18.33	1.67

借款首选渠道中银行和亲戚朋友最多，首选亲戚借款是首选银行等正规金融借款的2倍，主要原因在于村民不了解贷款渠道，其次认为正规金融机构贷款利息高、可贷资金有限、贷款手续繁杂时间长等。该村村民贷

钱大多来自自己的亲戚，不收利息。

（五）环境卫生状况

从该村的调研数据来看，如表 10－17 所示，饮用水主要水源包括经过净化处理的自来水、受保护的井水和泉水，极少比例饮用不受保护的井水和泉水（4.88%）。在调研过程中发现，与其他村不同的是该村的自来水并不是一直都有，而是每天早上到下午 2：00 才有水。

表 10－17　家庭饮用水水源占比

饮用水类型	经过净化处理的自来水	受保护的井水和泉水	不受保护的井水和泉水	其他
比例（%）	39.02	56.10	4.88	0.00

如表 10－18 所示，该村家庭取暖和做饭主要能源还是煤、煤气，用太阳能和电能源做饭、取暖的较少。在调研过程中发现，该村相对于其他两个村庄来说“煤炭”的使用量是比较大的。

表 10－18　家庭做饭、取暖主要能源占比

能源类型	a 柴草	b 煤	c 煤气、液化石油气	d 沼气	e 电	f 太阳能	h 其他
比例（%）	5.59	47.49	34.08	0.00	12.29	0.55	0

如表 10－19 所示，该村一半以上（54.59%）家庭的厕所类型都是水冲式卫生厕所（冲入下水道、化粪池和厕坑），据村民说，村里前段时间刚建了一个沼气池，进行厕所改造。

表 10－19　家庭厕所类型占比

厕所类型	水冲式卫生厕所	水冲式非卫生厕所	卫生旱厕	普通旱厕	无厕所
比例（%）	54.59	4.35	8.21	30.92	99.99

该村家庭生活垃圾由村里统一处理，近两年村内安置了大量的垃圾桶，村民们的环保意识也有所提高，仅有不到 1.5% 的家庭会选择就地自行焚烧垃圾。

该村的生活污水 49.27% 是村里统一处理，37.07% 选择就地倾倒，9.76% 选择自行收集处理，3.41% 选择倒入附近的池塘（见表 10－20）。

表 10－20 家庭污水处理方式

处理方式	统一处理	就地倾倒	自行收集	倒入坑塘	其他
比例（%）	49.27	37.07	9.76	3.41	0.49

（六）被访者搬迁意愿

如表 10－21 所示，被采访者对农村生活的喜欢大于城市生活，这种喜欢与被采访者的年龄相关，被采访者年龄越小，对城市生活的渴望就越大。被采访者更喜欢城市生活的主要原因是城市有更丰富的精神生活（27.87%）和更好的物质生活条件（26.23%），其次是城市有更好的发展机会（19.67%）、更好的医疗、教育等资源（19.67%）及更有利于后代发展（6.56%）。因此，该村当前年轻人向往城市的原因主要是和自己当前的生活质量有关，对于以后的医疗和子女教育没有太多考虑，这种现象和以往的调研稍有差异，之前更多关注子女教育和医疗资源，原因可能在于这个村庄距离城市较近，即便不搬迁，也方便到县城上学和就医。更多老年人喜欢农村的生活是因为习惯、农村人与人的关系更加融洽。被采访者有 7.07% 有搬往城市的计划，平均计划 6.5 年内搬往城市，计算搬往地点集中在本市市区以及郑州市区。计划搬迁的农户除了经济条件相对好，大部分有在城市工作和生活的经历（见表 10－21）。

表 10－21 被采访者喜欢农村生活还是城市生活

被采访者年龄/岁	喜欢城市生活比例（%）	喜欢农村生活比例（%）
28～38	33.33	66.67
38～48	25.00	75.00
48～58	31.51	68.49
58～68	18.03	81.97
68～78	0.00	100.00
78～88	0.00	100.00

表 10－22 愿意在城市或农村生活的原因 单位：人

愿意居住在城市的原因	人数	愿意居住在农村的原因	人数
城市有更好的发展机会	12	农村有更好的生态环境	43

续表

愿意居住在城市的原因	人数	愿意居住在农村的原因	人数
城市有更好的医疗教育资源	12	农村生活压力较小	76
城市有更丰富的精神生活	17	农村人与人的关系更为融洽	89
城市有更好的物质生活	16	农村与城市的差距逐渐变小	0
为后代发展	4		

三、开封市通许县陈庄调研报告

2018 年 12 月 19 日，调研第五组赴河南省开封市通许县陈庄进行入户调研，共获得有效问卷 179 份。陈庄紧挨着通许县，距离通许县 1 千米，平时村民去县城都是骑电车；距离最近的市区是开封市，距离 40 千米，到最近市区的车票价格是 20 元。有 300 户家庭，户籍人数为 1300 人。以下数据是调研员的直观感受和调研数据分析的结果。

（一）农业生产情况

基本情况。陈庄人均耕地面积约为 1 亩。该村第一季种植的大部分是小麦，有一些农户种植菜花、萝卜等蔬菜，还有一些农户种植大蒜、土豆等经济作物；第二季大部分人种植的是玉米等粮食作物，也有少部分人种植蔬菜等经济作物。相比调研的其他两个村之种植的全部都是小麦、玉米等粮食作物，蔬菜等经济作物的种植是该村的特色。

生产成本情况如表 10 - 23 所示。小麦：农户小麦种子的平均成本是 80 元/亩，化肥平均成本为 140 元/亩，农药成本为平均 40 元/亩，每年打药 2 ~ 3 次，灌溉成本平均为 40 元/亩，每年灌溉 2 ~ 4 次，该村农户大部分没有自己的播种机，基本上都是雇用别人播种，播种价格为 20 元/亩，收割也是雇用别人收割，收割价格为 60 元/亩。小麦亩产约为 800 斤，农户出售价格约为 1.04 元/斤，所以收入大概为 832 元/亩，总成本大概为 380 元/亩，最后净收益约为 452 元/亩。

表 10-23　耕种成本收益比较

种类	种子	化肥	农药	灌溉	播种	收割	总成本	总收入	净收益
小麦（元/亩）	80	140	40	40	20	60	380	832	452
玉米（元/亩）	62	127	36	37	25	73	360	700	340
大蒜（元/亩）	280	333	73	45	0	840	1571	3500	1929

玉米：种子成本约 62 元/亩，化肥成本约 127 元/亩，农药成本约 36 元/亩，灌溉成本约 37 元/亩，农户大部分都是雇用别人播种，播种价格的 25 元/亩，收割成本约 73 元/亩。农户玉米产量 820 斤/亩，出售玉米价格 0.85 元/亩，收入约 700 元/亩，总成本约 360 元/亩，净收益约 340 元/亩。

大蒜：种子成本平均为 280 元/亩，化肥成本平均为 333 元/亩，农药成本平均为 73 元/亩，灌溉成本平均为 45 元/亩，大蒜播种一般情况下都是农户自己播种，收割成本大概为 840 元/亩，每亩大蒜产出 2000 斤左右。

农业补贴和耕地流转情况。农户耕种土地可以获得补贴 112 元/亩/年，对于耕地流转给其他人的情况，耕地补贴全部都是土地租出者领取，没有出现土地租入者领取的。陈庄有 30% 的人愿意将土地流转出去，19% 的农户已经把土地转租给别人，流转平均价格约为 500 元/亩（见表 10-24）。

表 10-24　土地流转意愿

流转意愿	户数/户	比例（%）
是	53	30
否	125	70

农业保险情况如表 10-25 所示。根据调研的情况可知，陈庄有 88.28% 的人不愿意购买农业保险，不购买农业保险的原因各不相同，有 70.71% 的人选择了不了解情况，27.14% 的人认为价格太高，只有极少数人选择了保障水平低、理赔程序烦琐和保险险种不满足需求（见表 10-26）。

表 10-25　农业保险购买意愿

愿意	比例（%）
已购买	9.65

续表

愿意	比例（%）
未购买但愿意购买	2.07
不愿意购买	88.28

表 10－26　不愿意购买保险的原因分析

原因	比例（%）
不了解	70.71
价格太高	27.14
保障水平低	1.43
理赔程序烦琐	0.72
保险险种不满足需求	0.00

农业经营过程中，对农业收入影响较大的因素，大部分人的选择是农业自然风险和价格波动，有54%的人选择农业自然风险，有29.2%的人选择价格波动，少部分人会选择缺乏销售渠道、缺乏农业技术和资金、政策波动（见表10－27）。

表 10－27　对农业收入影响较大的因素分析

因素	比例（%）
农业自然风险	54.0
缺乏销售渠道	2.5
价格波动	29.2
政策变动	1.3
缺乏农业技术和资金	13.0

（二）宅基地与房屋状况

陈庄有89.39%的家庭都只有1处宅基地，只有极少部分人有两处宅基地，有86.25%的宅基地占地面积为2～4分，宅基地获得方式有：家庭继承66.48%，集体划拨29.61%，只有极少数是通过购买方式获得；房屋居住面积51.95%在100～300平方米，房屋建造年费比较久的成本基本上在10万元左右，建造年份比较近的成本基本上在20万元左右（见表10－28、表10－29）。

表 10－28　户均宅基地面积情况（数据核实）

村庄	宅基地面积总数/分	户数/户	调研的户均宅基地面积数/分	最大值/分	最小值/分
陈庄	626.3	179	3.50	10	1.1

表 10－29　各村房屋面积情况

村庄	房屋面积区间/平方米	区间占比（%）
陈庄	0～60	6.55
	61～120	36.30
	121～180	19.05
	>180	38.10

（三）务工与人口流动情况

表 10－30　务工人员工作地点分布

地点	人数/人	比重（%）
本村	104	37.41
本乡镇	6	2.16
本县县城	89	32.01
本市其他乡镇	10	3.60
本市其他县城	2	0.72
本市市区	1	0.36
郑州市区	25	8.99
郑州县区	1	0.36
省内其他地级市下辖乡镇	0	0.00
省内其他地级市下辖县区	7	2.52
本省其他地级市区	10	3.60
外省乡镇	1	0.36
外省县城	5	1.80
外省一般地级市	7	2.52
外省省会	3	1.08
京津冀	3	1.08
长三角	3	1.08
珠三角	1	0.36

续表

地点	人数/人	比重（%）
国外	0	0.00

务工地点情况。陈庄属于一个离县城比较近的地方，务工人员工作地点大部分都在村里和县城内，占比为37.41%和32.01%（见表10－30），因为陈庄村中基本没有工厂或公司，所以工作地点在村里的基本上都是在家里做个体加工或务农，在县城上班的人，大部分是骑着电车上下班，每天晚上都回家。除县城以外，其他地点去的最多的是郑州，占比为8.99%。去省内其他地级市打工的占比为3.60%，去京津冀、长三角和珠三角地区打工的人占比都是1.08%，去省外其他地区的占比为5.04%。农户工作的行业主要是制造业、建筑、生活服务、个体户和零工，占比分别为13.81%、19.78%、8.58%、4.10%和9.33%（见表10－31），零工主要分布在本村，村内留守妇女会在家周边打零工，以补贴家庭生活（见表10－32）。

表10－31　务工行业分布情况

行业	占比（%）
纯农业	29.85
副业（手工业）	0.75
旅游业	5.97
制造业	13.81
建筑	19.78
运输	1.12
采掘业	0.75
商业和商务中介	1.49
教育	0.37
医疗	1.49
金融服务	1.12
生活服务	8.58
企业白领	0.00
开办企业	0.37
个体户	4.10

续表

行业	占比（%）
公务员或事业单位	1.12
零工	9.33

表 10－32　分性别务工行业分布

行业	占比（%）	
	男	女
纯农业	50.00	50.00
副业（手工业）	50.00	50.00
旅游业	43.75	56.25
制造业	64.86	35.14
建筑	92.45	7.55
运输	100.00	0.00
采掘业	100.00	0.00
商业和商务中介	75.00	25.00
教育	100.00	0.00
医疗	25.00	75.00
金融服务	100.00	0.00
生活服务	73.91	26.09
企业白领	0.00	0.00
开办企业	0.00	100.00
个体户	45.45	54.55
公务员或事业单位	66.67	33.33
零工	68.00	32.00

（四）收入状况与家庭财产

收入情况。调研的时候很多家庭都表示家里主要劳动力都在家里务农，并没有外出务工，这也是造成该村一部分家庭收入较低的原因之一。该村家庭收入1万元以下的占比高达30.17%（见表10－33），这是因为调研的时候，有一部分家庭只有两位老人，老人在家没有劳动收入，只是依靠种植的一两亩土地收入；并且这部分家庭基本上都是入不敷出，每年家庭都没有剩余，有时候还需要依靠子女救济。与王庄村类似，中高收入5

万~10万元的比重也较高，为17.88%。

表10-33　家庭收入分类

类别/元	数量/户	比例（%）
总收入≤1万	54	30.17
1万<总收入≤2万	17	9.50
2万<总收入≤3万	24	13.41
3万<总收入≤4万	22	12.29
4万<总收入≤5万	19	10.61
5万<总收入≤10万	32	17.88
100000<总收入	11	6.15

表10-34　家庭支出最多项目分析

家庭支出最多项目	数量/户	比例（%）
治疗疾病	32	18.18
结婚	0	0.00
建房/购房	3	1.70
孩子就学	67	38.08
农业生产投资	10	5.68
非农业生产投资	3	1.70
日常生活开支	61	34.66

从表10-34中可以看出，陈庄家庭支出最多的项目有3项：治疗疾病、孩子就学和日常生活开支，占比分别为18.18%、38.07%和34.66%，其中选择孩子就学的家庭最多，可能原因在于该村属于城边村，孩子到县里上学花费较高。

家庭财产情况如表10-35所示。陈庄有汽车的家庭有24个，占比为13.50%；有摩托电动车的数量最多，总共有156个，平均1~3辆，占调研总数为87.60%；有热水器和没有热水器的家庭各占39.9%和60.1%，有热水器的家庭里大部分都有一台热水器，占比为94.37%（调研过程中，大多数农户都将淋浴热水器理解为太阳能热水器）；有空调和没有空调的比例为24.70%、75.30%，有空调的家庭大部分都是一台空调，比例为77.32%；有电脑的家庭为53.4%。

表 10－35　家用产品购买情况

种类	汽车	摩托车	热水器	电脑	空调
数量	24	156	71	95	44
占比（%）	13.5	87.6	39.9	53.4	24.7

家庭金融情况。有借贷需求的家庭选择的借贷对象主要是亲戚，占比为86.76%，不选择正规金融借贷的原因有贷款手续烦琐、时间长，不了解贷款渠道和贷款利息高。其中选择贷款手续烦琐、时间长的比例为35.71%，选择不了解贷款渠道的比例为53.57%，选择贷款利息高的比例为10.72%，可见农户不选择正规金融机构，并不是因为贷款利息高，而是因为不了解或手续烦琐，而且向亲戚朋友借贷比较方便，还款的时间也有余地（见表10－36）。

表 10－36　家庭借贷需求

是否有借贷需求	比例（%）
是	32.70
否	67.30

表 10－37　家庭借贷用途分析

用途	比例（%）
治疗疾病	39.22
结婚	5.88
建房/购房	15.69
孩子就学	19.61
农业生产投资	5.88
非农业生产投资	9.80
日常生活开支	3.92

由表10－37可见，家庭选择借贷的原因主要是治疗疾病、建房/购房和孩子就学3项，占比分别为39.22%、15.69%和19.61%，其实结婚也是家庭借贷的主要用途之一，但是结婚借贷和时间有关，我们的问题是近两年是否有借贷需求，所以导致结婚借贷比例偏低。

（五）环境卫生状况

因为陈庄周围也没有河水和其他水源，所以家庭饮用水来源都是经过净化处理的自来水和受保护的井水；家里的主要取暖和做饭能源是煤、煤气和电，还有一些家庭使用地锅烧柴草；家里的厕所类型有61.5%的家庭都是普通旱厕，只有极少数新盖家庭使用冲水厕所；该村现在的生活垃圾都是统一处理；家庭污水处理方式有87.71%是就地倾倒，该村基本没有集中污水处理方式，污水处理大部分选择就地倾倒，在农村使用工业消费品如洗衣粉、洗洁精越来越多的情况下，生活污水的不当处理将造成一定程度的土壤和水源污染（见表10－38、表10－39）。

表10－38　厕所类型

厕所类型	水冲式卫生厕所	水冲式非卫生厕所	卫生旱厕	普通旱厕	无厕所
比例（%）	5.5	1.6	28.6	61.5	2.8

表10－39　垃圾处理方式

处理方式	统一收集	自行收集	就地倾倒	倒入坑塘	其他
户数/户	7	2	156	3	11

（六）被访者流转意愿

陈庄有37.43%的被访者更喜欢城市生活，然而更喜欢城市生活的被访者基本上没有搬迁计划，只有7.46%的被访者家庭有搬迁计划，搬迁的地点都是本县城。其他不选择搬迁的被访者，有75.81%的被访者是因为在城市无法获得足够高的收入和城市生活成本高，可见现实生活中不搬迁还是因为没有足够的收入，无法支撑城市的高生活成本。

受访者愿意居住在城市最主要的三大原因是城市有更好的精神生活（28%）、物质生活（17.8%）和教育医疗资源（18.6%）。其余更喜欢农村生活的被访者，喜欢农村生活主要是因为农村生活压力较小（47.2%）和有更好的生态环境（36.1%）。另外，农村人际关系更为融洽也是重要原因（15.6%），总体来说，陈庄村上了年纪的人更愿意居住在农村（见表10－40、表10－41）。

表 10-40　理想生活地点占比情况

类型	理想在城市生活	理想在农村生活
比例（%）	37.43	62.57

表 10-41　愿意在城市或农村生活的原因

愿意居住在城市的原因	占比（%）	愿意居住农村	占比（%）
城市有更好的发展机会	11.0	农村有更好的生态环境	36.1
子女或其他亲属要带自己	13.6	农村生活压力较小	47.2
城市有更好的医疗教育资源	18.6	农村人与人之间的关系更为融洽	15.6
城市有更丰富的精神生活	28.0	农村与城市的差距逐渐变小	1.1
城市有更好的物质生活	17.8		
为后代发展	11.0		

四、焦作市中站区小尚村调研报告

2018 年 12 月 22—23 日，调研第五组赴河南省焦作市中站区小尚村进行入户调研，共获得调研问卷 178 份，调研报告如下。小尚村位于焦作市中站区西南方向，距离县城 10 千米，距离市区 8 千米（中站区），该村共 873 户 3021 人左右。

（一）农业生产状况

该村土地属沙土地，人均耕地面积不到一亩，主要种植的农作物是小麦、玉米、花生、大豆，大部分是种在地里自家食用的。正常年景下小麦的亩产量为 900～1000 斤，玉米的亩产是 1000 斤左右。平均出售价格小麦在 1.00 元/斤左右，玉米的在 0.9 斤～1.0 元/斤。从生产成本状况看，小麦的情况如下，成本合计 420～502 元/亩。小麦的净收益为 400～500 元/亩。玉米的成本合计 245～305 元，净收益为 300～400 元/亩。

调研的 178 户经营总耕地面积 203 亩，户均 1.14 亩（见表 10-42），8 年前村子附近的工厂（龙星化工、轮胎厂）的建立收购了村民的耕地，大多数村民都将耕地租出去放弃耕地。剩余土地种的大都是玉米、小麦，本村没有蔬菜大户，种的蔬菜大多为自己食用，种得多的会在早集上卖掉。

表 10 - 42　小尚村户均耕地面积情况

村庄	经营耕地面积总数/亩	有耕地的户数占比（%）	户均经营耕地面积/亩	最大值/亩	最小值/亩
小尚村	203	50	1.14	6	0.2

农业补贴与农村土地流转情况：农业补贴为每年 120 元/亩，且绝大多数不给转租人，由于在村子附近建立工厂占用了农户的土地，并且工厂租用土地的费用较高，当前剩余的耕地面积较少。除了工厂租用土地，基本上没有大规模的土地流转，仅发生在少数的亲戚邻居之间，租金较低，通常为 200 元/亩。当地只有 1 ~ 2 户的种粮大户，其余的大多都是老年农户，种 1 ~ 2 亩地供自家食用，多余的卖掉。大多数农户愿意将土地出租，只有极个别的老人不愿意。但是随着年轻人外出工作，老人年龄的增长，无法劳动，也产生了将土地租出的愿望。当地没有农村合作社，相关的机械等社会服务是附近的县城提供。在农业经营中，技术风险和价格波动是农户面临的主要风险，当地基本上没有农户购买农业保险，一是思想意识达不到，二是没有购买农业保险的渠道。

（二）宅基地与房屋状况

多数农户拥有一处宅基地，部分农户拥有两到三处宅基地，多是集体划拨后继承的，面积基本相同，基本上是 2 ~ 3 分。关于房屋面积，如果为一层平房为 80 ~ 100 平方米。但大多数为二层小楼，每层 4 ~ 5 间屋子，面积为 200 多平方米。

近两年“接房”的人较多（在原来平房的基础上再盖一层），如果只是接起来的话比较便宜，接下来带简单装修得 15 万元左右。当地农民基本上不愿出售自家宅基地，因为村子对面工厂会有外地的工人，有的家庭会选择将闲置的房屋出租。调研总户数 178 户，共 502.2 分地（见表 10 - 43），宅基地为公家划分，当时划地时一户 2.5 ~ 3 分地，因为宅基地可以买卖转移，所以调研户中存在宅基地面积为 6.7 分的，调研的户均宅基地面积为 2.82 分。

表 10－43　户均宅基地面积情况

宅基地面积总数/分	户数/户	调研户均宅基地面积/分	最大值/分	最小值/分
502.2	178	2.82	6.7	1.5

房屋面积有 45.42% 的家户超过 180 平方米，因为近几年村子会拆迁，政府会根据家户的住房面积进行赔偿，因此近两年农户都选择“接房”（在平房的基础上再盖一层）。11.80% 的住房面积在 120～180 平方米，有两种情况：一为原本盖的平房面积较大（存在一家的两块宅基地在一起的情况）；二为原本面积较小接的二层。接起的二层一般不用来住人，多为堆放杂物，有的家庭二楼不进行装修，只是简单地接起来。38.85% 的住房面积在 60～120 平方米之间，这些房屋以及小于 60 平方米的一般为老旧房屋，就不再“接房”（见表 10－44）。

表 10－44　房屋面积情况

村庄	房屋面积区间（平方米）	占比区间（%）
小尚村	0～60	3.93
	60～120	38.85
	120～180	11.80
	＞180	45.42

（三）人口流动与家庭结构

统计的 729 人中 25% 是非农人口（见表 10－45），存在非农人口的家庭为 111 个，占比达到 62% 。但农业户口还是占大多数，随着近几年在市区买房人数的增多，也有人将户口转为城市户口，以方便孩子上学、就医。住在村里的多为老人孩子或者在村子附近上班的年轻人，在县城或者市区工作的人多有在工作所在地买房的能力，因此，多在工作所在地住。只有少数的人到经济发达地区如京津冀、长三角、珠三角地区寻找工作，存在在外地打工常住，但基本没有在外省买房定居的。

表 10－45　非农人口情况

	总人口/人	非农人口/人	占比（%）	总户数/人	存在非农人口户/人	占比（%）
小尚村	729	181	25	178	111	62

从该村的人口流动情况来看，年轻人普遍外出工作，但离家都不是太远，大多数会在晚上回家。基本上就是在中站区或者博爱县，再者就是村子对面的工厂。从事的行业种类多样，但是以制造、建筑、运输为主，近几年以运输行业为主的有所上升。在工厂工作的每年工作 12 个月，每天 8～10小时，有“五险一金”，年工资为 4 万～5 万元（见表 10－46）。

表 10－46　务工地区分布情况

地点	人数	比例（%）
本村	134	49.8
本乡镇	2	0.7
本县县城	6	2.2
本市其他乡镇	1	0.4
本市其他县城	1	0.4
本市市区	98	36.5
郑州市区	8	3.0
郑州县区	0	0.0
省内其他地级市下辖乡镇	0	0.0
省内其他地级市下辖县区	1	0.4
本省其他地级市区	6	2.2
外省乡镇	2	0.7
外省县城	0	0.0
外省一般地级市	6	2.2
外省省会	2	0.7
京津冀	0	0.0
长三角	1	0.4
珠三角	0	0.0
国外	1	0.4

家庭结构分为以下几种类型：①全是老人，子女也同住在村里，但是

老人单独住；②中青年家庭，多为3～5人即两个大人加孩子；③老人与年轻人一起生活的大家庭，多为5～8人，还有的是“四世同堂”，人数更多，状态普遍是老人家在家、年轻人外出工作。

村里男性工作基本上集中在纯农业、制造业、建筑业（见表10－47），女性工作主要集中在纯农业。由于村子对面有工厂，年轻人没有外出打工的就在工厂上班。纯农业基本上都是由40岁以上的人组成。在教育医疗等方面基本上没有男性涉及，仅有几名女性教师。村子里仅有一家诊所，有三四名医护人员。企业白领、开办企业或者公务员加起来共9人，务工者从事脑力劳动的极少。

表10－47　务工人员行业分布

	总体	男性			女性		
		30岁以下	31～40岁	40岁以上	30以下	31～40岁	40岁以上
纯农业	68	2	1	29	1	0	35
副业（手工业）	12	2	1	4	1	2	2
制造业	77	21	18	15	7	11	5
旅游业	4	1	0	2	1	0	0
建筑	14	2	4	6	0	2	0
运输	10	1	1	4	2	1	1
采掘业	2	1	1	0	0	0	0
商业和商务中介	2	1	0	1	0	0	0
教育	4	0	0	0	3	0	1
医疗	0	0	0	0	0	0	0
金融服务	3	1	1	0	1	0	0
生活服务	22	2	2	7	6	2	3
企业白领	5	3	0	1	1	0	0
开办企业	0	0	0	0	0	0	0
公务员或事业	4	1	2	0	0	0	1

（四）收入状况与家庭财产

该村收入最多的3个区域间：少于1万元，2万～3万元，5万～10万元的比重分别为29%、20%、16%（见表10－48）。由于附近非农岗位多，收入均匀度相对好于其他两个村，低于 1 万元的家庭多为两个老人组成或全家都从事农业劳动。总体来说，农业收入占收入的比重较低，因户而异，种植大户当然还是以农业收入为主，老年人大多数情况会收支相抵或入不敷出，年轻人会有所盈余，大多数老年人都是由子女提供生活费。该村在前几年存在征地现象，主要是工厂占地，几乎不存在征收宅基地的情况。

家庭主要支出项目集中在日常消费（39%），孩子就学（27%），疾病治疗（25%）（见表 10－49）。有病人的家庭看病支出多占收入的 60% 以上，更有的需要借钱去看重大疾病。从财产情况看，大部分家庭没有汽车，但是几乎每家都有 1～2 辆电动车或摩托车以及太阳能热水器。少数家庭有空调和电脑。年轻人普遍使用智能手机，老年人多使用老年机，也存在少数使用智能机的老年人，多是子女退下来的，老人仍旧大多只接听电话。

表 10－48　家庭收入分类

类别（元）	数量	比例（%）
总收入≤1 万	51	29
1 万＜总收入≤2 万	13	7
2 万＜总收入≤3 万	35	20
3 万＜总收入≤4 万	23	13
4 万＜总收入≤5 万	24	13
5 万＜总收入≤10 万	29	16
100000≤总收入	3	2

表 10－49　家庭支出最多项目分析

家庭支出最多项目	数量	比例（%）
治疗疾病	43	25
结婚	5	3
建房/购房	9	5
孩子就学	47	27
农业生产投资	1	1
非农业生产投资	2	1
日常生活开支	67	38

从借贷情况来看，少数家庭向银行借钱，由于更加容易借到和支付利息少，大多数都是向自家亲戚借钱，借款原因多为盖房、看病、结婚等（见表10－50），农户家庭有剩余的钱基本都存在银行里。

表10－50　借款用途

A. 治疗疾病	B. 结婚	C. 建房/购房	D. 孩子就学	E. 农业生产投资	F. 非农生产投资	G. 日常生活开支
15	6	14	7	0	8	2
29%	12%	27%	13%	0	15%	4%

（五）进城意愿

当地大部分人基本上还是想继续待在农村，如表10－51所示，82.59%的人愿意住在农村，17.41%的人愿意前往城市生活，主要是习惯农村生活、邻里之间和睦、没有经济压力，也没有进城的能力。村里大多数家户没有在市区买房，在调查问卷中只有两户在市区购房。老人种地意愿较强，但是年轻人都不会再以农业收入作为主要经济来源，并且也向往到城市发展，为的是更好的医疗卫生条件，以及孩子得到良好的教育等。

表10－51　理想生活地点占比　（%）

村庄	理想在城市生活人数占比	理想在农村生活人数占比
小尚村	17.41	82.59

如表10－52所示，小尚村更多的人愿意居住在农村，主要原因是农村生活压力较小（81人次）、农村人与人之间的关系更为融洽（69人次）。该村选择城市与农村的差距逐渐变小为主要原因的也有10人，比重高于其他两个村，因为小尚村相当部分人有固定的非农收入，又被划进焦作市中站区规划范围，村内商店、理发店、餐馆设施齐全，因此，有更多人认为农村和城市差距在变小，在焦作市房屋均价高达六七千元的前提下，更愿意住在农村。

表 10－52 愿意居住在城市或农村的原因

愿意居住在城市	人数	愿意居住在农村	人数
城市有更好的发展机会	11	农村有更好的生态环境	26
城市有更好的医疗教育资源	14	农村生活压力较小	81
城市有更丰富的精神生活	7	农村人与人之间的关系更为融洽	69
城市有更好的物质生活	13	农村与城市的差距逐渐变小	10
为后代发展	4		

五、三个调研点对照分析

2018 年 12 月 14—23 日，调研第五组赴河南省安阳市内黄县楚旺镇王庄村、焦作市中站区小尚村以及开封市通许县陈庄村进行入户调研，共获得调研问卷 562 份，其中王庄村 205 份，小尚村 178 份，陈庄村 178 份。调研报告如下。

（一）农业生产状况

本次调研的三个村庄的土地均属沙土，人均耕地面积均不到 1 亩，其中，王庄村人均耕地面积 5 分左右，陈留村人均耕地面积约为 1 亩，小尚村人均耕地面积不到 2 分。王庄村的主要作物是玉米和小麦，陈庄村由于离县城最近（只有 1 千米），主要作物多为价格高、波动相对大的经济作物，村民多种植菜花、大蒜、洋葱、土豆。小尚村由于 2010 年轮胎厂收购了许多村民的土地，许多村民均剩下 1～2 分的菜园，种植一些蔬菜。没有被收购土地的村民则继续种植小麦和玉米。正常年景下小尚村小麦的亩产量为 900～1000 斤，玉米的亩产是 1000 斤左右。平均出售价格小麦在 1.00 元/斤左右，玉米的在 0.9～1.0 元/斤。正常年份王庄小麦的亩产量为 800～900 斤，玉米的亩产量也为 800～900 斤。平均出售价格小麦大约为 1.04 元/斤，玉米为 0.82 元/斤。陈庄村经济作物的种植是一大特点，且种植的经济作物有很多种类，但是根据每年的行情不同，收益浮动也较大，与种植农业作物的村庄有所不同，根据村民反映，由于 2018 年大蒜和洋葱等的价格较低，经济作物大多是亏损的状态。表 10－53 是三个村庄的种植结构以及成本收入。

表 10－53　种植结构

村庄	主要种植作物	成本（元/亩）	收入（元/亩）	收益（元/亩）
王庄村	小麦	410	886	476
	玉米	410	697	287
小尚村	小麦	461	911	450
	玉米	275	625	350
陈庄	小麦	380	832	452
	玉米	360	700	340
	大蒜	2010	1000	－1010（2017 年）

王庄村和陈庄村没有工厂占地，农业种植还较为普遍。陈庄村的户均土地面积 4.67 亩，是王庄村的 2 倍，农业收入比王庄村更为可观，但是陈庄村没有种粮大户，没有专业化种植。相较而言，王庄村有 3 个种粮大户，其中最多的种植面积达到 200 亩。小尚村的农业成本略高于王庄村，由于小尚村的水源不便，所以村内对灌溉水的收费较高，造成了高成本。陈庄村的水源方便、灌溉成本低，并且农户小麦玉米的农药和施肥较少。根据调研情况来看，2018 年农户种植大蒜和洋葱的较多，但是大都亏损很严重，且村民并不重视农业保险。

表 10－54　户均耕地面积情况

村庄	经营耕地面积总数/亩	户数/户	户均经营耕地面积/亩	最大值/亩
王庄村	960	480	2	200
小尚村	1300	873	1.49	6
陈庄	1400	300	4.67	13.5

（二）土地流转情况

从三个村的调研情况来看，流转情况都不是很普遍，比重最高的小尚村为 43%，也不到耕地面积的一半。其中陈庄村的土地流转占比最少，几乎是另外两个村的 1/2，且陈庄村的土地流转意愿也并不强烈，相较于另外两个村，由于陈庄村可以种植经济作物，土地收入相对高，且种植的机械化程度较高，尽管收益浮动大，还是愿意自己耕种，所以陈庄村流转土地的意愿最低。许多村民在邻近的县城打零工，没有固定的工作时间，基本上是哪里有工作机会就去工作几天，农闲的时候就出去工作，农忙的时候在家帮忙。

2010 年，小尚村大多数村民的土地都被轮胎厂收购了，所以能够用于流转的土地是最少的。但是由于小尚村的周围有两家大型企业轮胎厂和碳黑厂，解决了很多村民的就业问题，轮胎厂在征收村民土地的同时，承诺可以解决村民就业问题，所以土地流转意愿较高，还有许多村民将土地流转给附近的砂石场。如表 10 -55 所示，王庄村由于人均划分的土地较少，土地附加值也相对低，村民的土地流转意愿最高。

表 10 -55　土地流转情况

村庄	经营耕地面积总数/平方米	土地流转亩数/亩	土地流转占比（%）	意愿流转土地占比（%）
王庄村	1172. 95	375. 5	32	26
小尚村	203. 15	87. 2	43	16
陈庄	752	132. 1	18	12

（三）基本生活状况及未来发展

由于调研的对象大多数是老人，对三个村的调研发现，农村的老人对土地都比较珍惜，大多数老人都不希望年轻人放弃土地，即使他们已经从事了非农工作，不以农业收入为主，他们仍希望年轻人不要将土地荒废掉。所以当我们询问 35 岁以下的年轻人是否会继续种地的时候，他们大都觉得农村人不种地也没什么出路，在外出务工不顺利的情况下，回到农村还会有生存的办法，所以家中长辈还是希望家里留着土地，以备不时之需。如表 10 -56 所示，80% 的受访者认为年轻人将来不会结束种地。

表 10 -56　35 岁及以下的人是否会结束种地　（%）

	总体	王庄村	小尚村	陈庄
结束	20. 35	28. 14	8. 89	24. 02
不结束	79. 65	71. 86	91. 11	75. 98

但是从实际情况来看，年轻人大多数都不以种地为生了，其中，小

尚村以种地为生的占比最少，为2%（见表10－57），接近于另2个村的1/5。因为村庄附近的轮胎厂和碳黑厂解决了大部分就业问题，所以村里的年轻人大部分都不以种地为主要收入，只在农忙时候帮一下家里的老人。由于工厂占地和河道占地，实际上还有不少家庭目前已经没有耕地了，村里的年轻人大部分在附近工作，所以基本上全家都在村里生活。

表10－57　35岁及以下的人是否会以种地为主要收入来源　（%）

	总体	王庄村	小尚村	陈庄
是	8	11	2	11
否	92	89	98	89

王庄村和陈庄村是临近县城的两个村庄，去临近县区工作的情况也比较多，但是由于周边没有企业，外出务工的年轻人比小尚村多，如表10－58所示，小尚村的常住人口比例最高，王庄村和陈庄村的外出人口较多（根据村情数据统计）。

表10－58　两地非农人口情况

	总人口/人	常住人口/人	非农人口/人	占比（%）
总体	6291	5221	901	14
王庄村	1970	1200	1	0
小尚村	3021	3021	900	30
陈庄	1300	1000	0	0

在调研过程中我们发现，大多数人都愿意留在农村，尽管这三个村庄都靠近县区或者市区。大多数人不愿意去城市生活，原因大都是觉得城市的生活成本太高，也买不起城里的房子。其中小尚村愿意在城市生活的人占比最少，小尚村是焦作市中站区的一个村庄，大部分人在周边有工作，离城市近，村庄内设施齐全，生活便利，家人都在一起生活，十分惬意，所以愿意迁移到城市生活的人并不多。

表 10-59　理想生活地点占比情况　（%）

村庄	理想在城市生活人数占比	理想在农村生活人数占比
王庄村	22	78
小尚村	17	83
陈庄村	37	63

（四）宅基地与房屋状况

从调研的情况来看，三个村庄一人存在多处宅基地的情况非常少，大部分人都是一处村庄划分的宅基地，少部分人有从长辈那里继承过来的，购买宅基地的情况非常少。三个村庄在县城、市里、外省市的购房情况非常少，每个村庄平均有 2～3 个。只有一处宅基地的村民卖宅基地的意愿基本为零，对于有两处或三处宅基地的村民来说，也很少有人愿意卖宅基地，宅基地基本都没有空置。村里划分宅基地都是按固定比例划分，宅基地面积大一点的基本都是常住人口多的家庭。住房面积少的一般都是低层楼房。从表 10-60 中可以看出，小尚村和王庄村大于 180 平方米的房屋占比较大，为 40% 以上。我们在调研中发现，王庄村的房子二层楼房居多，所以在数据中显示，王庄村 120 平方米以上的房子占比较大，为 71.8%。

表 10-60　各村房屋面积情况

村庄	房屋面积区间/平方米	数量/户	区间占比（%）
王庄村	0～60	8	4.18
	60～120	46	24.47
	120～180	57	30.14
	>180	78	41.21
小尚村	0～60	7	4.02
	60～120	68	39.08
	120～180	21	12.07
	>180	78	44.83
陈庄村	0～60	11	6.79
	60～120	60	37.04
	120～180	29	17.9
	>180	62	38.27

通过调研我们可以发现，小尚村是这三个村城镇化最明显的一个村庄，因为已经被划分到了焦作市中站区，并且随着周边企业的发展，小尚村大部分村民已经脱离了耕种生活。陈留村是这三个村种植经济作物最多的一个村庄，收益浮动也较大，但是村民继续种植作物的意愿最强烈。王庄村的村民基本上都种植着小麦和玉米，收入平平。由于当地就业机会少，相较于小尚村，陈留村和王庄村外出务工人员较多。

（五）未来前景规划

调研的三个村尽管距离县城都不远，但村民生活还算不上富裕，尤其是安阳王庄村，王庄村的人均耕地面积较少，且农作物以小麦和玉米为主，本地打工机会不多，因此总体收入水平偏低。建议一些耕地面积少的农民将土地租赁出去，进行专业化大面积种植，村民也可以到邻近的内黄县城打工挣钱。王庄村的发展缺少企业带动，建议政府可以引进一些企业或成立农业合作社，譬如内黄县的一些特产（黑芝麻、红枣）加工饮料的企业，与这些企业合作，种植大面积的饮料加工原材料，可以实现产供销一体化经营。通过增加农副业劳动就业岗位，减少该村到外地或在本地从事建筑业的人员数量，避免出现工伤损害劳动能力的情况，减轻家庭医疗开支负担。

小尚村的土地剩余得非常少，且都比较分散。村庄周边有企业解决了大部分就业问题，在这三个村庄中是发展最好的。并且小尚村距离市区很近，村民们可以去市区务工。村委会可以借着有碳黑厂和轮胎厂的便利，引进类似的企业，解决剩下的土地问题和就业问题；村里也可以开展村民技能培训，提高村民业务能力，适应新岗位的要求从而获得更高的工资收入。陈庄村的种植面积是三个村最多的，但是种植的作物多种多样，每一样的面积也不算多，且村里大棚并不多见，村民则是种一些时令作物，无法做到专业，建议农户可以建一些大棚，种一些反季节的蔬菜，积极发展农业特色农产品电商业务，这样可以防止出现供大于求、货物滞销的现象，从而降低农业经营风险，提高居民的收入水平。